本书出版得到了客家研究院课题资助，项目名称为"客都（梅州）传统民俗风情及其开发利用"，立项项目编号为18KYTPKT2，且本书为该项目的结项成果。

本丛书出版得到以下研究机构和项目经费资助：

嘉应学院客家研究院

梅州市客家研究院

广东省特色重点学科"客家学"建设经费

广东省客家文化研究基地—嘉应学院客家研究院

广东省非物质文化遗产研究基地—嘉应学院客家研究院

理论粤军·广东地方特色文化研究基地—客家文化研究基地

广东省普通高校人文社会科学省市共建重点研究基地—嘉应学院客家研究院

客家学研究丛书

第五辑

梅州传统民俗风情
剖析与鉴赏

罗迎新 著

暨南大学出版社

JINAN UNIVERSITY PRESS

中国·广州

图书在版编目（CIP）数据

梅州传统民俗风情剖析与鉴赏/罗迎新著．—广州：暨南大学出版社，2020.7
（客家学研究丛书．第五辑）
ISBN 978 - 7 - 5668 - 2912 - 2

Ⅰ．①梅…　Ⅱ．①罗…　Ⅲ．①客家人—风俗习惯—研究—梅州
Ⅳ．①K892.653

中国版本图书馆 CIP 数据核字（2020）第 089983 号

梅州传统民俗风情剖析与鉴赏
MEIZHOU CHUANTONG MINSU FENGQING POUXI YU JIANSHANG
著　者：罗迎新

- -

出 版 人：张晋升
策划编辑：杜小陆
责任编辑：黄　颖　刘宇韬
责任校对：刘舜怡　冯月盈
责任印制：汤慧君　周一丹

出版发行：暨南大学出版社（510630）
电　　话：总编室（8620）85221601
　　　　　营销部（8620）85225284　85228291　85228292　85226712
传　　真：（8620）85221583（办公室）　85223774（营销部）
网　　址：http://www.jnupress.com
排　　版：广州市天河星辰文化发展部照排中心
印　　刷：佛山市浩文彩色印刷有限公司
开　　本：787mm×960mm　1/16
印　　张：13.5
字　　数：240 千
版　　次：2020 年 7 月第 1 版
印　　次：2020 年 7 月第 1 次
定　　价：56.00 元

（暨大版图书如有印装质量问题，请与出版社总编室联系调换）

总　序

　　客家文化以其语言、民俗、音乐、建筑等方面的独特性，尤其是客家人在海内外社会经济发展中的突出贡献，引起了历史学、人类学、民俗学和语言学等诸多学科领域内学者的关注。而随着西方人文学科理论和研究方法在 20 世纪初传入我国，客家历史与文化研究也逐渐进入科学规范的研究行列，并相继出现了一批具有开创性的研究成果。1933 年，罗香林《客家研究导论》的出版，标志着客家研究进入了现代学术研究的范畴。20 世纪 80 年代以来，著作、论文等研究成果的推陈出新，也在呼吁学界能够设立专门的学科并规范客家研究的科学范式。

　　作为国内较早成立的专门从事客家研究的机构，嘉应学院客家研究院用二十五载的岁月，换来了客家研究成果在数量上空前的增长，率先成为客家学研究的重要阵地，也引起了国内外学术界的高度关注。但若从质的维度来看，当前的客家研究还面临一系列有待思考及解决的问题：客家学研究的主题有哪些？哪些有意义，哪些纯粹是臆测？这些主题产生的背景是什么？它们是如何通过社会与历史的双重作用，而产生某些政治、经济乃至文化权力的诉求与争议的？当代客家研究如何紧密结合地方社会发展的需要，又如何与国内外其他学科对话与交流？诸如此类的疑惑，需要从理论探索、田野实践和学科交叉等层面努力，以理论对话和案例实证作为手段，真正实现跨区域和多学科的协同创新。

一、触前沿：客家学研究的理论探索

　　当前的客家学研究主要分布在人文社会科学的诸多学科范围之内，所以开展卓有成效的客家研究自然需要敢于接触不同学科领域的学术理论。比如，社会学科先后出现过福柯的权力理论、布尔迪厄的实践理论、吉登斯的结构化理论、鲍曼的风险社会理论、哈贝马斯的沟通行动理论、卢曼的系统理论、科尔曼的理性选择理论和亚历山大的文化社会学理论。[①] 社

---

　　① DEMEULENAERE P. Analytical sociology and social mechanisms. Cambridge：Cambridge University Press，2011.

会科学研究经常需要涉及的热点议题，在客家研究中同样不可回避，比如社会资本、新阶层、互联网、公共领域、情感与身体、时间与空间、社会转型和世界主义。[①] 再比如，社会学关于移民研究的推拉理论、人类学对族群研究的认同与边界理论以及社会转型与文化变迁的机制，都可以具体应用到客家研究上，并形成理论对话而提升客家研究的高度。在研究方法上，人文社会科学提倡的建模、机制与话语分析、文化与理论自觉等前沿手段，[②] 都可以遵循"拿来主义"的原则为客家研究所用。

可以说，客家研究要上升为独具特色的独立学科，首先要解决的便是理论对话和科学研究的范式问题。客家学作为一门融会了众多社会人文学科的综合性学科，既不是客家史，也不是客家地区政治、经济、文化等内容的汇编或整合，而是一门以民族学基础理论为基础，又比民族学具有更多独特特征、丰富内容的学科。[③] 不可否认的是，客家研究具有自身独特的学术传统，但要形成自身的理论构架和研究方法，若离开历史学、文献学、考古学、人类学、语言学、社会学、民俗学等诸多学科理论的支撑，显然就是痴人说梦。要在这方面取得成绩，则非要长期冷静、刻苦、踏实、认真潜心研究不可。如若神不守舍、心动意摇，就会跑调走板、贻笑大方。在不少人汲汲于功名、切切于利益、念念于职位的当今，专注于客家研究的我们似乎有些另类。不过，不管是学者应有的社会良知与独立人格，还是人文学科秉持的历史责任与独立思考的精神，都激励我们坚持实事求是的原则，在触碰前沿理论上不断探索，以积累学科发展所需的坚实理论。

要做到这一点，就得潜下心来大量阅读国内外学术名著，了解前沿理论的学术进路和迁移运用，使客家研究能够进入国际学术研究对话的行列。

二、接地气：客家研究的田野工作

学科发展需要理论的建设与支撑，更离不开学科研究对象的深入和扩

---

① TURNER J H ed. Handbook of sociological theory. New York：Kluwer Academic Publishers，2001.

② JACCARD J & JACOBY J. Theory construction and model-building skills. New York：Guilford Press，2010.

③ 吴泽：《建立客家学刍议》，载吴泽主编：《客家学研究》（第2辑），上海：上海人民出版社，1990年。

展，而进入客家人生活的区域开展田野工作，借助从书斋到田野再回到书斋的螺旋式上升的研究路径，客家研究才能做到"既仰望星空又能接地气"，才能厚积薄发。

人类学推崇的田野工作要求研究者通过田野方法收集经验材料的主体，客观描述所发现的任何事情并分析发现结果。① 田野工作的目标要界定并收集到自己足以真正控制严格的经验材料，所以需要充分发挥参与观察、深度访谈和问卷调查的手段。从学科建设和学科发展的角度，客家族群的分布和文化多元特征，决定了客家研究对田野调查的依赖性。这就要求研究者深入客家乡村聚落，采用参与观察、个别访谈、开座谈会、问卷调查等方法调查客家民俗节庆、方言、歌谣等，收集有关客家地区民间历史与文化丰富性及多样性的资料。

而在客家文献资料采集方面，田野工作的精神同样适用。一方面，文献资料可以增加研究者对客家文化的理解，还可以对研究者的学术敏感和问题意识产生积极影响；另一方面，田野工作既增加了文献资料的来源，又能提供给研究者重要的历史感和文化体验，也使得文献的解读可以更加符合地方社会的历史与现实。譬如，到图书馆、档案馆等公藏机构及民间广泛收集对客家文化、客家音乐、客家方言等有所记载的正史、地方志、文集、族谱及已有的研究成果等。田野调查需要入村进户，因此从具有深厚文化传统的客家古村落入手，无疑可以取得事半功倍的效果。

在客家地区开展田野调查，需要点面结合才能形成质量上乘的多点民族志。20 世纪 90 年代，法国人类学家劳格文与广东嘉应大学（2000 年改名为嘉应学院）、韶关大学（2000 年改名为韶关学院）、福建省社会科学院、赣南师范学院、赣州市博物馆等单位合作，开展"客家传统社会"的系列研究。他在长达十多年的时间里，辗转于粤东、闽西、赣南、粤北等地，深入乡镇村落，从事客家文化的田野调查。到 2006 年，这些田野调查的成果汇集出版了总计 30 余册的"客家传统社会"丛书，不仅集中地描述客家地区传统民俗与经济，还具体地描述了传统宗族社会的形成、发展和具体运作及其社会影响。

2013 年以来，嘉应学院客家研究院选择了多个历史悠久、文化底蕴深厚的古村落，以研究项目的形式开展田野作业，要求研究人员采用参与观

---

① 托马斯·许兰德·埃里克森著，周云水、吴攀龙、陈靖云译：《什么是人类学》，北京：北京大学出版社，2013 年，第 65－67 页。

察、深度访谈、文献追踪等方法，对村落居民的源流、宗族、民间信仰、习俗等民间社会与文化的形成与变迁进行深入的分析和研究，形成对乡村聚落历史文化发展与变迁的总体认识。在对客家地区文化进行个案分析与研究的基础上，再进行跨区域、跨族群的文化比较研究，揭示客家文化的区域特征，进而梳理客家社会变迁和文化发展过程。

闽粤赣是客家聚居的核心区域，很多风俗习惯都能够找到相似的元素。就每年的元宵习俗而言，江西赣州宁都有添丁炮、石城有灯彩，而到了广东的兴宁和和平县，这一习俗则演变为"响丁"，花灯也成了寄托客家民众淳朴愿望的符号。所以，要弄清楚相似的客家习俗背后有何不同的行动逻辑，就必须用跨区域的视角来分析。这一源自田野的事例足以表明田野调查对客家学研究的重要性。

无论是主张客家学学科建设应包括客家历史学、客家方言学、客家家族文化、客家文艺、客家风俗礼仪文化、客家食疗文化、客家宗教文化、华侨文化等，[1] 还是认为客家学的学科体系要由客家学导论、客家民系学、客家历史学、客家方言学、客家文化人类学、客家民俗学、客家民间文学、客家学研究发展史等八个科目为基础来构建，[2] 客家研究都无法回避研究对象的固有特征——客家人的迁徙流动而导致的文化离散性，所以在田野调查时更强调追踪研究和村落回访[3]。只有夯实田野工作的存量，文献资料的采集才可能溢出其增量的效益。

三、求创新：客家研究的学科交叉

学问的创新本不是一件易事，需要独上高楼，不怕衣带渐宽，耐得孤独寂寞，一往无前地上下求索。客家研究更是如此，研究者需要甘居边缘、乐于淡泊、自守宁静的治学态度——默默地做自己感兴趣的学问，与两三同好商量旧学、切磋疑义、增益新知。

客家研究要创新，就需要综合历史学、人类学、语言学、音乐学、社会学等学科理论和方法，对客家民俗、客家方言、客家音乐等进行综合分析和研究，以学科交叉合作的研究方式，形成对客家族群全面的、客观的

---

① 张应斌：《21 世纪的客家研究——关于客家学的理论建构》，《嘉应大学学报》1996 年第 4 期。

② 凌双匡：《建立客家学的构想》，《客家大观园》1994 年创刊号。

③ 科塔克著，周云水译：《文化人类学——欣赏文化差异》，北京：中国人民大学出版社，2012 年，第 457－459 页。

总体认识。

客家族群作为中华民族共同体的一个重要支系，在其形成和发展过程中融合多个山区民族的文化，形成独具特色的文化体系。建立客家学学科，科学地揭示客家族群的个性和特殊性，可以加深和丰富对中华民族的认识。用客家人独特的历史、民俗、方言、音乐等本土素材，形成客家学体系并进一步建构客家学学科，将有助于促进中国人文社会科学本土化的发展，从而为中国人文社会科学的发展和繁荣作出应有的贡献。客家人遍布海内外 80 多个国家和地区，客家华侨华人 1 000 余万，每年召开一次世界性的客属恳亲大会，在全世界华人中具有重要影响。粤东梅州是全国四大侨乡之一，历史遗存颇多，文化积淀深厚，华侨成为影响客家社会历史和文化发展的重要因素。建立客家学学科，将进一步拓宽华侨华人研究领域，有助于华侨华人与侨乡研究的深入发展。

在当前客家学研究成果积淀日益丰厚、客家研究日益受到社会各界重视的情况下，总结以往研究成果，形成客家学学科理论和方法，构建客家学学科体系，成为目前客家学界非常紧迫而又十分重要的任务。

嘉应学院客家研究院敢啃硬骨头，在总结以往研究成果的基础上，完成目前学科建设条件已初步具备的客家文化学、客家语言文字学、客家音乐学等的论证和编纂，初步建构客家学体系的分支学科。具体而言，客家文化学探讨客家文化的历史、现状和未来并揭示其发生、发展规律，分析客家族群的物质文化、制度文化和精神文化的产生、发展过程及其特征。客家语言文字学探讨客家方言的语音、词汇、语法、文字等的特征，展示客家语言文字的具体内容及其社会意义。客家音乐学探讨客家山歌、汉剧、舞蹈等的发生、发展及其特征，揭示客家音乐的具体内容和社会意义。

客家族群是汉民族的一个支系，研究时既要注意到汉文化、中华文化的普遍性，又要注意到客家文化的独特性，体现客家文化多元一体的属性。客家学研究的对象，决定客家学是一门融合历史学、民俗学、方言学、音乐学、社会学等众多社会人文学科的综合性学科。如何形成跨学科的客家学研究理论与方法，是客家研究必须突破的重要问题。唯有明确客家学研究的基本概念、理论和方法，通过广泛的田野调查和深入的个案研究，广泛收集关于客家文化、客家方言、客家音乐等各种资料，从多角度进行学科交叉合作的分析和研究，才能实现创新和发展。

嘉应学院地处海内外最大的客家人聚居地，具有开展客家学研究得天

独厚的地缘优势。1989 年，嘉应学院的前身嘉应大学率先在全国建立了专门性的校级客家研究机构——客家研究所。2006 年 4 月，以客家研究所为基础，组建了嘉应学院客家研究院、梅州市客家研究院。因研究成果突出、社会影响大，2006 年 11 月，客家研究院被广东省社会科学界联合会评为"广东省客家文化研究基地"；2007 年 6 月，被广东省教育厅评为"广东省普通高校人文社会科学省市共建重点研究基地"。之后其又被广东省委宣传部、广东省社会科学院评为"广东地方特色文化研究基地——客家文化研究基地"，被广东省文化厅评为"广东省非物质文化遗产研究基地"，被广东省教育厅评为"广东省粤台客家文化传承与发展协同创新中心"；还经国家民政部门批准，在国家一级学会"中国人类学民族学研究会"下成立了"客家学专业委员会"。

2009 年 8 月，在昆明召开的第 16 届国际人类学大会上，客家研究院成功组织"解读客家历史与文化：文化人类学的视野"专题研讨会，初步奠定了客家研究国际化的基础。2012 年 12 月，客家研究院召开了"客家文化多样性与客家学理论体系建构国际学术研究会"，基本确立了客家学学科建设的基本途径和主要方法。另外，1990 年以来，嘉应学院客家研究院坚持每年出版两期《客家研究辑刊》（现已出版 45 期），不仅刊载具有理论对话和新视角的论文，也为未经雕琢的田野报告提供发表和交流的平台。自 1994 年以来，客家研究院承担国家社会科学基金项目 2 项，广东省哲学社会科学规划项目等 20 余项，出版《客家源流探奥》① 等著作 50 余部，其中江理达等的著作《兴宁市总体发展战略规划研究》② 获广东省哲学社会科学优秀成果一等奖，肖文评的专著《白堠乡的故事——地域史脉络下的乡村建构》③ 获广东省哲学社会科学优秀成果二等奖，房学嘉的专著《粤东客家生态与民俗研究》④ 获广东省哲学社会科学优秀成果三等奖。深厚的研究成果积淀，为客家学学科建设奠定了坚实的理论基础。经过几代人的不懈努力，嘉应学院的客家研究已经具备了在国际学术圈交流的能力，这离不开多学科理论对话的实践和田野调查经验的积累。

客家学研究丛书的出版，既是客家研究在前述立足田野与理论对话

---

① 房学嘉：《客家源流探奥》，广州：广东高等教育出版社，1994 年。

② 江理达等主编：《兴宁市总体发展战略规划研究》，广州：广东教育出版社，2010 年。

③ 肖文评：《白堠乡的故事——地域史脉络下的乡村建构》，北京：生活·读书·新知三联书店，2011 年。

④ 房学嘉：《粤东客家生态与民俗研究》，广州：华南理工大学出版社，2009 年。

"俯仰之间"兼顾理论与实践的继续前行，也是嘉应学院客家学研究朝着国际化目标迈出的坚实步伐。"星星之火，可以燎原"，这套丛书包括学术研究专著、田调报告、教材、译著、资料整理等，体现了客家学学科建设的不同学术旨趣和理论关怀。古人云，"不积跬步，无以至千里；不积小流，无以成江海"，我们愿意从点滴做起。希望丛书的出版，能引起国内外客家学界对客家学学科体系建设的关注，促进客家学研究的科学化发展。

编　者

2014 年 8 月 30 日

前　言

　　"世界客都"——梅州，位于广东省的东北部，地处闽、粤、赣三省交界处。梅州客家人源于中原，从西晋至唐宋时期，因战乱、灾荒等原因，辗转南迁，散落梅州。由于梅州客家先祖在历次迁徙过程中饱受风霜，自然对命运与大自然产生一定的期望与畏惧，在人与社会、人与自然环境漫长的共生中，逐渐形成、发展与演变出了独特的梅州客家民俗风情。

　　客家民俗风情是客家人在生产、服饰、饮食、居住、婚姻、丧葬、礼仪、信仰等物质生活和文化生活方面广泛流行的、经常重复出现的行为方式。梅州客家先民辗转大江南北几百年，定居于粤赣边区大本营，在不同时期的社会历史环境下，由于特殊的自然地理环境，加上当时社会背景和中原文化因素的影响，同时又吸纳了不少当地土著畲族、瑶族的习俗，孕育出了独特的客家民俗风情。今天梅州客家民俗风情及其文化仍然保守着大量的中原遗风，之所以如此，有其深厚的社会、文化渊源。绝大部分客家民俗风情已经成为弘扬和培育客家精神的重要文化载体，体现着客家民族传统文化的精髓，代表着生生不息的传承，是构建和谐社会不可或缺的一个重要组成部分。

　　梅州客家民俗风情具有形式多样、生动形象、内容丰富、特色鲜明、客情浓郁、观赏性与体验性强等特点，散布在梅州山水间的传统村落中，犹如一颗颗璀璨的文化明珠，见证了客家传统社会、历史与文化的变迁和传承。长期以来，不论是在城镇还是乡村，由于人们对传统文化的固守，传统客家民俗习俗、风情文化得以在梅州延续，民间风俗活动处处呈现出方兴未艾、众彩纷呈的景象，各种民间风情故事不断传唱。

　　梅州民俗风情像一枚"活化石"，记载着一定时期客家传统民俗的发展与演变，凝聚着一定时期内社会、经济、文化的变迁与变革。这些民俗风情中所体现出的民俗文化在世代传承中不断积累与发展，成为客家文化构成诸要素中最普泛、丰富的部分。它在历史的长河中，不论是过去、现在还是未来都起到了维系客家民系的纽带作用。但是，随着社会发展和社

会环境的变迁、科技水平的日新月异以及社会人员的频繁流动，人们生产生活方式、组织形式乃至文化意识发生了巨大变化，人们强烈地感受到了传统民俗文化正处于"世易俗移"之中，许多民俗活动随着人们物质和精神生活的转变而若隐若现地发生变化，甚至面临消亡的困境。因此，梅州客家传统民俗风情文化的传承在"世易俗移"浪潮中面临着诸多因素的挑战与考验，一些民俗"活化石"可能早晚会消失。同时，民俗风情也是客家游子心灵深处的"思乡"符号，越来越多的梅州传统民俗风情的隐没、变化甚至消失导致无从安放"乡愁"的现象引起了笔者的关注与重视。基于此，笔者在家乡传统民俗风情调查、考察及资料收集的基础上，撰写了《梅州传统民俗风情剖析与鉴赏》这本书，以寄托"思乡"符号与"乡愁"情结，期望梅州传统客家民俗风情这枚"活化石"能让更多人了解并不断传唱。本书的编纂出版，若能有助于社会各界人士对梅州传统客家民俗风情文化的追忆，有助于学者对客家民俗风情文化的传承与研究，有助于梅州在当今建设国家级客家文化生态保护区工程中得到启迪与帮助，则足以让笔者感到十分欣慰。

本书撰写过程中，改变了以往学者主要对梅州客家民俗风情进行阐述与介绍的单一手法，从地理学视角入手，运用自然地理、人文地理等学科知识，系统介绍梅州传统客家民俗风情，阐述了民俗风情与形成影响因子之间的关系，介绍、剖析了梅州传统民俗风情的形成与分布、发展与演变、内涵与价值以及传承保护与开发利用等内容。但是，由于梅州传统客家民俗风情的数量多，如此光辉灿烂的客家民俗风情与文化，给本书的撰写带来了抉择上的难题。笔者只能在众多的民俗风情中尽量选择流传地区分布广，具有代表性、典型性的实例进行介绍与分析，以求管窥一豹。同时，考虑到阅读对象与传播影响，在撰写风格上，融入鉴赏情趣，力求雅俗共赏，通俗但不失生动，延展提升文字的可读性，使读者能够更好地认识梅州客家民俗风情文化要素和文化价值，用真实的感情、忠实的态度、科学的方法去认识它、引导它、改造它，真正做到存其精华、去其糟粕，并不断地将其传承与发扬光大。

《梅州传统民俗风情剖析与鉴赏》全书共六章。其中，第一章主要介绍客家源流考究、客家地域形成，分析客家民系的形成与特征、客家民俗风情与文化关系等内容；第二章主要分析"世界客都"称谓的由来、"世界客都"的内涵；第三章主要介绍梅州客家民俗风情孕育的环境因子，分析梅州民俗风情形成与山水环境、农耕属性、社会环境之间的联系等；第四章主要介绍岁时节庆习俗、民居建筑习俗、饮食礼仪习俗、婚嫁生育习俗、民间信仰习俗、丧葬礼仪习俗、衣着出行习俗以及家居常礼习俗等民俗；第五章主要介绍饮食特产传说、民间风俗传说、民间生活故事等风情风采；第六章主要分析梅州客家民俗文化内涵的取向以及梅州客家民俗风情现状与问题、传承影响因素以及传承与开发等。

本书在编纂过程中借鉴了不少同行专家、学者的研究成果与图片。在此，谨向对本书出版给予关心、支持的各位学者，表示崇高的敬意与衷心感谢！同时，亦感谢暨南大学出版社的支持。本书的出版得到了嘉应学院客家研究院基地经费资助。

由于编者水平有限，书中定有不少纰漏和不足，恳请诸位专家、同行多提批评意见，希望读者予以指正，不胜感激。

罗迎新
2019 年 9 月于广东梅州嘉应学院

目　录
Contents

第一章 绪 论

第一节 客家源流考究

一、客家称谓由来

客家的称谓是怎么来的呢？著名语言学家王力先生在《汉语音韵学》中认为，"客家是'客'或'外人'的意思，因此，客家就是外来的人"。可见，客家是相对于"主"（土著）而言的一种对称，客家的"客"，即外来人的意思。"客而家焉"，作客他乡，并以之为家者，即谓客家。

对客家的研究至今已经有100多年的历史。客家在民间又称"客人""客民""客家人""客属"，学者们则称之为客家民系、客家族群、客家共同体，早期也有称之为"畲客""山客"或"客族"的。经过几代人的研究，学界目前认为客家是汉民族的一个支系、一个群体。

目前，关于客家源流的看法主要有两种：一是由北方南迁汉人发展演变而来；二是由北方南迁汉人融合南方土著发展演变而来。在一般人看来，客家人是移民，是北方汉人南迁移民的一支，在漫长岁月里，颠沛流离，历尽艰辛，不断融合当地原住居民而形成、演变和发展起来的拥有数千万人口的大民系。广东梅州、江西赣州、福建长汀一直被认为是客家人的主要聚集地。2003年，李辉、潘悟云等人对福建客家人做过遗传基因研究，在《遗传学报》发表了《客家人起源的遗传学分析》，指出从父系遗传的Y染色体SNP的主成分分析看，客家人与中原汉族呈现正相关关系，基因结构中汉族结构占80.2%，类畲族结构13%，类侗族结构6.8%，在融合的民族中又偏向于苗瑶语族群中的畲族。2005年，蔡贵庆、伍新尧等人对广东梅州客家人进行遗传基因研究，在《中山大学学报》发表《广东梅州客家人起源的线粒体遗传学分析》，指出广东梅州地区的客家人线粒体DNA Region V 9 bp缺失频率为0.217 4，聚类分析显示广东梅州地区客家人与福建长汀客家人、广东汉族属同一组，遗传距离最近。广东梅州地

区客家人与福建长汀客家人和中国南部人群有着较近的遗传学联系。2007年7月，发表在美国权威学术杂志 *Human Genetic* 上的：*Y Chromosomes of Prehistoric People along Yangtze River* 里面有组数据是非常惊人的，即客家人的基因中，中原基因占了很大比例。所以，客家人是从北方中原移居过来的，这点从基因上得到了证实。

二、客家根源在中原

客家之根在汉族。客家之源，传统的观点认为是在河洛。所谓河洛，指的是黄河、洛河。广义上的河洛就是黄河中游、洛河流域这一广阔的区域。狭义的河洛就是洛阳。"根在河洛"的依据有三：一是客家民系的姓氏渊源。很多客家族谱都记载先祖居住于河洛，如，叶氏得姓南阳郡叶县，谢氏来自河南光州固始县，李氏来自河南河洛。二是中原坞壁与客家人的生活方式。客家人的社会组织、防卫方法、生产方式和居住建筑样式都与中原地区的坞壁成员相同或相似，它们渊源于先祖中原坞壁，或根据新居住地情况而有所改变。三是客家方言。客家话是客家地区唯一的客家方言。它比较接近中原官话，有点像中州的河南话。根在河洛并不是指所有客家人都出自河洛，客家族群的祖居地范围应包括黄河以南、长江以北、汉水流域以东、淮河以西的中原旧地，但其核心在河洛。

图 1-1　中原客家先祖南迁徙圣地
纪念碑（河洛）
（图片来源：罗迎新摄）

三、客家国内迁徙的原因

推拉理论是人口学上研究人口流动最重要的宏观理论。20 世纪 50 年代，学者 D. J. Bagne 认为，人口流动的目的是改善生活条件，流入地的那些有利于改善生活条件的因素就成为拉力，而流出地的不利的生活条件就是推力，人口流动就是由这前拉后推两种因素决定的。20 世纪 60 年代，学者 E. S. Lee 改进了人口迁移推拉理论，提出第三个因素，称之为中间障碍因素，包括距离远近、物质障碍、语言文化差异等，并认为人口迁移是三个因素综合作用的结果。

客家人的迁移包括客家先民的南迁和客家人的国内迁移与国际迁移。就迁徙行为而言，有主动和被动之分，与迁移过程的历史相对应，迁移原因在各时期都不相同。概括国内迁移的因素，有以下三个方面：

（1）与迁出地有关的因素，即"推因"。

①耕地面积与人口数量的逆向发展，这是许多人口迁移发生的根本因素。

②战乱。残酷的战争使繁华的城市和富饶的乡村化为废墟，数以百万计的人在战乱中丧生，幸存者为寻求安定的社会环境，被迫背井离乡，迁徙各地。这是大规模突发性迁移的根本原因。

③灾荒。中原地区受自然环境，特别是气候、河流的影响很大。历史上气候干旱、黄河改道造成的洪水泛滥等重要因素，导致了客家人南迁。

④官职迁调定居。

⑤游学、经商。

⑥争斗，包括政治斗争、经济斗争等。

（2）与移入地有关的因素，即"拉因"。

王象之所著《舆地纪胜》于梅州引《图经》有云："（南宋时）郡，土旷民惰，而业农者鲜，悉汀赣侨寓者耕焉，故人不患无田，而田每以工力不给废。"

按照移民法则，一个地区对移民接纳的程度取决于该地区开发的程度。开发早的地区人口密度就较高，人口与土地的矛盾就会突出，对移民的接纳程度就会降低。相反，对新移民接纳的程度就会提高。李伯林的《梅州史纵览》记述：闽、粤、赣边区的地理位置较为偏远，交通不甚发达，受战乱影响较小，尚属人稀地广的区域，唐时梅州的人口密度每平方千米不到两人。同时该地区曾是畲族、瑶族土著人的活动范围，因其生产方式仍为"食尽一山则他徙"的游耕农业，对土地的占有观念和领地观念并不强烈，故而因客家人的到来所引起的敌视情绪相对较弱。由于游耕的生活方式，与汉人经常性的正面冲突较小，移居此地的汉人生活也较为安定。加上唐宋时期在南方百越地区推行"毋赋税"政策。这些在逃难的北方汉人看来，可谓"世外桃源"，故而纷纷定居于岭南地区。

（3）与介入障碍有关的因素，即"中介因素"。

客家先民从河洛迁至江南、岭南地区，就交通条件而言，虽极为困难，但也不是无路可走。秦代，已有驿道；隋代，就有运河水道，特别是东南道路和岭南道路；宋代，就有"塘铺"等。东南道路以大运河为主

干，把关中、淮南、东南连接起来，并延伸至今赣、闽等地。入岭南之道路有四：一由荆襄道路南下湖南，经湘水、灵渠、桂江、西江进入珠江三角洲；二由湖南越大庾岭沿浈江、北江南下；三由长江、赣江越大庾岭沿浈江、北江南下；四由福州沿海岸西南行至粤东。道路的畅通为历代客家先民南迁提供了便利。封建政府的拓垦，如康熙二十三年（1684）的"迁海复界"，康熙五十一年（1712）的"移湖广填四川"等，也为客家人的再迁移提供了机会和条件。

四、客家迁移的过程

有关北方汉人南迁的历史记载很多，但客家先民由中原大批南迁始于何时，学术界众说纷纭。有人认为始于秦，也有人认为始于汉或三国、东晋、唐、五代、南宋等，因而形成客家大迁移的"二次说""三次说""五次说""六次说""九次说"等，还有人不分批次只说迁移，莫衷一是。一般认为客家大规模爆发式的迁移有五次，其迁移模式和路线总的来看是从北到南，自东到西，从平原到丘陵、山区，沿着河流到核心地区，由国内走向国外，散居世界各地。

（一）两晋南北朝时期

由于少数民族入侵中原，先后建立了 16 个不同的国家，形成了"五胡乱华"的局面，北方汉民大量南迁。其迁移远者自今日山西长治起，近者由今日河南灵宝等地，沿颍、汝、淮诸水流域，向南行动，到达湖北、

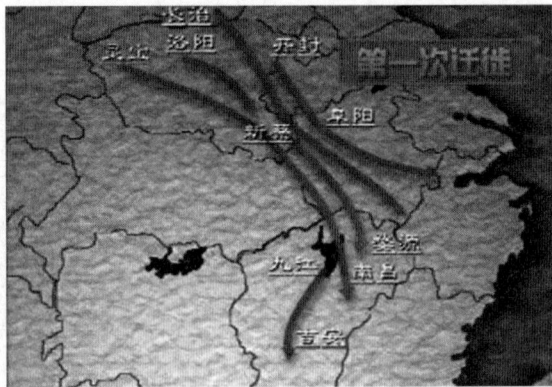

图 1-2　客家人第一次迁徙图

（图片来源：大型电视系列片《客家人》，广东嘉应音像出版社，1999 年）

河南南部及皖赣沿长江北岸，有一些到了广东的大埔县。为了避免这些中原汉人和原户籍者发生混淆，新来的户籍更称为"客"。晋元帝大兴四年（321）特别下诏，正式肯定这种附设客籍的做法，称之为"给客制度"。客家人最早的祖先就是东晋时代南下避难的那批中原人。

（二）唐末五代时期

由于安史之乱、黄巢起义及藩镇割据下的战争影响，南迁者远的多由今河南光山、固始，安徽寿县、阜阳等地渡江入赣，更迁徙至闽南；近的则从赣北或赣中迁至赣南或闽西，或至粤北、粤东边界。

图 1－3 客家人第二次迁徙图

（图片来源：大型电视系列片《客家人》，广东嘉应音像出版社，1999 年）

（三）宋元时期

宋高宗南渡，金人南下，蒙古人入主，一部分客家人又由赣南、闽西迁至粤东、粤北，形成了空前的大迁徙，入山唯恐不深，入林唯恐不密，形成"逢山必有客，无客不住山"的特点。元末明初的战乱，又推动了客家人的迁移。迁出地多为福建，迁入地则集中在嘉应各地。客家人迁入嘉应的主要原因是嘉应位于岭南东部北上的最佳通道上，有较多的低洼丘陵地区可供开垦，加上在抗元过程中一度变为废墟，故为客家人从他邑迁来重新组合提供契机。由于大量客家人在元末明初迁入嘉应一带，从而使嘉应成为客家腹地，成为客家的聚居中心，拥有"客都"的称号。总之，这一时期的迁徙是在上一时期的基础上由赣南、闽西迁至粤东、粤北地区。

图 1-4 客家人第三次迁徙图

（图片来源：大型电视系列片《客家人》，广东嘉应音像出版社，1999 年）

（四）明末清初时期

这个时期迁徙的原因一方面是内部人口的膨胀，另一方面是清朝建立的影响。由于山多田少，人口与耕地的矛盾越发激烈，不断有人向外迁徙，如明嘉靖年间从程乡、长乐迁至海丰、归善等沿海地区，从汀州迁至福州等地。清康熙年间从嘉应、韶州各属迁至广州地区的增城、花县、新安、东莞、鹤山等地。"复界"时迁至今天的深圳、香港、中山、

图 1-5 客家人第四次迁徙图

（图片来源：大型电视系列片《客家人》，广东嘉应音像出版社，1999 年）

台山等地，"移湖广填四川"时迁至四川、广西、云南等地。明末清初客家人举兵勤王失败后，为避株连，多隐姓埋名或逃亡各地，很多人随郑成功迁到台湾。

这一时期的迁徙路线是：主要由第二、三期旧居，分迁至广东中部及沿海地区，以及四川、广西、贵州、云南和台湾等地；还有小部分从闽西、粤北、粤东回迁赣南及赣中、赣北西部罗霄山脉两侧，而使江西的客家有新客和老客之分。它给赣南客家注入了强劲的新鲜血液，使这里唐宋以来世居的"老客家"与明末清初闽粤倒迁入赣的"新客家"融为一体，

最终铸造成了"赣州客家人"。

造成闽粤客家大批倒迁入赣的原因，可以从闽粤客家和赣南客家两方面来分析。

（1）闽粤客家方面。第一，客家人口本身的增长是造成客民外迁的直接原因。如前所述，两宋时期客家民系已在闽赣粤边区孕育形成。宋末元初，受金人南下和蒙古人入主中原的影响，客家人由赣南东北部、中部向西南部转移；由闽西的西北部、西部向闽西西南部和东南部转移。这两股势力推进到了粤东和粤北。后来，粤东、粤北和闽西客家"系裔日繁，资力日充，而所居地域则类属山多田少，不足供用，于是，乃思为向外扩张"。简言之，壮大起来的客家为生计所迫，必须寻找新的生存空间。他们除向东南沿海地区和西南地区迁徙外，还有一部分回迁到地广人稀的赣南。第二，明嘉靖年间，东南沿海一带闹倭患，一些海盗集团与倭寇相勾结，组成海上武装劫夺集团，其中"倭居十三，而中国叛逆居十七"。他们在浙江、福建、广东等沿海地区猖狂劫夺财物，屠杀居民，掳掠人口，进行骚扰破坏。饱受战乱之苦的闽粤客家，为远避骚扰，一部分回迁到赣南安全地区。第三，明末清初，政权更替并由此带来的一系列的动荡与战乱，也促使闽粤客家大批入赣，这一阶段，闽、粤一隅动荡40余年，客家之民均为避难入赣。

（2）赣南客家方面。第一，如前所述，赣南是客家先民南迁的第一站，是客家民系的摇篮地，许多迁往闽西、粤东的客民与赣南存在着远祖族缘关系，闽粤客家在遭遇战乱或生活上走投无路时，自然会想起自己的"故乡"，想起自己的"远房亲戚"。这样，赣南这块土地对他们来说也就特别亲切，特别具有吸引力。第二，赣南本来就地广人稀，经过明末清初几十年的战乱，赣南愈加田园荒芜，人烟稀少，"土著"（先期客家）很需要借助客籍劳力来恢复当地生产。而且，清政府在稳定政治局面后，为发展生产，也大力募民垦殖。总之，无论是从地理上看，还是从经济上看，赣南对外迁的闽粤客民都具有强大的吸引力。这就是促使他们一批批倒迁入赣南的原因。

闽粤客家的大批倒迁入赣，使赣南的居民结构发生了一次大变化。明末清初以后，赣南居民结构的重心由先期的"本地人"逐渐向闽粤倒迁的"客籍人"转移。就整体情况来看，闽粤入迁客民主要分布于周边的山区，其中以寻乌、全南、定南、龙南以及上犹、崇义两县的西北部最为密集。

007

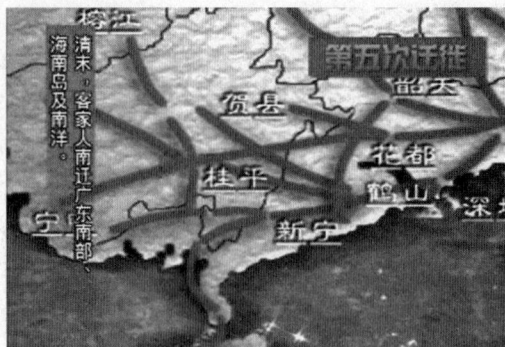

图 1-6　客家人第五次迁徙图

（图片来源：大型电视系列片《客家人》，广东嘉应音像出版社，1999 年）

（五）同治时期

这一时期，部分客家人的迁徙是受广东西路事件及太平天国运动的影响。广东西路事件后，当地大部分客家人在官府资助下向南迁入高、雷、钦、廉各州，尤以高州的信宜、雷州的徐闻为最多，远者渡海至海南岛崖县及定安等地。以客家人为主体的太平天国运动失败后，清朝统治者要把一切洪姓及其他参加起义的男女老少都屠杀，因此很多客家人或改名换姓，或逃亡外地。大批客家人逃到香港、澳门、汕头、厦门和海口一带，有些成为契约华工，被迫到新加坡、马来西亚、澳大利亚、南北美洲等地从事苦役劳动。这一时期主要由广东中部、东部迁至西部、南部及海南与东南亚等世界各地。

综上所述，客家人的迁徙不是像水波一样，一波接着一波，也不是像射箭一样，一步到位，也不是有组织、有领导的，而是无组织的、非常涣散的迁移。并不是每次迁徙都是客家人的迁徙，一般认为南宋以前的迁徙是客家先民的迁徙，南宋以后才有真正意义上的客家人的迁徙。

五、客家民系的形成时期

目前关于客家民系的形成时期主要有四种观点：五代宋初、宋明时期、明代中叶以后、清代中叶以后。

一般认为客家群体在南宋时分化成汉族的一个支系，初具规模。到明代中期，已经人数众多，成为一大社会势力，及至清代，客家人的自我意识更为增强，在社会舞台上的表现很是积极、主动。客家在南宋时期形成的主要依据表现在以下几个方面：

（1）客家方言的形成。客家方言是交流思想的工具，是客家民系的特征。据多方面的研究表明，客家方言在南宋时已形成。

（2）较庞大的人口规模。人口是民族、民系的载体，没有一定数量的人口，就无所谓民族、民系。对客家人口的历史估量，难以用统计数字表示，但可从客家集中区的县治数量分析。以罗香林《客家源流考》中所列纯客县为依据，按照明代的行政区划，客家人主要居住在江西的南安府、赣州府，福建的汀州府、漳州府，广东的潮州府、连平州、韶州府、南雄府。这八府州以前是地广人稀的山区（潮汕沿海地区除外），县治少。宋以后，县治逐渐加多，明代增加的县数达 12 个。添设县治，无疑是要加强统治，但必须以居民聚落众多、生产开发已达到较高水平为基础。在这些县治设置之前，这里必然已经有很多人居住。即在南宋时期，聚居于闽粤赣边区的北方汉人经过数百年与原住民融合演化后，已站稳脚跟，并拥有一定的人口规模。

（3）共同的地理环境。闽、粤、赣三省交界地区为多山密林区，交通闭塞，对外交往困难，十分有利于客家民系的形成。小盆地农耕经济，为客家民系的形成奠定了经济基础；小盆地造成的风俗习惯也有利于客家民系的形成。这些移民生活在小盆地山村之中，借封闭的地理条件获得相对稳定的生活环境，原有的方言、习俗在与原住民融合后得以保存下来。

（4）共同性的社会行动。这是客家人争取自身利益的表现，是群体意识浓厚的反映，也是客家人成为一个独立民系的重要依据。闽粤赣客家居住区连成一片，彼此的经济往来频繁，被压迫者进行的反抗斗争相互呼应。相对应地，封建王朝实施统治时也将这片地区当作一个特定政治单位来对待。经济来源方面如南宋时期赣南和汀州人佃耕梅州农田等；政治斗争方面如南宋时范汝为、陈三枪领导的农民起义反复进出于三省之地，文天祥在汀、梅、赣诸州领导的抗元斗争等。

第二节　客家地域形成

目前，对已形成的客家地域定位主要如下：鄱阳湖平原；客家基地——闽赣粤边区；客家通衢——赣南石城；客家锚地——赣州；客家驿亭——汀州宁化石壁；客家首府——汀州（明末清初以前）；客家腹地——以梅州为中心的十几个县；世界客都——梅州。

客家是现在世界上分布地区最广的民系之一，也是世界上人口最多的

民系之一。据不完全统计，在中国大陆有客家聚居的地区，共 19 个省区，265 个县（市、区），其中纯客或基本纯客县市 41 个，总人数约 5 500 万。另外在香港的客家人约 125 万，在澳门的约 10 万，在台湾的约 460 万。除此之外，客家人还分布在 80 多个国家和地区，总人口约 500 万。

第三节　客家民系的形成与特征

民系是民族内部文化区域传播的独特结果。从文化人类学的观念来看，它具有以下三点内涵和特质：①共同的方言；②共同的地域；③共同的生活方式和心理素质。这三点是一个有机的整体，它通过民系的物质文化和精神文化特点表现出来。客家是汉民族的一个重要民系，是中国历史上极富特色的移民运动的产物。

在过去千百年的漫长历史岁月里，客家先民总是处于流动的状态。迁移，再迁移，是客家民系形成过程中的重要特征，而且当其他民系基本定居下来的时候，客家民系依然辗转迁徙，为寻找理想家园而脚步不停。

客家民系的形成与客家迁移相辅相成。客家先民扶老携幼，背负中原文明，披荆斩棘，战激流天堑，渡黄河长江，越武夷南岭，扎根赣南、闽西、粤东三角地带。男耕女织，发展生产，安居乐业，播种文明，展现出一幅生动而精彩的自给自足的耕读文化图。至此，一个在语言、民情、风俗、文化等方面与中原汉族既有割舍不断的渊源又相对独立且具有显著特征的客家民系形成了。接着，客家又繁衍于湘川云贵，横渡海峡，遍布五洲四海，发展成世界上一个人口众多、影响深远的民系。

一、客家民系的形成

（一）孕育期

客家民系经历了一个从孕育到形成再到发展壮大的动态历史过程。而这一历史过程的每一个阶段都显示出地域性的特点。从地理上和移民史实上看，赣南是客家大本营地区接纳北来汉族移民的第一站。许多客家姓氏源流资料也显示，他们的祖先在赣南繁衍生息了若干代，后来才进一步往闽西、粤东迁移。

秦汉时期，已经有北方汉民涉足赣南。到了魏晋南北朝至隋唐时期，因为中原战乱和随之而来的移民运动，亦不断有中原汉民迁入赣南。但就整体来说，这种迁入是零散的、人数不多的。唐中后期至五代的动乱，造成了客家先民的大批南迁，他们在赣南驻足乃至生息繁衍。闽西毗邻赣南，自古两地交通便利，加上唐末又开通了仙霞岭山道，因此，也吸引了一批批客家先民避难于此。于是，赣闽边区，成为唐末、五代客家先民的主要集结地。此时，迁入的汉族已与当地土著——古越族及其后裔山都木客发生了初步融合，至宋代以后，山都木客就在客家地区逐渐消失了，一些重要的客家文化事象如崇文重教、风水术和风水观念、客家山歌等也初步形成。

北宋时期，崇文重教的风尚传统，在赣南、闽西就已形成。究其原因，一方面是因为客家先民来自中原，深受儒家文化之浸染，素有以读书为贵之观念；另一方面因为赣南、闽西山多田少，耕作困难，随着人口的繁衍发展，农耕已不足以维持生计，客家人不得不从事仕宦和经商等行业以谋求更好的出路，而这两者都离不开文化知识。因此，重教兴学便在赣南、闽西这偏僻的山区里渐成风气。并且，随着客家民系向纵深发展，这种风气很快又影响了梅州地区。于是，宋代以来耕读并举的经济生活模式逐渐成为客家人的基本生活模式。

客家山歌也是随着客家先民迁入赣、闽山区而产生的。它萌芽于唐末五代，至宋代，因深受唐宋诗词的影响而趋于成熟，并广为流传。它既保留了古朴的中原音韵，又颇具浓郁的客家情趣。随着客家民系向赣西南、闽西南及粤东、粤北的发展，客家山歌也流传到了更为广大的地区。

综上所述，历史上（尤其是唐中后期至五代）入迁赣闽边区的客家先民，经过北宋100余年的发展，繁衍数代，人口壮大，且与当地土著发生初步融合，并生长出若干客家文化事象；同时，初步形成了客家经济文化的中心城市。这表明：一支新的独特的民系——客家民系正在酝酿和发育成长起来。因此，赣南在客家民系的形成过程中具有摇篮的地位。

（二）形成期

客家民系在形成的过程中必然要吸收许多新鲜血液，纳入许多新的因素，以不断壮大自己。

正当宋代客家民系在赣闽边区酝酿形成之际，北方由于受辽、夏、金政权的侵扰，百姓不得安宁，于是又有不少姓氏相继迁入赣闽边区。这么多新人口的迁入，自然要对还在孕育阶段的客家民系产生重大影响，并加快客家民系的成长进程。

影响客家民系形成的另一个重要因素是，北宋末至南宋时期，畲族已

广泛分布于闽粤赣三角区，且与汉族形成杂居错处的格局。汉畲人民在长期的接触和交往中互相认同，并共同参加反抗封建统治和压迫的斗争，从而大大加速了两族人民的融合。宋末元初文天祥率领汉畲人民联合进行抗元斗争，以及广东畲民首领陈吊眼和畲族民妇许夫人率领的"畲军"配合张世杰参加抗元斗争，更是汉、畲交融史上的佳话。当然，这种汉畲融合的过程一直到明清时期才最终完成。

随着闽粤赣三角区的进一步开发和人口的壮大，以及汉族与畲族、瑶族等少数民族融合的加深，至南宋后期，客家民系已在闽粤赣这片山区地域成长起来，其最重要的标志就是客家方言的形成。目前，多数语言学者持客家方言形成于南宋的观点。诚如谢重光先生在《从客家方言的形成看客家民系的形成——再论客家形成于南宋时期》一文中所言："语言学者中关于客家方言形成于南宋的观点是比较符合历史实际的。客家方言之独立，即标志着客家民系业已形成（引张东卫语）。"因此，南宋时期是客家民系的形成期。

（三）发展壮大期

南宋末年，蒙古人南侵，迫使客家人更大规模地往粤东和粤东北迁徙，由此引起客家文化中心的南移，至明代，梅州已成为客家人的第二个根据地，此地人文渊薮，超过赣南、闽西。明末清初，闽粤客家人由于内部人口膨胀及受清军南下的影响，需要寻求新的生存空间，于是又以梅州和闽西南为策源地，四处向外播迁。此时，因为广东和福建的大部分地区均有许多广府系和闽南系汉人，闽粤客家人无法插足，只好避居沿海地区甚至渡海至台湾、南洋，还有一部分被挤向西南地区。而当闽粤客家在四面受阻、陷入困境之时，赣南——这个曾经是客家人第一故乡的地方，由于多方面的原因，正处于地广人稀的状态。于是，具有强烈寻根意识的客家人又扶老携幼，大批回迁入赣，并在赣南这块故土上迅速繁衍发展，从而最终奠定了赣南居民的现代格局。而且，闽粤客家回迁入赣后，没有局限于赣南地区，他们中的一部分再北上进至赣中之吉安，赣西之安福、宜春、萍乡、万载及湘之醴陵、浏阳、平江，再北至赣北之铜鼓、修水等县，大大扩展了客家人的分布区域。

二、客家民系的特征

汉族文化的核心是"礼"，它要求建立一种社会秩序和家庭秩序。客家社会继承了"礼制"文化，他们注重礼制文化中群体秩序的表现。这与客家人生存的环境因素有关。一来外界的对抗使他们产生内聚力，二来条件的艰难使他们产生怀旧情结。内聚性与怀旧性是客家文化的本源，一切客家文化现象都是由此而引发出来的。因此，客家民系具有以下几个基本特征：

第一，客家民系与古中原汉民族有直接的血缘和历史地缘关系，与古中原文化一脉相承，具有强烈的宗法礼制观念，注重族望、族谱、祖祠。

第二，客家民系具有浓厚的怀恋中原的意识，在其核心区，大家以共同的习俗、信仰和观念紧密结合，使用同一种方言，表现出极其强烈的地域性。

第三，客家民系特别强调家族聚居，不仅家族有族长，还往往有严密的村社组织，维护乡土社会的和谐秩序。他们强调尊祖敬宗，注重伦理道德。

第四，在文化上，客家民系特别强调耕读传家，重视文化教育，人文昌盛。

第五，在道德观念上，客家民系特别强调儒家正统观念，重礼仪道德。他们重名节、薄功利，重孝悌、轻强权，重文教、轻无知，这些都是重视礼儒的具体表现。

第六，在性格上，客家民系崇尚实在、信义。在行为上刻苦耐劳、勤奋好学，具有开拓冒险精神。

第四节 客家民俗风情与文化

客家是汉族的一支民系，从实际组成上说是以汉族为主体，包含"客化"的少数民族，特别是畲族的民系。客家文化是指客家人共同创造的物质文化与精神文化的总和，包括语言、戏剧、音乐、舞蹈、工艺、民俗、建筑、饮食等方面。客家文化是中华文化的一朵奇葩，它既继承了中原古汉文化，又包容了长江文化、南朝文化和闽粤赣边区客家大本营的原土著文化，特别是畲族、瑶族文化。但无论它包容了多少各地不同特色的文化内涵，其根基仍然是中原的古汉文化。

客家人重礼、敬神、祖先崇拜的文化意识保存了中原古风的根基。客家人的岁时、婚嫁、丧葬和喜庆等各种习俗活动中，一直保存着重礼制、礼仪的理念，其理念由中原古礼演变而来，在《周礼》《仪礼》《礼记》中可以找到根据。古礼可分为吉礼、凶礼、军礼、宾礼、嘉礼等五礼。

如，婚丧节庆习俗的行为礼节，主要来自吉礼、凶礼、宾礼和嘉礼。岁时习俗中对上帝、社稷、日月星辰、山林川泽、四方百物等各种神灵的祀典，都在古吉礼之中。春节，俗称过年，习俗源自上古社会的"腊祭"。客家人是"灶君送上天，家家忙过年"，即从农历十二月廿四或廿五"年界"开始，进入过年准备阶段，沿袭了宋制。春节前的"入年界"祭灶一事，《礼记·曲礼下》云："天子祭天地，祭四方，祭山川，祭五祀。"端午节，客家人在门前挂菖蒲、艾子和葛藤。清人富察敦崇《燕京岁时记》云："端午日用菖蒲、艾子插于门旁，以禳不祥，亦古者艾虎蒲剑之遗意。"说明客家人端午节门前挂艾子、菖蒲是中原古风，而挂葛藤是"土特产"，传说是从福建宁化石壁产生的。婚嫁礼仪习俗，也自古嘉礼中承袭下来。《礼记·昏义》云："……是以昏（婚）礼纳采、问名、纳吉、纳征、请期，皆主人筵几于庙，而拜迎于门外，入揖让而升，听命于庙，所以敬慎重正昏礼也。"

客家先民进入闽粤赣边区之后，在保持原有中原民俗文化意识的同时，吸纳了不少当地土著（畲族、瑶族）的习俗，如吃生鱼片、吃老鼠、擂茶以及广东博罗、归善等地客家以槟榔作为婚聘之物等习俗。

客家文化有古汉文化"活化石"之誉。耕读传家是客家文化的重要特点，儒家文化是客家文化的基本特质，移民文化与山区文化是客家文化的重要特质。客家人的祖先崇拜、重教观念、寻根意识、开拓精神以及丰富多彩的民俗风情等，在很大程度上是这三种文化特质的外化。但是，散布于世界各地的客家人，在文化特征上也有所不同。

客家先民辗转大江南北几百年，定居于粤赣边区大本营，在特殊的自然地理环境作用下，孕育出独特的客家民俗风情文化。同时在深厚的社会、文化背景因素影响下，梅州的客家民俗风情文化仍然保留着大量的中原遗风。客家民俗风情是客家人在生产、服饰、饮食、居住、婚姻、丧葬、礼仪、信仰等物质生活和文化生活方面广泛流行的经常重复出现的行为方式。这种行为方式体现在人们自觉的喜好、风气、习尚和禁忌等方面。它流行于客家地区，为大众所自觉传承。客家地方的民俗风情，反映着客家人的传统习惯、道德风尚、宗教信仰和社会生活事象。从这些方面，足以表现出综合的文化意义。这种文化意义可以从文化要素和文化价值两方面加以观察。文化要素表现为：①对神明及祖先的祭祀；②节令的叙情、娱乐和竞技；③节令中的避忌。文化价值表现为：①景仰先贤的丰功盛德；②崇尚固有的民族正气；③表达"慎终追远"的思亲之心；④抒发党群联欢和亲友款叙之情。当然，客家民俗中仍然存在与现代文明不相吻合的行为方式、思维观念等，复杂烦琐的丧葬仪式与"二次葬"陋习就是其中之一。面对客家民俗风情，应该用真实的感情、忠实的态度、科学的方法去认识它、研究它，正确地去引导它、改造它，真正做到存其精华，去其糟粕，并不断地将其传承、发扬光大，并使之作为人文旅游资源得到合理的保护与开发利用。

第二章 世界客都——梅州

第一节 "世界客都"称谓的由来

"世界客都"是梅州市的重要名片之一。梅州市被誉为"世界客都",与其丰富的文化内涵及深厚的历史底蕴息息相关。

第一,梅州市是客家人比较集中的落脚点、聚居地与扩散地。在长期的迁徙过程中,梅州市成了客家人比较集中的落脚点、聚居地和扩散地。截至2018年,梅州市548.29万人口中,95%以上是客家人。在客家民系形成后,梅州外迁人口最多,不仅广泛分布在全国各地,而且还有500多万人侨居海外。因此,在全国各地散居的众多客家人和遍布世界的海外客籍华侨华人中,绝大部分都将梅州作为其祖籍地。

第二,梅州市是反映客家语言文化、居住文化、服饰文化、饮食文化、教育文化、体育文化、风俗文化、娱乐文化、贤人文化、宗亲文化、社团文化、信仰文化等的主要区域载体,是现代客家人继承客家精神和弘扬客家传统文化的最佳区域平台。梅州作为客家人最集中的居住地之一,虽经历代沧桑变迁和各种文化思潮的冲击,但至今仍保留着最为纯正的客家方言和可贵的尚儒遗风。中央人民广播电台将梅州的客家语言定为对全世界客家人进行播音的标准语言就是一个明证。此外,梅州得天独厚的自然景观所构成的生态优势和众多灿烂的客家历史文化遗产所构成的丰富的客家人文景观,形成了其他客家人聚集地无法比拟的资源优势,使人所到之处都能切身感受到极为凸显的由客家深厚文化内涵和凝重文化底蕴所浸润的客家精神,这是在其他地区无法体会到和观察到的。因此,梅州理所当然地可以成为向海内外客家人弘扬和宣传客家传统文化和客家精神的最佳平台。

第三,梅州不仅是客家人的人文中心和客家文化的重要传播中心,而且是以弘扬中华民族精神为内容的爱国主义思想教育和宣传展示基地。在长期的历史变迁中，客家人凭着"爱国爱乡、崇文重教、诚恳弘毅、团结包容、勤劳俭朴、开拓创新"的精神，不仅为梅州留下了众多灿烂的历史文化遗产和丰富的客家文化资源，而且以最具典型意义的纯正客家传统民风民俗，为研究和传播客家文化做出了突出贡献。梅州英才辈出，叶剑英元帅和清代"才子"宋湘、清末爱国诗人黄遵宪、丘逢甲、中国经商之神张弼士、世界球王李惠堂、香港知名人士曾宪梓、大慈善家田家炳以及中华人民共和国成立以来的30位两院院士等众多梅州客家精英代表人物，使梅州当之无愧地成为客家人的人文中心和客家文化研究的重要传播中心。以叶剑英纪念园、"八一"起义军三河坝战役纪念园以及叶剑英元帅、黄遵宪、张弼士、丘逢甲等名人故居为代表的人文景观，是弘扬和传承以中华民族精神为内容的爱国主义思想教育和宣传展示基地。

第四，梅州的客家方言就是客家的标准语言。客家方言是在古汉语的基础上吸收了一些少数民族（主要是古百越族和后来的畲族、瑶族）语言成分而独立发展起来的汉语分支。方言是识别和区分民系的第一要素。客家人最主要的特征和标志是操客家方言，故客家方言是界定客家人的首要标准。客家先民来自中原，带来了中原古汉语。由于语言的保守，虽与当地少数民族语言有所交流、融合，但仍保持了中原古汉语的主体成分。古代汉语的语音特点大量保留在客家方言中，因此视其为古汉语的"活化石"。

第五，多年以来，学术界都公认客家方言以梅县话为代表。客家方言为何以梅县话为代表？主要缘由有三：

（1）梅县区在地理环境上长期处于大片的纯客聚居区之中，因而受到其他语系的渗透和影响较小，从而使梅县方言能保存较多的中原古音，如保存六个声调及完整的鼻音韵尾 ［－m］、［－n］、［－g］ 和入声韵尾 ［－p］、［－t］、［－k］，而成为较具特点和较为标准的客家方言。

（2）梅县区在过去数百年中一直是州府或地区的政治、经济、文化中心，人文蔚起，在海内外文化、教育界任职的梅县籍人历来不少，难免把乡音或多或少地带往世界各地。梅县素有"文化之乡"称誉，20世纪60年代郭沫若来梅县时亦曾赞誉其"文物由来第一流"。语言是文化的载体，文化较发达地区的语言，其词汇等亦相应较为丰富，其影响力自然要强些。

（3）清代以来，嘉应州（梅县）成为客家人向外迁徙的中转站，从这里迁往海内外的客家人要比其他客属地区外迁的人多，他们有的迁往国内的广西、江西（多属回迁的）、湖南、四川、海南等省区，或是港澳台地

区，有的播迁于海外的印度尼西亚、泰国、马来西亚、新加坡、缅甸、菲律宾、美国、印度、留尼汪、毛里求斯、澳大利亚等国。所以，海内外的客家人以操梅县音系者居多，且梅县客家话能被全球客家人听懂，故海内外的电台、电视台的客家话节目播音，绝大部分采用梅县话。

第二节 "世界客都"的内涵

"都"字的释义颇多。一可以指一个国家的政治中心，如国家首都；二可以指以大规模人口聚集地所形成的经济文化中心为特点的大都市，如北京、上海、广州等；三可以指一些由丰富的自然资源、商品资源、特定的文化遗产所构成的特定品牌称号，如我国的杭州——中国丝绸之都，太原——中国煤都等。

梅州客家文化内涵十分丰富和广泛，使人所到之处都能切身感受到极为凸显的由客家深厚文化内涵和凝重文化底蕴所浸润的客家精神。其中包括：

（1）奇伟多姿的汉民系——客家民系。

外地人到梅州，感触最深的多数勤劳智慧的客家妇女。客家妇女堪称中国劳动妇女的典范，"耕、种、樵、臼、炊、纺织、缝纫"之事，皆能一身兼之；事翁姑、教儿女、理家政，井井有条。传统上的梅州客家妇女，胸怀宽广，在她们的无私奉献下，客家男子纷纷外出经商、读书、求官、革命，而操持家庭和教育子女的重担便落在她们肩上，勤劳俭朴、崇文重教、爱国爱乡、重义轻利、勇于开拓的传统特性，在众多的客家名人身上得到了淋漓尽致的展现。海外有人将客家人喻为"东方犹太人"，实际上客家人与犹太人相比毫不逊色，同样出了不少影响国内外近现代史进程的大人物。日本作家山口县造在《客家与中国革命》一书中说："没有客家便没有中国革命，换言之，客家精神是中国的革命精神。"在甲午中日战争、保台抗倭战争、太平天国运动、辛亥革命、二万五千里长征、抗日战争等事件中都涌现出不少赫赫有名的客籍人物，如丁日昌、丘逢甲、叶剑英、范汉杰等梅州客家籍将领；旅外成功的客家商人更是不胜枚举，如张裕葡萄酒创始人张弼士、领带大王曾宪梓、皮革大王田家炳等。

（2）唐宋时期中原汉语的"活化石"——客家话。

客家话是客家人的母语，也是客家文化最显著的标志之一。专家研究发现，客家话中有不少唐宋时期的书面用语，并保留了大量唐宋时期的古汉语音韵，而且今天的客家话又与标准的普通话有很多相近之处（就常用的四五千个汉字而言，与客家话在发音上没有很大差别的约占 40%）。由于客家人的先祖是中原士族，当他们携带着这种优势语言和先进的中原文化进入闽赣粤交界山区时，对当地语言产生了重要影响，因此，客家话可以说是以唐宋汉语为基础，以百越土语为辅助的一种语言共同体。目前，全世界客家人公认的纯正客家话是以梅县话为标准音的。在梅州，客家话播音已成为广播电视台的一大特色。如今，《客家话方言词典》也已修订出版，客家话成了梅州维系世界客家人的重要"情感纽带"，不少阔别故土多年的海外客家人都以"乡音未改"为荣。

（3）"天人合一"的中国典型民居——客家围龙屋。

梅州是客家民居的大观园和博物馆，这里有各式各样的传统客家民居，它们一般有百年以上的历史，围龙屋、围楼、方楼、五凤楼、走马楼、殿堂式、中西合璧式等民居星罗棋布，或圆或方，或前方后圆，椭圆，四角，八角……巧夺天工。散布在梅州山水间的传统村落民居，处处可见"小桥流水人家""雕梁画栋客家"的美丽风景画，这些民居建筑处处体现出对中原建筑文化的继承，又适应客家先人在迁徙和发展过程中的需要，展现了客家精神和人文历史，有着独特的民居建筑文化个性。其中，围龙屋是梅州地区最典型的客家民居建筑，也是客家地区最典型的民居之一。它跟北京的"四合院"、陕西的"窑洞"、广西的"杆栏式"、云南的"一颗印"一起被中外建筑学界称为汉族民居的五大特色。客家民居是客家历史文化的"缩影"，是一种凝固的艺术。到梅州的游客，最想看的是充满神秘感的客家围龙屋。围龙屋始于唐宋，盛于明清。客家人采用中原汉族建筑工艺中最先进的抬梁式与穿斗式相结合的技艺，选择丘陵或斜坡地段建造。在建筑上以南北子午线为中轴，东西两边对称，前低后高，主次分明，错落有序，布局规整，主体结构为"一进三厅两厢一围"。围龙屋不论大小，大门前必有一块禾坪和一个半月形池塘，禾坪用于晒谷、乘凉和其他活动，池塘具有蓄水、养鱼、防火、抗旱、调节气候等作用。围龙屋左右两厢俗称横屋，在左右横屋尽头，筑起围墙形的屋，把正屋包围起来，正中一间为"龙厅"，故名"围龙"屋。小的围龙屋一般只有一至二条围龙，大型围龙屋有四至六条围龙。一座座的围龙屋形成了客家宗族社会和功能齐全的群体生活社区，这种聚居方式彰显了客家人"崇正"和"天下一统"的理想追求，在建筑上表现为讲究"天人合一"，在居住上为喜欢"聚族而居"。梅州最大的围龙屋——璎公祠是一座三堂六横六围龙的传统客家围龙屋，面积 5 000 多平方米，建筑面积 35 000 平方

019

米，共有 396 间房子，1976 年这里曾居住村民 1 500 多人。

（4）《诗经》遗风的天籁之音——客家山歌。

"要唱山歌只管来，拿条凳子坐下来；唱到鸡毛沉落水，唱到石头浮起来。"客家人能歌，在梅州青青的山梁上，潺潺的溪水边，广阔的田野里，美丽的江堤畔，你经常可听到如天籁之音的客家山歌。客家人爱歌，皆因山歌可以解乏、抒情、言志。客家山歌中最大量、最精彩的便是客家情歌，它集中了客家山歌的全部艺术成就，代表了客家山歌中最强烈的人文精神，表现了客家青年男女在爱情上的悲欢离合和忠贞不渝。"河唇（意为河或溪的旁边，即河边或河岸之意）洗衫刘三妹，借问阿哥哪里来？自古山歌从（松）口出，哪有山歌船载来？"

"客家山歌"已有一千多年的历史，经过不断发展，形式多样，内容丰富，除"情歌"之外，尚有劳动歌、劝世歌、行业歌、耍歌、逗歌、虚玄歌、拉翻歌、谜语歌和猜调、小调、竹板歌等。但唱腔曲调则因地因人不一，仅梅州山歌唱腔就有近百种，其他民间小调共有二百多种。"客家山歌"歌词结构严谨，押韵要求较严格，歌词注重形象化，客家口语化与修辞手法多样化，上承诗经之"十五国风"，以"赋、比、兴"为主并常用"重章叠句"，尤以"双关"见长，歌词结构大致相同，每首四句，每句七字，逢一、二、四句多押平声韵，以抒情为主。从总体来看，都具有浓郁的地方特色、客家风味。因此，它能在我国民歌林中独树一帜，并流传至全国各地及海外客家人聚居地。中华人民共和国成立以后，由于得到各级人民政府的提倡、鼓励，梅州客家山歌得到进一步继承和发展。由过去的偷偷在山上唱，变为在大庭广众中公开唱；活动形式也由独唱、对唱，发展出公开"打擂台"；还由山歌发展出山歌剧，成为一种新的地方剧种。1983 年的中秋节，梅县举行全区山歌大赛，评选"山歌手"和"优秀山歌手"，并将每年中秋节定为"山歌节"。在梅州，至今还广泛流传着歌仙刘三妹智慧斗歌的故事。生于嘉应州的近代著名维新变法先驱、外交家、诗界革命领袖黄遵宪是客家山歌发展的重要推动者。他常常"引歌人诗"，认为"诗经十五国风妙绝古今，正以妇人女子知而成，使学士大夫操笔而为之，反不能尔，以人籁易为，以天籁难学也……念及彼岗头溪尾，肩挑一担，竟日往复，歌声不歇者，何其才之大也？"据专家学者考证，客家山歌继承了《诗经》十五国风的风格，又受唐诗律绝和竹枝词的影响，脱胎于魏晋南北朝乐府民歌这个母体，是客家人在长期劳动和生活中集体创造的民间文艺奇葩。

梅州要打造世界客都。可打造成什么样的"客都"呢？根据梅州自然人文环境、社会经济条件，目前，乃至今后很长一段时间内，不可能把梅州打造成客家人聚集的大都市，更不可能将其打造成世界客家人的"政治之都""经济之都"。那么，梅州——世界客都，其"都"的内涵是什么？那就是现代的、生态的、世界客家人的"文化之都"。

"世界客都""文化梅州"已经是社会各界人士的共识。当然，要把"世界客都"打造成"文化之都"是一项复杂的系统工程，不是单靠宣传、文化部门所能成就的，需要上下一致，由宣传、文化、科研、城建、招商、旅游、交通、教育、农业、宗教、体育、出版、政法等诸多部门以及社会各阶层的密切配合才能完成。同时，各行各业应该从自身的特点出发，选择若干项目，聚焦"梅州文化"的打造，从而形成认识客家文化、挖掘客家文化、提升客家文化、爱护客家文化、宣传客家文化、弘扬客家文化的浓厚氛围。只要各行各业都动员起来，那么在不久的将来，一个崭新的、协调发展的、现代的、生态的"世界客都"形象就会逐步地展现在世人面前。

第三章　梅州客家民俗风情孕育的环境背景

第一节　梅州独特的自然人文环境

　　梅州市在广东省的东北部，地处闽、粤、赣三省交会的山区地带，地理位置优越。从西晋年间起，黄河流域及长江北岸的汉族人民因避战乱、外患和灾荒不断南迁，经闽西、赣南逐步到粤东北一带，前后达一千多年，他们便是客家先民。客家先民从中原南迁之时，岭南平原并无他们的安身之地，于是他们披荆斩棘，扎根于山。故有"逢山必有客，无客不住山"之说。外界的对抗使客家先民产生内聚力，条件的艰难使他们产生怀旧情结，最终形成了浓厚的怀恋中原的意识，大家以共同的习俗、信仰和观念聚居在一起，表现出极其强烈的地域性。梅州客家先民不断传承、发展中原文化，同时，又吸纳了不少当地土著畲族、瑶族的习俗，经过长期的发展变化，最终形成了具有独特风格的民俗风情。

一、地理位置：三省交会，世界客都

　　梅州市位于东经115°18′—116°56′，北纬23°23′—24°56′之间。北回归线穿过五华县南端，地处中亚、南亚过渡地带，东西宽约167千米，南北长约172千米，总面积15 835平方千米。东北与福建省的武平、上杭、永定相接，北与江西省的寻乌县毗邻，西面与河源市的龙川县、紫金县相连，南与汕尾市、潮州市接壤。梅州市的地理位置优越，是闽、粤、赣三省交会要冲，又是汕头、深圳、广州联结闽西、赣南内陆腹地的中间地带。

二、悠久历史：人类文明，源远流长

　　梅州市开发历史悠久，早在新石器时代就有人类在这里居住。20世纪50年代以来，考古工作者在梅州各地发现了新石器时代遗址，并出土了一

批新石器时代的生产工具和生活用物。1983 年，在梅县区畲江镇红星村坳峰里的古代遗址（距今 6 000—7 000 年）出土了鱼埧。这些发现证明梅州地区人类文明的历史源远流长。

图 3-1　新石器时代兵器与生产工具
（图片来源：《梅州网》）

图 3-2　梅县鱼埧
（图片来源：《梅州日报》）

图 3-3　战国时期编钟
（图片来源：钟青摄）

　　客家先民是中原一带的汉人，从西晋年间起，特别是五代时期，因避战乱、外患和灾荒不断南迁，经闽西、赣南逐步到粤东一带。当时原居住在梅州地区的土著，多属畲族、瑶族，新迁来的汉人租种当地人的田地，那时官方有两种籍册，当地人称主户，新迁来的汉人称为客户，久而久之，就习惯称"客人"，后称"客家人"。至北宋嘉祐年间（1056—1063），客户人数已超过了当地畲族、瑶族主户人数，至南宋建炎二年（1128），主户渐被客户同化。明末以后，梅州成为客家人向外迁移的集散中心。有人说客家孕育于赣州，发展于汀州，壮大于梅州。梅州被海外客家人视为现代客家文化的中心，是客家人的"大本营"。

　　梅州市在秦以前，被称作南越，被视为"蛮夷之邦，化外之地"，属

陆梁管辖。秦以后，秦始皇派赵佗开发南越，设桂林郡、象郡、南海郡，建置行政管理机构。梅州市初属南海郡，此后，随着经济的不断发展和人口的继续增加，建置多有变化。东晋以后，兴宁县（今兴宁县）、义招县（今大埔县）、程乡县（今梅县区）等先后建置。至五代十国时期的南汉乾和三年（945），程乡县升格为敬州。宋太祖开宝四年（971）改敬州为梅州，梅州只管程乡县。在此州县合一时期，全境面积比今之梅县区大一倍左右，包括现在的梅县区、梅江区及蕉岭县全部，平远县大部分，丰顺县一小部分地方。明洪武二年（1369），程乡隶属潮州府。清雍正十一年（1733），程乡县升为嘉应直隶州。清嘉庆十二年（1807），嘉应州升为嘉应府，五年后又降为州。

辛亥革命后将嘉应州复称为梅州。民国元年（1912），废除州府制，便将梅州改为梅县。

中华人民共和国成立后，设立兴梅专区，专署设在梅城，辖梅县、兴宁、五华、大埔、丰顺、平远、蕉岭七县。1952 年，兴梅、潮州两专区及东江大部分地区合并为粤东区。1956 年，粤东区撤销，设立汕头专区。1965 年 7 月，汕头专区将原兴梅专区分出设立梅县专区（后称梅县地区）。1979 年初，将梅县的梅州镇改设梅州市，为行署所在地。1983 年，梅县与梅州市合并，合并后先称梅州市，后易名为梅县市。1988 年 3 月，梅县地区改为梅州市，实行市管县体制，把梅县市分为梅县和梅江区。1994 年 12 月，兴宁县改为兴宁市。2013 年，梅县改为梅县区。梅州市现辖梅江区、梅县区、兴宁市、五华县、大埔县、平远县、蕉岭县、丰顺县二区一市五县。

三、地类形态：地形复杂，山丘广布

梅州市属两广山地丘陵的一部分，地势大致北高南低，山川联结，山峦起伏，形态万千，地形复杂，有山地、丘陵、盆地、台地等，而以山地丘陵为主，素有"八山一水一分田"之称，其特点表现为：

（一）岭谷相间，地势南倾

梅州地处闽、粤、赣三省交界处，是五岭以南的丘陵地区，全区 85% 左右的面积为海拔 500 米以下的丘陵地区，地势大约北高南低，山脉大体呈东北—西南走向，从西北向东南排列，主要山脉有：西北为项山山脉，它是福建武夷山脉的伸延部分，向西南可遥接博罗境内的罗浮山脉。主峰为项山甄（在平远与江西寻乌交界处），海拔 1 530 米，为梅州市第二高峰。中间一座雄奇壮丽的阴那山山脉斜亘，它东北起于大埔县、梅县区，经明山嶂、北山嶂、九龙峰、八乡山、鸿图嶂至五华县与陆丰市的香炉山，绵亘 160 多千米。其中高逾千米的山峰共 19 座，五指峰海拔 1 297 米，最高峰则为梅县区、大埔县、丰顺县交界处的铜鼓嶂，海拔 1 560 米，为梅州市第一高峰。阴那山经八乡山向西南延伸，止于大亚湾口，共 300 多千米，统称为莲花山脉（在构造上可与福建戴云山脉相连），成为粤东的脊梁。东南面有凤凰山脉，它沿大埔、饶平、丰顺、潮州等市县的交界处延伸，主要山峰有西岩山（海拔 1 230 米）、凤凰山（海拔 1 497 米）、释迦崇（海拔 1 285 米）。此外，还有近乎南北走向的山地，它们是铁山嶂山地、蕉平山地和七目嶂山地。

由于受地层岩性构造制约，山地展布方向与地层构造一致，山地之间的谷地也大致呈东北—西南走向。山脉、谷地（山间盆地）相间，而又具有盆地地形的特点，这样的地形、地势对气候有很大的影响。中部地区，冬季易受北方寒流侵扰，夏季由于台风难以侵袭而免遭大范围的风害。地面年平均风速为 0.9 米/秒，是全省年平均风速最小的地区之一。同时，对东南季风有明显阻滞作用。这样，有利于农林业，尤其有利于经济作物的种植。山地丘陵是发展林业、开发山区经济的主要地区。但是，山地坡陡，道路崎岖，河流水急滩多，不利于陆运和水运，交通不便。

（二）山地丘陵广布，农田碎细分散

梅州市以山地丘陵为主体，其面积达 122.5 万公顷，占全市总面积的 77.5%，耕地占 8.9%，城镇、村庄、道路、特殊用地占 6.1%，河塘、水库占 7.5%。按海拔高度分：100 米以下台阶地占 3.5%，100～200 米低丘地占 36.8%，200～500 米的高丘陵地占 44.2%，500～800 米的低山占 13.6%，800 米以上的低山、中低山地占 1.9%。

由于山地丘陵面积大，平坦地形面积少并分布于沿河谷地和山间盆地之中，这样，造成农田碎细分散，不便于耕作和管理，影响了机械化生产的应用。但是，丘陵山地的坡度大多在 25°左右，坡度在 25°以下的面积有 80.55 万公顷，占山地面积的 64.2%。由此可见，坡度在 25°以下的可开垦来种植经济作物的土地占多数，为本市土地资源的一大优势。不过，分布于坡度不大的低山浅丘和串珠似的河谷小盆地的农田，易受山洪冲刷。同时，坡地土瘦、缺肥、怕旱，山坑田因山高水冷、日照短、渍水多、土壤通透性差，影响农业生产发展。

沿河谷地和山间盆地是主要的农业生产地区。比较大的盆地有兴宁盆

025

地、梅城盆地、汤坑盆地和蕉城—新铺盆地等。其中兴宁盆地最大，面积达 320 平方千米；汤坑、梅城、蕉城—新铺盆地的面积在 100 平方千米左右；小一点的有平远的石正盆地、大柘盆地和五华水寨盆地等，这些盆地的面积都在万亩以上。盆地土地平坦连片，交通方便，光、热、水组合条件好，有利于农业生产的发展，是梅州市重要的粮食生产基地。

四、气候环境：冬冷夏热，湿润多雨

梅州市地处中南亚热带过渡地带，又面向海洋，深受海洋暖湿气流的影响，形成了亚热带季风性湿润气候。冬季，受北方冷空气影响，降水较少；夏季，受热带海洋气团的影响，降水充沛。夏长冬短，日照充足，气温高，雨量较多，光、热、水气候条件优越，其气候主要特点表现为：

（一）年均温高，热量丰富，夏长高温，冬春常有低温

地处低纬度，一年中太阳照射的高度较大，太阳辐射强，热量丰富，是广东省热量最丰富的地区之一。全市累计平均年太阳辐射量为 109 ~ 122 千卡/平方米。年平均气温（各县气象站）为 20.7 ~ 21.4℃，南北相差仅 0.7℃，最热月（7 月）平均气温为 28.3 ~ 28.5℃；最冷月（1 月）平均气温为 11.0 ~ 13.1℃。4 月至 10 月，月平均气温都在 21℃以上。夏季一般长达半年左右，高温期与多雨期一致，有利于水稻、花生等喜温作物的生长，水稻耕作为一年两季稻。

但由于东北部和北部的山脉不能完全阻挡冬季风的入侵，加上主要山脉多为东北—西南走向，寒冷的冬季风容易顺山谷而入，再因河川中的山间盆地较为闭塞，进来的冷空气不易外流，导致各地出现不同程度的低温和霜冻现象。因此，对各种农作物的越冬条件，也产生不同的影响。

（二）雨季长，降雨量较多

深受亚热带季风性湿润气候的影响，降雨量充沛，雨季长。年降雨量为 1 400 ~ 1 800 毫米，雨日在 140 天以上，降雨类型以锋面雨、台风雨和热对流性降雨为主。降雨的时间、空间分配不均。具体表现在：70% 以上的雨量集中在 4 ~ 9 月份。冬季是全市雨量最稀少的季节，通常占全年的 10% 以下。同时，各地降雨量受地形因素影响很大，山地多于盆地，迎风坡多于背风坡，春季北部降雨比南部多，夏季却比南部少。年平均相对湿度为 78%，其中，春季相对湿度为 82%。另外，梅州降雨年际变化大。一年四季干旱都有可能发生，而以春旱、秋旱对农业生产影响最为严重。因

此，兴修水利，调节余缺，是促进梅州市农业生产稳产保收的重要措施。

（三）风速较小

由于西北有项山山脉，北中部有阴那山脉，东南部有凤凰山脉，丘陵围绕使中部地区具有盆地地形的特点。这样，夏秋台风不易入侵，或入侵后强度、风速减弱，冬春季寒潮大风到此盛势大减，所以近地面的年平均风速为全省最小，一般在 0.9 米/秒以下，很少出现大范围的风害。

（四）热带小气候较明显

由于梅州地区的地理纬度较低，加上复杂多样的地形，形成了热带小气候环境，这在广东也是特有的。如丰顺县埔寨就具有这类小气候，它适宜紫胶等热带作物的生长。

综上所述，梅州市日照充足，年均温高，热量丰富，雨量充沛。光、热、水气候条件优越，是广东省水稻的重要产区之一。同时，也存在"二风""二水""干旱"与"霜冻"等灾害性天气，这些灾害性天气对农业生产具有威胁，并且形成了春季湿冷、夏季湿热、秋季干热、冬季干冷，瘴疠邪毒多的居住环境。暮春初夏，人们常受湿气所困，吃尽"南蛮瘴气"苦头；夏末秋初，天热下降，地湿上蒸，湿热相缠，人们尝遍"湿热淫气"的痛苦。

五、河网水系：河流众多、水量大、水质好

（一）河流众多

梅州市河流溪涧纵横密布，集雨面积在 100 平方千米以上的河流有 53 条。其中最重要的河流有韩江、梅江和汀江。

发源于福建宁化木马山的北源——汀江，发源于紫金与陆丰交界乌突山七星嶂的西源——梅江，以及发源于福建平和葛竹山的东源——梅潭河，至大埔三河坝交汇后称韩江。韩江经大埔、丰顺、潮州、汕头，注入南海，全长 470 千米，流域面积 30 112 平方千米。

韩江是梅州市通往汕头市、潮州市的主要水道。常年四季可通航，最大航载重量为 50 吨。过去，由于上游植被破坏严重，造成大量沙土流失，河流含沙量较高，其含沙量为 0.65 千克/立方米，居全省之冠。这样河床日益增高，洪泛频繁，在给沿江人民带来莫大灾害的同时，也给内河航运

带来不利影响。现在，经过治理，河流含沙情况大为改观，多年平均含沙量为 0.30 千克/每立方米，航运条件得到改善，主航道长 241 千米，可通 65 吨级货轮，沿线主要有大埔县茶阳、梅县区松口、潮州、汕头等港口，水深一般约 2 米，但航道水位变幅大，枯水期潮州港港池水深仅 0.9 米。目前，韩江是连接潮州、梅州、闽西、赣南等地内河运输的重要航道。

梅江起源于陆丰、紫金交界的乌突山七星岽，沿莲花山北麓，自西南向东北穿流五华县河口，至安流汇周江河，至水寨河口汇五华河，至兴宁水口汇宁江，以上称琴江；于畲江进入梅县区，然后汇程江于梅县区，石窟河于丙村，松源河于松口，最后折向东南流入大埔县境内于三河坝汇合汀江，流入韩江。梅江从发源地到大埔三河坝全长 307 千米，流程经五华县、兴宁市、梅县区、梅江区、大埔县，流域面积达 14 061 平方千米。梅江支流多，其中较大支流有周江河、五华河、宁江、程江、石窟河和松源河。过去，其流域森林植物被严重破坏，沙土流失严重，除石窟河外，整个梅江干支流含沙量大。中华人民共和国成立以来，通过修筑防洪堤围、山塘水库、除险滩、炸暗礁，设置航标等，在开发水利、治理水害等方面取得了可喜的成就。五华河、宁江、程江、石窟河及梅江干流等已建成了防洪、治涝、灌溉、发电等工程系统，彻底改变了以往那种"大雨大灾、小雨小灾、无雨旱灾、晚上一片黑"的局面。

汀江发源于福建省武夷山南麓宁化的木马山，流经长汀、上杭、永定峰市流入大埔县青溪镇的石下坝，穿越茶阳、安乐至三河，与梅江、梅潭河汇合流入韩江。汀江干流总长 328 千米，大埔县内境长 55 千米，汀江在大埔境内的支流有小靖河、漳溪河、长治水、青峰水、坪砂水。长期以来，汀江是闽、粤两省重要的水路交通线，也是中国共产党于 1930 年 8 月建立的上海—香港—汕头—大埔—青溪—永定—闽西、赣南—中央苏区的重要秘密交通线中的一环。

（二）水量大

水资源丰富。多年平均年降雨量为 1 400～1 800 毫米，年降雨总量约为 250.3 立方米。其中约有 45% 水量为植被蒸腾、土壤和地表水体蒸发所消耗；55% 形成径流，多年平均径流约 141.8 亿立方米，平均径流深 893 毫米。虽然如此，由于季风气候的影响和区内地形变化复杂，降雨量年际、年内及地区差异较大。每年的 4—10 月，尤其 5—6 月，形成明显的汛期。同时，降水地区分布不均匀，一般兴宁盆地、梅城盆地较少，南部及北部山区较多。这样，丰富的地表水资源自然调节能力差，给水资源的利用带来一定的困难，还容易造成旱、涝、洪等自然灾害。可利用的地下水资源较丰富，蕴藏量约有 34.63 亿立方米。由于地下水质良好，宜用作城镇、厂矿及缺水地区的生产、生活及农业灌溉用水。有矿热泉水 20 多处，用于旅游、保健、发电等开发利用；同时，还在大埔发现了珍贵稀奇的甘泉天然矿泉水，含有几十种人体所需的微量元素，属医疗、饮用兼用型。由于降水量丰富，河流径流量大，河流自然落差大，据统计，目前全市的水力资源理论蕴藏量为 98.7 万千瓦，可开发的水力资源为 77.5 万千瓦，开发潜力很大，梅州市已成为广东省重要能源生产基地。

（三）水质好

韩江、五华河、石窟河、梅潭河水质达到 II 类水标准，梅江水质为 II～III 类，汀江水质III类。除合水水库水质为III类标准外，其他水库均达到 II 类水标准。但是，因溶解氧、挥发酚因子影响，局部水体存在不同程度的污染。根据环保部门预测，梅江、琴江和五华河水质总体趋势稳定，梅江中下游和汀江水质有恶化趋势。这是一个值得重视的严重问题。

六、生物资源：种类繁多、资源丰富

生物资源主要包括植物和动物资源。梅州市在地质时代没有受到冰川或其他重大气候变异的影响，自然条件优越，自然界生物资源丰富，种类繁多。但长期以来，人们不注意对生物资源保护，甚至滥垦、滥伐、滥捕，使不少动植物资源遭受严重的破坏，有的生物濒临灭绝。

（一）植物种类繁多

据统计，梅州植物种类共有 155 科，近 2 000 种，森林覆盖率达 74.78%，近十多年来，梅州实施"生态梅州"战略和"森林围城"工程，森林生态得到进一步改善，到处青山绿水。

一是地带性代表植被以樟科、壳科、茶科、木兰科、桃金娘科等亚热带常绿阔叶林居多，多分布在海拔 200～800 米的山坡上；针叶林以松科和杉科为主。

二是有经济利用价值的野生植物种类多。据不完全统计，有油料植物数十种、淀粉植物数十种、药用植物有 700 多种；有纤维植物数十种、芳香植物数十种。还有单宁植物、土农药植物、野生花卉植物、野果植物、饮料植物、栽培植物的野生种或边缘种、环境保护植物等数千种。随着商品经济的发展，越来越多的野生植物被引植开发利用，野生药用植物已进

入丘陵耕地种植，可供食用和药用的真菌种类多为人工培植，已形成了扬名国内外、省内外的多种土特产品。

三是水果资源较丰富，果树有30多种。水果生产历史悠久，经过长期的生产实践和人工培育，已形成了扬名国内外、省内外的多种土特产品。其中以沙田柚与蜜柚（合称金柚）、脐橙、龙眼、荔枝等最为大宗，这些土特产品以质优著称，已经成为当地的标志性产品。梅州是全国最大的金柚商品生产基地，1995年被命名为"中国金柚之乡"。2012年，大埔蜜柚被评为广东十大最具人气土特产，2013年，梅县区金柚入选旅游土特产类"广东十件宝"。2016年，大埔蜜柚入选"中欧100＋100"互认地理标志产品。

四是茶树品种与茶叶种类较多。梅州有着悠久的种茶历史与丰富的种茶经验，以"香、甘、滑、醇"著称。茶叶中以乌龙系列为主，大埔的西岩茶、梅县区的清凉山茶和单丛茶、兴宁的官田茶和单丛茶、平远的锅笃茶和云雾茶、蕉岭的黄坑茶和单丛茶、丰顺的马图茶和水仙茶、五华的天柱山茶等，在国内外素有名气，均为上品。近3年来，全市有35种茶叶产品在国家、省农博会，交易会，名优茶评比等评奖会上获得"金奖"。

（二）动物资源种类繁多

由于气候温和湿润，森林繁茂，野生植物花果终年不绝，昆虫到处滋生，为动物提供了多样而又充足的食料，动物繁衍栖息条件优越。梅州野生动物种类繁多，分布很广。据不完全统计：兽类有豹、狼、赤麂、狐狸、猕猴、黄鼠狼、野猪、大灵猫、小灵猫、山羊等几十种；鸟类有鹧鸪、雉鸡、猫头鹰、啄木鸟、麻雀、白鹤、百荣、乌鸦、画眉、喜鹊等上百种；另有穿山甲、水蛇、金环蛇、银环蛇、虎纹蛙、蟾蜍、草龟、南蛇、青竹蛇等一百多种。过去，由于生态环境被人为破坏，栖息生存环境的恶化以及长期遭到人们乱捕、滥猎，飞禽走兽显著减少，目前尚未发现华南虎。而饲养禽畜动物优良品种多，如丰顺、兴宁的土种猪，蕉岭的土野猪，丰顺、五华的三黄鸡，本地白兔等地方良种。

淡水鱼类有50多种，主要有鲩、鲢、鲤、青鱼、鳗、鲂、罗非鱼、福寿鱼、鳝、丰鲤等。在水生动物中还有虾、蟹、螺、蚬、蛙类等。由于化肥、农药的大量施用，江河田间水质污染，再加上电击捕捞等，江河、田洼的自然水产品资源越来越少。

七、土壤类型：环境影响、呈差异化

在亚热带季风气候条件和生物因子的长期作用下，梅州市土壤普遍呈酸性反应，pH 为 4.5～6.5。由于强烈的淋溶作用，土壤中铜、钠、镁、钾含量少，其总量不超过 5%；另外，在富铝化作用下，铁、铝等元素残留积聚在土壤中，使铁、铝在土壤物质的组成中占主要地位。

土壤资源丰富，地带性与非地带性土类的地理分布，与生物、气候的特点和纬度变化，地形起伏有密切关系。

平远、蕉岭、梅县北部山区属中亚热带地区，海拔 350 米以下为红壤，350～750 米为山地红壤，750～1 000 米为山地黄壤，1 000 米以上为南方山地草甸土；兴宁、五华、丰顺、大埔以及蕉岭、平远、梅县的南部，海拔 350 米以下为赤红壤，350～750 米为山地赤红壤，750～1 000 米为山地黄壤，1 000 米以上为南方山地草甸土。此外，还有非地带性的紫色土和河流两岸的冲积土、耕作土壤。耕作土壤以水稻土为主，旱地土壤为次。

水稻土主要分布在沿江盆地一带，有兴宁盆地、梅城盆地、汤坑盆地和蕉城—新铺盆地等。盆地土地平坦连片，交通方便，光、热、水、肥等因素组合条件好，是高产水稻区，是梅州市重要的粮食生产基地。

八、文化之乡：底蕴深厚、人才辈出

（1）人文秀区，源远流长。梅州客家地区崇文重教之风始于宋，盛于明清，持续至 20 世纪 40 年代，各地兴办了许多私塾、义学、社学、书院，迄今逾千载，兴学之风不衰。南宋知县方渐曾云："梅人无植产，特以为生者，读书一事耳。"可知，梅州人喜欢读书，在宋代便已成风。明末清初乡贤李士淳在《重修儒学开文澜门改建启圣祠记》中记载："古之梅州，人文素扬，士习犹古，元魁接武，翰苑檀场。"清代知县王之正形象地描述该地："士喜读书，舌耕，虽困穷，至老不肯辍业。"清代另一知县王仕云任程乡知县五年，但见州城士人著书好古，发奋上进，赞叹程乡县署"左则桂乎是攀（即攀桂坊），右则杏焉在望（即望杏坊），发莲炬而接槐堂"，人文气象蔚然。他还在《望杏坊记》中写道："且户育家弦，俨然海滨邹鲁。"乾隆《嘉应州志》谈及兴宁风俗时这样写道："大抵土夫之家，敦礼让，重廉隅，以干谒为耻。稍足自给，益淳谨俭朴，必谋一书房，延师教子弟，故文风日益盛。"由此可见，州城气象如此，嘉属各县崇文重教之风亦不逊色，重礼仪、修养与教育，已成为民间风俗的普遍现象。

清顺治十年（1653），清朝首次在程乡等县举行岁试、开科取士，试场就设在兴宁学官明伦堂。在非州、府的地方开科取士，足见当时嘉应州文教的影响。

清雍正十一年（1733），随着后来被称为嘉应五属的科甲联翩，人才

031

辈出，文教地位的不断提高，程乡县升格为直隶嘉应州，隶属广东省布政司，直接管辖从潮州府中分出的平远、蕉岭，以及从惠州府分出的兴宁、长乐。清乾隆十五年（1750），嘉应州河北籍知州王之正有感于全州教育之发达，建"人文秀区"牌坊于署前街，以志本地人文之盛。在此前后，科考时代梅州客家地区的文教达到鼎盛。清朝状元吴鸿督学广东，盛赞梅州"人文为岭南冠"。其中，梅县区是清代全国114个科举发达县（区、市）之一，广东五个科举发达县（区、市）之一。

清末民初，曾在粤东嘉应、潮汕等地区传教50余年的法国天主教神父赖理·查斯十分惊叹于当时嘉应州教育发展之盛况，并在他编撰的《客法大辞典》中如此表述："在嘉应州这个不到三万人的城中，便有十余所中学和数十所小学，学生人数几乎超过城内居民的一半。在乡下每一个村落，尽管那里只有三五百人，至多也不过三五千人，便有学校一间以上。全境有六七百间学校，这真是一桩令人惊叹的事实。按人口比例来说，不但全国没有一个地方能和它相比较，就是较之欧美各国也毫不逊色。"1956年，郭沫若来梅州考察，称赞梅州"文化由来第一流"。

（2）教育机构，形式多样。梅州客家地区的文化教育办学形式有私塾、义学、社学、儒学、书院和学宫这几种，既相互关联又相对独立。社学、义学乃至私塾与书院均为讲学场所，界线有时并不很清晰。其实私塾教育与书院发展之间有一种良性循环关系，或者说后者是前者的投影，即作为民间教育行为，私塾教育的创办者，常常是书院带动当地教育发展起来后培养出来的科甲人才。据考证，历史上梅州客家地区先后有44所书院。其中，官立的32所，民间创建的10所，官府与民间合办的2所。这一数字充分体现了地方官府对书院建设的重视。而客家书院这种以官立为主的现象，也与本地经济欠发达、邑人难有余资，以及本土硕儒少、聚徒讲学难成气候等情形有关。与义学、社学和儒学为主体的官学体系比较，历史上以私塾为代表的梅州民间教育活动更为发达。从梅州客家地区的文化教育办学形式看，在中国教育的过程中，私塾、义学、社学、儒学、书院与学宫实际上是浑然一体的。它们共同构成了具有中国特色的教育与人才培养机制，是一份宝贵的文化遗产。辛亥革命后，梅州形成了官方、民间和教会三家办学的局面。

（3）办学科考，辉煌鼎盛。梅州客家地区的私塾、义学、社学、儒学、书院及学宫对梅州客家地区文化教育兴起与发展功不可没，共同繁荣了地方教育与文化传播。据2013年梅州市政协文化和文史资料委员会编的《梅州进士录》统计，在科举时代，梅州中式的士子、登科第者、秀才

16 479 人（含廪贡 4 917 人，武生等 824 人），举人 1 783 人（含武举人 546 人），各类进士 283 人，其中会试、殿试正榜进士 247 名（含原籍、寄籍外地进士，其中翰林 33 名），钦赐翰林 15 名，明通进士 21 名。另一个值得关注的现象是，历史上梅州的进士 80% 都集中在清代。据光绪《嘉应州志》记载：清嘉庆二十年（1815），嘉应州属考秀才的童生有万余人。

据梅县方志史料记载，从宋代至清代，梅县人（包括现在的梅县区与梅江区）参加童试考取秀才的有 3 500 余人，经乡试考取举人的有 681 人（内有解元 17 人），经殿试考取进士的有 112 人（含翰林 19 人）。清乾隆至嘉庆年间，广东乡试接连五科的第一名（解元）均为嘉应州人，被称为"嘉应五虎"。

据清咸丰六年（1856）《兴宁县志》记载：宋有进士 5 人，明有进士 3 人，清咸丰有文进士 11 人、武进士 10 人；文举人（乡举）：宋有 1 人，元有 1 人，明有 25 人，清有 104 人；武举人：明有 5 人，清有 82 人。

据道光二十五年（1845）《长乐县志》记载：五华县邑从明世宗至清道光二十三年（1843），有武进士 10 人；武举人 106 人，其中仅宋时便有举人 11 人，明神宗时五华诗人孔麟《循州诗》所咏"人文蔚起多金榜"，名不虚传。乾隆三十七年（1772），李威光殿试时被钦点为武科状元。

"千家弦颂和潺湲，万户芸窗对翠微"这是人们对历史上大埔县崇文重教景象的真实写照。嘉靖五年（1526）大埔始置县，其文教却后来居上。罗香林在《客家研究导论》中称："有清一代，广东的科甲，以嘉应本州及大埔为最盛。"

梅州客家地区流传着"岭南首第""一门三贵，旷世盛闻""一朝三家三代同进士""父子进士""同堂七魁""一腹三翰林""三代八进士""五代连科甲""兄弟父子同登科，三代官费博士家声""一里同榜三进士""五代文武科甲之家"等美闻。其中：

"岭南首第"是指宋代以来广东第一个进士古成之。古成之生于世宦之家，北宋端拱二年（989），古成之参试上榜，成为广东进士第一人。

"一门三贵，旷世盛闻"是指古成之三个曾孙古革、古堇、古巩兄弟三人于北宋绍圣四年（1097）同登丁丑科进士，宋哲宗高度赞誉了古门家风。

"一朝三家三代同进士"是指宋代古成之，古成之之子古宗悦，皇祐五年（1053）三礼进士，古成之三个曾孙古革、古堇、古巩均为进士；梅县区蔡若霖，南宋宁宗嘉定四年（1211）辛未科进士，蔡若霖之子蔡定夫，南宋淳祐四年（1244）甲辰科进士，蔡若霖之孙蔡蒙吉，南宋理宗宝

祐四年（1256）丙辰童子科进士；大埔张夔，北宋重和元年（1118）戊戌科进士，张夔之子张昌裔，宋徽宗宣和六年（1124）甲辰科进士，张夔之孙张雷，南宋嘉定七年（1214）甲戌科进士。

"父子进士"是指明代大埔饶相、饶相之子饶与龄。饶相嘉靖十三年（1534）举人，第二年乙未科进士；饶与龄万历元年（1573）举人，万历十七年（1589）进士。

"同堂七魁""一腹三翰林""三代八进士"，典出清代大埔百候杨氏家族。乾隆年间，杨氏家族更是被称誉为"岭南望族"。所谓"同堂七魁"，指的是在乾隆十二年（1747）丁卯科乡试中，杨氏家族有 7 人同时中举，即杨缵绪儿子杨德基、杨锡恩，杨黼时儿子杨德微，杨茂时儿子杨必选，另外三个是杨振纪、杨缙铨、杨宫捷，均是杨缵绪叔伯儿子。而在"同堂七魁"之前的康熙六十年（1721），杨之徐与妻子饶氏所生的五儿子杨缵绪点了翰林。杨之徐本人亦因此赢得"父子进士"的称誉。杨之徐的孙子杨允玺是雍正八年（1730）庚戌科进士，其家被称为"三世科甲"。杨之徐与妻子饶氏所生的六儿子杨黼时是乾隆元年（1736）丙辰科进士，授翰林院编修，七儿子杨演时是乾隆十年（1745）乙丑科进士，授翰林院编修，"一腹三翰院""杨氏三株"之称誉由此而来。杨士薰两个孙子杨演时、杨文振乾隆十年（1745）同捷南宫，为"同榜二进士"；另一个孙子杨缵烈则在同年考中明通进士，至此诞生了"三代八进士"。

（4）现代学堂，女子教育。刘伯骥认为，以光绪十五年（1889）广元雅正书院建立，分设经史理文四科、兼及时务为标志，现代学堂雏形始显。光绪二十七年（1901）清政府下诏改书院为学堂，梅州的书院陆续转制为学堂。其实，梅州客家地区新学的兴起早于清末书院废除之前。据方志史料记载，同治五年（1866），瑞士巴色传教会在长乐县（今五华县）开办第一所西式小学，后增设中书馆（中学），它是嘉应州第一所中学，与旧式学馆、书院、私塾不同，实行班级制，学科上人文、自然、体育同时并举。此后，开设了小学、中学、高等教育，形成了"小学—中学—大学"的教育体系。1945 年，国民政府教育部报告全国普及教育情况，梅县学校总数、学生人数名列全国两千多个县（区、市）中的第二位。据《梅县志》介绍：清末，在戊戌变法思想影响下，女子教育问题开始引起梅县开明人士的重视。光绪三十一年（1905），梁浣春开办私立女子学校，光绪三十二年（1906），女诗人叶璧华在原培风书院创办懿德女子学校。据统计，至 1932 年，梅县共有 7 所女子学校。民国以来，由于华侨捐资，文化教育事业稳步发展。清中叶以来，造就了叶剑英、宋湘、丁日昌、丘逢甲、黄遵宪、张弼士等一大批名人贤士。

（5）传承教育，人才辈出。中华人民共和国成立后，梅州市十分重视教育事业，在财政比较困难的情况下，依然增加对教育的投入，加强对青少年的科学文化教育。1965年，郭沫若来梅州考察，称赞梅州"文物由来第一流"。特别是20世纪90年代以来，在地方政府、社会各界和华侨的大力支持下，顺利完成中小学危房改造任务。目前，梅州市已建立起学前教育、普通教育、中等职业教育、高等教育和成人教育等种类齐全的教育体系。梅州市学生参加历届高考长期居全省较好水平，为国家输送了大批人才。2013年经广东省人民政府批准，同意授予梅州市"广东省教育强市"称号。同时，梅州市十分重视文化艺术事业发展，不断增加对文化事业的投资，建造图书馆、博物馆、公园、影剧院等。2017年底，全市共有文化馆9个、公共图书馆10个、博物馆8个。辛亥革命以来，梅州人才辈出，孕育了李国豪、梁伯强等30名两院院士，叶剑英元帅、姚雨平、邓仲元等545名将军，邹鲁等260名大学校长、书记。

（6）文化之乡，渊源缘由。梅州之所以成为我国著名的"文化之乡"，有其深远的历史渊源。从历史上看，客家人的祖先来自文化中心的中原地区，其中有许多是衣冠世家、书香门第，文化素质较高，延续着"耕读传家"的传统，"宁卖祖宗田，不忘祖宗言"这种风气一直流传下来。客家人认为不读书是没有出息的，即使贫家的寡妇，也千辛万苦集资供儿女读书。乾隆《嘉应州志》记载："士喜读书，多舌耕，虽穷困至老，不肯辍业。"梅州客家的风气激励人们都想读书。梅州科举最末一科进士杨沅著的《梅谚汇笺》里有一首极为流行的儿歌："蟾蜍罗，咯咯咯，唔读书，冇老婆。"这首童谣体现了客家人自小就教育小孩要努力读书的理念。从客观上看，客家先民迁至南方时已是后来者，所谓"逢山必有客，有客必住山"。历史上客家人基本居住在穷乡僻壤。这里山多田少，谋生不易，随着人口的增长，艰难的生存环境迫使他们外出谋生，这样，文化知识便成为他们生存竞争的主要手段。所以，即使再穷再苦的人家，做父母的都会不惜任何代价，甚至卖田卖屋也要供子女上学读书，这已成为客家人的传统美德。从思想行为准则看，过去，梅州客家地区文化的核心是儒家和道家的文化观念。儒家文化观念总的来说处在相对优势的支配地位，其决定因素，仍是客家人从中原传承而来的传统儒家文化观念。在道德观念上，客家民系特别强调儒家正统观念，重礼仪道德观念。"耕读传家""学而优则仕""万般皆下品，唯有读书高"是过去客家人儒家思想的具体表现，也是客家人思想和行为的准则。客家地区不少祠堂、祖屋门前树立的

"石旗杆"大都雕刻有"某朝某年某科进士"字样，以彰显功名，引导和鼓励后人要好好读书，最终实现"金榜题名""光宗耀祖"愿望；祠堂祖屋大门楹联，如"忠孝有声天地老，古今无数子孙贤""要好儿孙需积德，欲高门第在读书"等，特别凸显勤劳俭朴、忠信孝悌和耕读传家的精神。这其实也是对儒家文化思想的升华与传承。所有这些，足以见证客家人的良苦用心。

九、足球之乡：发源之地、世界球王

梅州市体育事业中较为突出的是足球运动，梅州足球运动有 140 多年的历史，是我国内地现代足球的发源地。梅州是世界球王李惠堂、国家著名足球教练曾雪麟的故乡。1956 年，国家体委正式授予梅县为"足球之乡"的称号。

（一）中华人民共和国成立前的足球运动

梅州的足球运动最先在五华兴起。1873 年，德国传教士毕安、边得志两人在五华长布元坑传教（基督教）期间，创办中书院，成为当地第一所中学。他们在学校山窝处开辟了一个草坪足球场，并在球场两端用木料搭成球门，教学生踢足球，这是现代足球这个体育项目第一次在中国内地出现。1907 年，孙中山先生特派旅日同盟会会员谢逸桥和温靖侯回到故乡梅州，创办梅县松口镇体育会和体育学堂。到 1914 年，足球运动发展到梅县、兴宁、蕉岭各县。从学校到工厂，从城市到农村，到处都在踢足球。没有橡皮球的孩子，就把未成熟的柚子当球踢；没有球场，就在禾坪上角逐，足球成了群众最喜爱的运动。

1927 年，梅县一批店员、工人组织了"强民足球队"，后来改称"强民体育会"，这是梅县足球运动从学校走向社会的发端。1932 年，强民足球队访问汕头，以 3∶2 击败英国舰队足球队，这是梅县足球队首次与外籍足球队比赛并获得胜利的纪录。1935 年、1937 年梅县足球队在广东第十三、十四届运动会上，均获足球冠军。1941 年，蓬勃发展的梅县足球运动，涌现了一批优秀运动员，由他们组成的梅县足球队参加广东省足球比赛，一举获得桂冠。接着，以梅县足球队成员为主力的球队代表广东省访问湖南、广西，又获得全胜。消息传到香港，引起"球王"李惠堂的注意。

1942 年，李惠堂带领香港航建足球队几名运动员，回到故乡五华县，组织锡江、华华、航建足球队。其中华华队曾访问梅县，与梅县强民足球队比赛，吸引了邻近的县和江西、福建两省的近万名观众，李惠堂亲自披挂上阵，结果还是以 1∶3 失利。从此，梅县足球队便闻名遐迩了。

五华县虽然最早兴起足球运动，但发展较慢。李惠堂回五华后，足球运动才在群众中广泛普及。到了 1947 年，五华县足球开始显示出实力，在广东省第十五届运动会上获得冠军的殊荣。

李惠堂，梅州五华锡坑镇老楼村人，中国第一代"球王"，在 1976 年联邦德国一家权威足球杂志组织的评选活动中，李惠堂同贝利（巴西）、马修斯（英格兰）、斯蒂法诺（西班牙）、普斯卡什（匈牙利）一起被评为"世界五大球王"。在 1926 年上海举办的"史考托杯"万国足球锦标赛上，李惠堂带领球队以 4∶1 的悬殊比分大胜蝉联 9 届冠军的英国猎克斯队，首开上海华人足球队击败外国球队的纪录。此时，上海流传着"看戏要看梅兰芳，看球要看李惠堂"这句话。李惠堂纵横足坛 25 年，足迹遍及亚、欧、大洋洲，代表国家队 4 次参加远东运动会获足球赛冠军，两次率队参加奥运会足球赛，多次率领东华、南华足球队访问东南亚各国屡建功勋，共获奖章近百枚、奖杯 120 多座。他曾任亚洲足球联合会秘书、副主席、世界足球联合会副主席。李惠堂崇尚体育道德，所著《足球技术》一书中，开头即说："体育真谛，当以道德为本，技术为末，先求基本，后齐其末。" 1979 年，李惠堂在香港病逝。

（二）中华人民共和国成立后的足球运动

从 1949 年 10 月至 1965 年底，是梅州市足球运动发展比较兴旺的时期。梅县区、兴宁县、五华县三县（区）城乡足球运动有组织、有计划、有步骤地蓬勃发展。其中，梅县区城乡足球运动发展最快。1951 年、1953 年，广东省体委指定以梅县足球队成员为主力，组成广东足球队参加中南区六省二市足球比赛。1954 年，国家体委又批准梅县足球队可以直接参加全国性比赛。1956 年，国家体委正式授予梅县"足球之乡"称号。1958 年，梅县体育科在梅县松口组织女子足球活动。1964 年，国务院确定梅县为全国十个足球运动重点地区之一。

1966—1976 年，梅州市足球运动陷入低潮。

1976 年 10 月开始，梅州市群众性足球运动很快得到恢复和发展。其中，梅县、兴宁、五华等县的 11 所中小学被广东省体委和省教育厅授予"足球传统项目学校"。1979 年，国务院批准梅县地区为全国开展足球运动的十六个重点地区之一。此后近二十年间，足球运动的普及面更广，并注意从少年儿童抓起。每年暑假，选派小学、初中、高中学生直接参加国家

体委举办的"萌芽杯""幼苗杯""希望杯"足球赛。1984年，梅县丙村镇出现一支由一家三代组成的拥有16名队员的全国首个家庭足球队。后来，相继出现了好几支家庭足球队。

1993年，随着中国足球走上了职业化道路，经济相对落后的梅州在足球事业上开始由盛转衰。1986年后的12年间，梅县没有球员入选国家队；2000年后的5年间，梅州没有球员入选国家队。

近十年来，梅州十分重视足球运动事业的发展，力求重振"足球之乡"雄风，擦亮"足球之乡"品牌，昔日的"足球之乡"正重新焕发活力，足球运动氛围空前浓厚。为推动振兴足球运动事业发展，梅州市把足球项目列入保护规划，出台了《梅州市振兴"足球之乡"十年规划》和《梅州市关于加快足球运动发展实施意见》，加大足球场馆等基础设施建设，至2018年，梅州建有梅州市体育中心、梅县曾宪梓体育场、五华奥体中心、五华惠堂体育场、五华县人民体育场、梅州体育训练中心、田家炳体育中心、蕉岭体育中心、梅县体育场、兴宁体育场、丰顺体育场、平远体育场、梅县体育馆、剑英体育馆、东山中学体育馆、丰顺县体育馆、蕉岭（南沙）体育馆等主要体育场馆，建有梅州市足球文化公园、五华足球文化公园、五华横陂足球小镇、梅县富力足球小镇、铁汉·客天下足球小镇等足球文化景观。

同时，梅州做好足球"申遗"工作，2013年12月梅州在10多个申报城市中脱颖而出，获得"中国体育非物质文化遗产保护与推广城市——梅州·足球之乡"称号，成为目前唯一通过足球"申遗"的城市。同时，嘉应学院挂牌成立"体育文化研究基地"。2014年，梅州被列入全国仅有的20个校园足球精英训练营试点城市。2018年1月，梅州获批为全国15个"中国足球协会青少年足球训练中心"之一，初步建立了"选才—训练—竞赛—输送"式青训体系。至2018年，梅州的中甲球队有梅州客家男子足球队、梅县铁汉生态男子足球队、梅州辉骏女子足球队，其中梅州客家男子足球队和梅州辉骏女子足球队主场设在五华，梅州是全国罕见的拥有三支中甲球队的城市。

从1951年至2003年，全市各级各类足球队等其他代表队参加省级以上重要比赛多数都取得了较好的成绩。据统计，53年来，梅州市各级足球队参加国内各种比赛239次，获得冠军123次，亚军62次，季军32次。1997年，梅州市中学生足球队代表国家赴印度参加亚洲中学生足球赛获第五名。

（三）足球运动员与教练员的培养与输送

据统计，从 1951 年至 2018 年，梅州市先后输送到省级以上足球队的运动员有 300 多名，其中国家队 63 人，涌现出曾雪麟、侯加昌、潘千英、张晶莹、房炳伦、侯正庆、刘德、谢玉芬、吴伟英、李莉、陈其道等国内外体坛的知名人物。兴宁女选手吴伟英在 1986 年 7 月意大利国际足球邀请赛中获"最佳运动员"的殊荣，又在 1987 年 2 月第六届亚洲杯女子足球锦标赛中，获"最佳运动员"奖。同时，梅州市还为国家、各省输送了曾雪麟等 50 多位教练。

近六年来，嘉应学院学生谭茹殷、钟秀东、李足玲入选女足国家队，叶楚贵入选男足国奥队，温浩军、陈泽鹏入选 U22 国家男子足球队，温木莲、陈婷婷被中国足球协会授予"国家级足球裁判员"称号。2014 年，在加拿大 U20 女足世界杯中国女足与德国女足的比赛中，谭茹殷获得国际足联颁发的"全场最佳球员"奖。谭茹殷代表中国参加 2015 年第七届女足世界杯和 2016 年里约奥运会；2016 年 11 月 9 日入围 2016 年亚洲足球小姐（3 人）候选人名单。

十、华侨之乡：遍布世界、客人开埠

梅州市是广东省的重点侨乡之一，也是全国著名的华侨之乡。何谓"侨乡"？国内权威专家指出，构成侨乡的"硬件"必须有：①华侨、归侨、侨眷人数较多；②与海外亲友在经济、文化、思想教育诸方面有千丝万缕的联系；③侨汇、侨资多，侨资企业较发达；④华侨素有捐资办学传统，原乡教育水平较高。以上述条件衡量，侨乡梅州名副其实。据不完全统计，目前梅州旅居国外和港澳地区的华侨、华人、港澳台同胞有 1 100 多万人。其中梅县区、梅江区、大埔县、丰顺县、蕉岭县、兴宁市籍较多，五华县、平远县籍较少，他们主要分布在泰国、马来西亚、新加坡等 70 多个国家和地区。

客家人的历史，既是一部迁徙史，也是一部开拓史。客家人不仅开拓了闽、粤、赣三省交界的山区，而且开拓了中国广西、湖南、四川等地方。同时，还开拓到海外去，特别是到东南亚。一直以来，分布在全球五大洲 70 多个国家和地区的海外客家人，在异国他乡撰写了一个又一个传奇的开埠故事。

（一）客家华侨华人向海外迁移的原因

客家人侨居海外的历史大约在宋朝末年就已经开始，至今有 700 多年。

客家人向海外迁移有主动和被动之分，与迁移过程的历史相对应，迁移原因在各时期各不相同。概括各种迁移因素，有以下三个方面：

（1）与迁出地有关的因素，即"推因"。

一是政治原因。过去，许多客家人由于战乱的影响或对统治阶级不满，想逃避统治阶级的迫害而迁居国外。如南宋王朝覆灭之前，军民逃往海外者不少，其中有嘉应属（梅州一带）的人在内；元代统治者的种族压迫，洪秀全领导的太平天国革命的失败，都导致了一批人到海外避难；1927年国民党叛变革命，进行"清党"运动，实行大规模的屠杀，也有不少梅州籍的共产党人和革命群众逃避到南洋各地。这些都是大批梅州客家人出国侨居的原因之一。

二是生活所迫。梅州市原是穷山僻壤，山多田少，随着人口的增长，粮食不能自给，碰上灾年，生存环境更加艰辛。客家人为了寻求生计，不得不冒着生命危险，背井离乡漂洋过海来到东南亚等地打工、经商谋生，另谋生路，俗称"过番"。后来，也有一些靠同乡或亲戚接引出去的。他们大多定居于东南亚各国，还有一些人辗转迁徙，足迹遍及美洲、非洲、欧洲。到19世纪中叶，有一部分客家人被诱为契约劳工送往马来西亚、印度尼西亚、美国、巴拿马、巴西等地。

此外，还有婚配、继承产业、求学出洋等因素。

（2）与移入地有关的因素，即"拉因"。

早期客家人在海外所到之处，多为"蛮烟瘴气"荒夷之地，当地资源丰富、农业生产条件好。但是，那里人口少，劳动力不足，生产方式、农耕技术较为落后，经济文化水平低。这些因素对逃难的客家人来说，可谓"世外桃源"，因而纷纷定居于此。同时，对印度尼西亚、马来西亚等东南亚各地而言，它们也需要大量的具有较高素质的劳动力，以解决其劳动力不足，生产管理方式、农耕技术较为落后的问题，促进其农业生产发展和资源开发。

（3）与介入障碍有关的因素，即"中介因素"。

客家人从闽粤赣交界地区迁徙到世界各地，就交通条件而言，虽极为困难，但也不是无路可走。据《汉书·地理志》记载，西汉时就有海上丝绸之路。明代，郑和下西洋给当时的航线和航海经验带来了历史性突破。这些不同时期的航线开通和航海技术、海洋经验、造船技术的提升也为客家人迁移外地谋生提供了机会和条件。今日的东南亚、南亚、西亚，客家人称之为"南洋"或"番片"，自古以来，这些地区与中国互有来往，最早可上溯到秦汉或隋唐。明朝郑和七次下西洋以后，中国与这些地区的经济、文化交流及人员往来更加频繁，闽、粤两省去彼地者众多，其中就包括客家人。清政府实行海禁，闭放政策也反复无常，客观上为客家人去南洋提供了条件。

（二）华侨华人在侨居国所做的贡献

客家人移居异国后，主要从事采矿业、种植业或当小商贩。他们有吃苦耐劳的传统，又带去了比较先进的生产技术、制作工艺和经营方法，经过漫长的岁月，与侨居国人民和睦相处，共同劳动，开发了当地资源，促进了当地经济的发展，为居住国的建设事业做出了卓越的贡献。华侨不仅在侨居国的经济开发上起了重要作用，而且和当地人民一起，在反殖民战争中也立下了汗马功劳。此外，在传播文化知识上，华侨也起过重要作用。由此可见，我国华侨在侨居国的开发建设，与殖民者占领殖民地进行压迫和剥削，两者之间有着本质的区别。

（1）华侨华人是经济城镇建设的拓荒者。

"客人开埠"是流传于东南亚华人中一句谚语。"客人开埠"就是指海外客家人在尚未开发的处女地或荒岛，凭借艰苦耐劳品质，开拓团结精神，经过几世纪的苦心经营、几辈人的流血流汗进行创业性的开拓，最后使这些荒岛变为宝岛，把一些沼泽地变为鱼米之乡或开辟为良港，把荒山变为繁华的矿区或城市，这一点为世界所公认。在东南亚的许多国家，至今还有许多广为流传的客家人开埠的故事。罗芳伯、梁世桢、姚德胜、汤锡林就是其中的佼佼者。

（2）华侨华人是民族融合发展的驱动者。

在"客人开埠"过程中，海外客家人和其他族群世代和睦生活在一起，共同遭受过当时殖民主义的压迫，也曾共同为争取国家独立而浴血战斗。从这个意义上说，海外客家族群自然应该成为侨居国民族的一部分。印度尼西亚的"兰芳共和国"、马来西亚吉隆坡的"叶亚莱街"及怡保市"姚德胜街"等称谓，足以见证当时侨居国与海外客家人之间的融洽关系。当今，东南亚华侨华人的侨居国作为新兴国家，仍然面临着民族融合和民族建设的历史任务，海外客籍华侨华人与居住国其他各族群集团一起，在为加强当地经济、政治、社会、文化建设而奋斗。

（三）华侨华人对祖国所做出的贡献

华侨华人虽然身居海外，却时刻想着祖国，想着家乡，具有强烈爱国爱乡的光荣传统。从辛亥革命到抗日战争，旅居海外的广大华侨华人纷纷

起来组织各种爱国团体，募捐款物，支援抗战，动员华侨和港澳爱国青年回国参加抗战，在夺取抗战胜利和建立中华人民共和国的伟大斗争中，立下了不可磨灭的功绩。同时，华侨华人时刻关心祖国家乡的经济建设。如1890年，山东省黄河决堤，下游各县尽成泽国，灾民遍野，姚德胜闻讯，即汇白银六万两，为救灾民之用。当时的光绪皇帝闻其事，特赠"乐善好施"匾额一方，诰授四代二品资政大夫和赏戴花翎，以嘉其行，并令御史黄遵宪亲临姚先生故里建立"乐善好施"牌坊一座；辛亥革命前，孙中山先生到南洋宣传革命，姚德胜捐巨资资助辛亥革命，辛亥革命成功后，国民革命政府特颁发一等"嘉禾勋章"给姚先生，以表彰他对革命的贡献。

中华人民共和国成立后，广大华侨华人和港澳同胞十分热爱日新月异的中国，热爱乡梓，并迫切希望中华民族振兴和国家强盛。改革开放以来，通过国家侨务政策的落实，以及举办第十二次世界客属恳亲大会和荣誉市民授荣活动，激发海外乡亲爱国爱乡之情。海外乡亲热爱家乡，在积极捐资办学的同时，还大力投资家乡建设，建桥铺路，修建医院等。据不完全统计，中华人民共和国成立以来，华侨华人、港澳同胞回乡办学建造的中小学近100所，其中独资兴建的学校有大埔的家炳中学、进光中学、进学小学，丰顺的侨思中学，兴宁的济平中学等。由华侨资助的学校有761所，此外，华侨还资助嘉应学院建设。梅州各地处处可见他们表达对家乡"赤子之心"的项目工程。田家炳累计捐资超过10亿港元用于内地的教育、医疗、交通等公益事业，其中教育所占的比例高达90%，曾宪梓支持国家教育、体育和航天等各项事业，累计捐款超过7亿港元，为表彰他们所做出的贡献，中国科学院南京紫金山天文台于1993年将"2886号"小行星命名为"田家炳星"，于1994年将"3388号"小行星命名为"曾宪梓星"。除兴办学校外，广大华侨华人、港澳同胞把过去用来养家的侨汇，转变为支持侨属发展生产的资金。有的办养殖种植业，有的办小手工业，有的办商店，还有的根据投资的环境和条件，在各个经济特区和全国10多个省的大中城市投资，为祖国繁荣、为家乡经济建设出力献策。

（四）梅州市积极做好各项侨务工作

20世纪80年代以来，梅州市各级侨务部门积极做好侨务工作，全市各县（市、区）均设立了侨务办公室和归国华侨联合会，建立了一支相对稳定且善于做侨务工作的队伍。各级领导和侨务部门伸出温暖热情的双手，敞开真诚宽阔的怀抱，迎接千千万万梅州籍海外赤子的归来。改革开放后的20多年间，为5 254户侨户更正了成分，为930位归侨平反了冤假错案，为60年代被精简的归侨、侨属904人落实了政策，并把274多万平方米的农村侨房和50多万平方米的城镇侨房完璧归赵，温暖了侨心，使他们一次又一次加深了对故土的印象。"故乡水甜，故乡人亲"深深烙印在海外侨胞的脑海中，无数侨胞在自己"胞衣迹"幸福地重温旧梦。梅州市委市政府多次隆重表彰为经济和社会发展做出积极贡献的"三胞"人员，表彰其为梅州市荣誉市民。同时，市、县两级政协共同吸收旅外侨胞为政协委员，从而为广大海外乡贤架起了参政议政的桥梁。

梅州市侨办和侨联组织十分注重沟通侨情，共创办了11类侨刊乡讯，面向海内外60多个国家和地区发行。有《梅州市华侨志》《梅州侨乡月报》《梅州侨史》《梅州侨讯》《梅县侨声》《五华侨讯》《蕉岭乡音》《大埔乡讯》《客家人》《松口乡音》《丰顺乡情》《平远侨讯》《兴宁侨讯》等，真正做到了侨报侨刊连侨情。

梅州市外事侨务局、梅州市归国华侨联合会负责指导梅州市各级侨联开展工作，依照《中华人民共和国归侨侨眷权益保护法》和有关法律，维护梅州市广大归侨、侨眷的合法权益和海外侨胞在国内的正当权益，为他们提供法律咨询和服务等。

第二节　梅州客家民俗风情与山水环境

一、梅州山与山文化

据史载，梅州"其地独多山，周罗森列不可尽名也，若夫发脉雄远，环卫重叠，多灵异之境"。梅州境内山峦丘陵绵延起伏，山地丘陵广布。梅州山美，有雄奇阳刚的"粤东群山之祖"阴那山、"粤东首峰"铜鼓嶂。

千百年来，一直流传着"逢山必有客，逢客必有山"这句话。客家先民从中原南迁之时，平原已无他们的安身之地，他们只好选择山区。客家人对山有着难于言说的情感。在客家人眼里，山就是他们的生活。客家人把对山的情感，对水的眷恋，化为改造自然的决心和力量，用自己勤劳的双手装扮着自己家园的同时，尽情享受着这一山一水带给他们的快乐。长期以来，客家人一直与山和谐共处，融为一体。

客家先祖面对大山聚族而居，傍山临水，因时因地，修建了一座座民居，形成了各具特色的客家村落。"世界客都"——梅州，是一个传统与现实、人类与自然和谐统一的理想家园。一位养在深山人未识的天生丽

人，正拂去尘封，走出深闺，散发出瑰丽的光彩和独特的魅力。

（一）粤东群山之祖——阴那山

> 宫阙天悬绝胜奇，况临泉石画中窥。
> 五峰青翠冠攒玉，二水周回练拂漪。
> 鱼鸟若能明正定，猿猴一似发菩提。
> 沉沉钟鼓僧闲寂，客亦忘言自得之。
>
> ——蔡蒙吉《游阴那山》

阴那山为莲花山脉东端的主峰，秀甲潮梅，名扬闽粤，被誉为"粤东群山之祖"，是广东省级自然保护区和广东省风景名胜区。

阴那山从大埔县西北角的英雅镇坑尾村直到梅县区雁洋镇，呈东北—西南走向，经过地壳变化而神奇地崛起，背斜形成五指峰。阴那山山势雄奇，

图 3-4　阴那山
（图片来源：天下客家）

突起于梅江平原之上，具有"神山、群峰、奇石、翠瀑、浮云"的特色。

自古以来，深山、名山多有名寺。在雁洋镇境内的阴那山海拔 500 米的半山腰处有一名寺——灵光寺，寺内供奉惭愧祖师。灵光寺创始人为唐高僧潘了拳，自号惭愧，潘了拳圆寂后，世人称其为惭愧祖师。唐文忠开成二年（837）建寮为道场，即灵光寺之前身。唐咸通二年（861）众弟子在此始建寺，名为圣寿寺。明洪武十八年（1385）扩建后更名为灵光寺，以酬师之灵应也。

俗民说，灵光寺是风水宝地，有许多特殊的景物和灵验的传说。清咸丰八年（1858）惠州知府摄署嘉应州事文晟《重修惭愧祖灵光寺记》（原载《阴那山志》，广东旅游出版社，1994 年）记载："去州城八十里为阴那山，有寺曰'灵光'，唐高僧了拳者卓锡之地也。师自号惭愧，州之人称为祖师。相传每遇亢旱，迎其法身，祷雨辄应。"梁伯聪《梅县风土二百咏》（1944 年 10 月抄本，梅县地区档案馆，1985 年复印藏）记载："惭愧阴那潘祖师，旱年祈祷说神奇；自从劫难来梅后，无复云行法雨施。"并说，阴那山祖师潘了拳，号惭愧，每遇天旱，环城人辄迎来祈雨，有应验。一直以来，这里的人们崇拜并敬奉惭愧祖师。旧时遇天旱时邑人要抬惭愧祖师神像巡游各村庄祈雨。人们对灵光寺惭愧祖师的信仰，不仅跨宗族，而且跨地区，其信徒分布于梅江区、梅县区、兴宁市、五华县、大埔县、平远县、蕉岭县等地，这些地区都建有惭愧祖师的香火庙。每年农历九、十月间，当地村民把分布于各地香火庙的祖师神像抬回灵光寺巡游重新开光，尔后又抬回各庙供奉。不但俗民深信祖师，连作为士大夫代表的明末遗臣亦认可惭愧祖师。如，清光绪六年（1880）十二月刊刻李士淳所作之《嘉应州阴那山志》记载："有祈必应民歌霖雨之功，无愿不酬。"另一清臣在《附刻：严禁诈兹扰示》也写道："阴那山灵光寺，为唐惭愧祖师身初地，千余年灵显丕著，抗旱祷雨，莫不立应。"

（二）粤东首峰——铜鼓嶂

> 崔巍铜鼓壮诗心，云海苍茫入望沉。
> 万古天工多绝艺，百年豪杰儿登临。
> 飞岩看日江洋近，削壁餐霞草木深。
> 欲趁秋风凌绝顶，好凭廖廓寄微吟。
>
> ——李雪平《咏铜鼓嶂》

铜鼓嶂位于丰顺县砂田镇，海拔1 560米，是莲花山脉主峰，为梅州第一高峰，因其峰顶平阔，浑圆似鼓得名，方圆百余里，山体庞大，层峦叠嶂，厚实雄浑，在整个华南丘陵中显得特别雄伟壮观，与潮州凤凰髻、梅州阴那山的五指峰形成"三峰鼎立"之势。

铜鼓嶂山腰有一巨瀑，流水从几百米悬崖峭壁倾泻而下汇成一潭，人称瀑为"七情磜瀑"，称潭为"鸳鸯潭"。有关"鸳鸯潭"有许多美丽动人的传说：一是一对恋人七次登上此磜表达恋情；二是一

图3-5　铜鼓嶂
（图片来源：梅州日报社）

对恋人在"鸳鸯潭"浸泡百天，表达百年好合；三是据说此磜处有七个美丽女人，人称七花仙女，引来天下男儿求婚；四是一对恋人因婚姻不成，殉情"鸳鸯潭"中……据说，附近村民把到"鸳鸯潭"当作考验对象的神

圣纯洁的地方。"你爱（意为要）娶俺（意为我）无束该，七情礤水洗过来。水清情长连心爱，百年好合正和谐。""七情礤水清又清，洗了正知爱浅深；双双立下情侣愿，海枯石烂不变心。"这一道道山歌就是最好的见证。在铜鼓嶂山的山岭之间，散布着二三十个客家村落，居住着数千村民。村民们依山傍水而居，日出而作，日落而息，耕读传家，民居建筑和生活习俗仍然保留着中原古韵。

二、梅州水与水文化

梅州地处山地丘陵区，地形复杂，岭谷众多，河流溪涧纵横密布。在三河坝战役纪念碑下俯瞰三河小平地，汀江北来，与东来的梅潭河交汇，再汇入西来的梅江而成韩江。梅江干流及其支流五华河、宁江、程江、石窟河等流经五华县、兴宁市、梅县区、梅江区、平远县、蕉岭县及大埔县，而三江交汇后的韩江经丰顺县汇入潮汕平原，由此形成"河网密布，水系分布不对称"的总体特征。

梅州地域范围内，集雨面积 100 平方千米以上的河流有 53 条之多，其中，有 48 条属韩江水系，其他河流有 4 条属榕江水系，1 条属东江水系。在梅州境内集雨面积超 1 000 平方千米的河流有 7 条，分别是韩江、五华河、宁江、石窟河、汀江、梅潭河和榕江北河。所以韩江水系是梅州地区最大的水系，覆盖了梅州 90% 以上的地域。

地域文化与水系关系密切。在交通不便利的古代，水是枢纽，是通道，而山是阻隔，所以江河沿途沟通无阻。随着人口的繁衍和发展，人地矛盾越来越突出，生活艰辛使得客家人不得不冒着生命危险，背井离乡到东南亚等地打工、经商谋生。韩江便成为客家人到东南亚等地打工、经商谋生的重要通道。客家人循韩江而下，过潮州到汕头，或沿海岸线迁往港澳，远赴南洋，这些江河串出了客家人的迁徙历史，串成了一条客家人的"血泪之路"。当然，梅州众多河流也成为梅州客家民俗形成、演变及其传播的媒介。

（一）客家母亲河——汀江

"天下水皆东，唯汀独南。"汀江是闽西宁化流向广东梅州的一大河流，流经闽西、粤东北两片客家聚居区，是联系闽粤的水上通道，它如玉带一样贯通了闽粤赣客家大本营。汀江孕育了客家人，因此，汀江一直被誉为"客家人的母亲河"。同时，汀江又是客家人南迁的重要通道，是海上丝路的重要延伸和组成部分。汀江"水上运输线"孕育形成了茶阳古镇、车龙古村落及其客家民俗风情。

（二）梅客母亲河——梅江

梅江是韩江的主流，发源于汕尾陆丰与河源紫金交界的乌突山七星嶂，沿着莲花山北坡流向东北，沿河流经水口、畲江、水车、梅南、长沙、程江、梅城、西阳、丙村、雁洋、松口、三河坝等镇，沿途汇入了宁江、五华河、石窟河、松源河等水，至大埔三河坝汇入韩江，再经潮汕平原归入浩瀚南海。

汀江对客家人意义非凡，但于梅州人而言，梅江才是生命的航线，在客家人第五次迁徙过程中，松口成为客家人出海"下南洋"的必经之地，也是海上丝绸之路的起点。自古至今，梅江干流滋润着梅州客家热土，在这片热土上孕育形成了梅州古城、松口古镇、梅县区茶山古村落等城镇村落及其客家民俗风情与文化。

（三）潮客母亲河——榕江北河

榕江是粤东地区第二大河流，仅次于韩江，也是广东著名的深水河，仅次于珠江，通航能力非常强，可进出 3 000 ~ 5 000 吨级货轮。梅州地域内属榕江流域的河流有 4 条，其流域范围较小，但与韩江相同的是，榕江同为潮汕平原的母亲河，在客潮两地社会、经济和文化的沟通上其重要性不容忽视。榕江流域梅州地域丰顺县内同时存在着客家方言和潮汕方言。榕江北河边的汤南是潮汕文化和客家文化的交汇点，在潮客历史文化的共同融合下，孕育形成了上围古寨、龙上古寨等古村落及其潮客客家民俗风情。

（四）客家人起航——韩江

韩江，唐称鄂溪，后为纪念韩愈驱鳄而改成"韩江"，是闽粤赣大地上一条比较大的河流。韩江汇集东源、北源、西源三条河流，北源汀江发源于福建宁化木马山，西源梅江发源于紫金与陆丰交界的乌突山七星嶂，东源梅潭河发源于福建平和葛竹山，至大埔三河坝交汇后称韩江。三江汇流后，继续往东南流，经潮州市进入汕头出海。

对于客家，韩江的重要意义并不在于其长度和流量的大小，而在于它对客家民系的发展、成熟和变迁所产生的历史作用。如果说梅江与汀江承载的是客家人迁徙途中一段垦荒、开拓的历史，那么韩江的意涵则在于为习惯了奔波的客家人指引了另一条截然不同的迁徙之路。这一次迁徙运动发生

在清末，被誉为客家历史上的第五次大迁徙。这一次长途跋涉以汀州、嘉应州为中心，目的地广泛遍布于川、桂、台、湘、粤南、海南，更有相当一部分客家人循韩江而下，迁徙到五大洲各国，在异国他乡开拓前进。

在江河文化的历史长河中，位于三江汇流地理位置、独特自然环境的三河坝，孕育形成了千年六朝古村落及其独特的客家民俗风情。

三、山水与民俗风情

由于梅州地处独特的自然地理环境，在山山水水的作用下，形成了自然灾害频发、种类多、破坏强度大的问题，常常发生水灾、旱灾、虫灾、霜冻、低温阴雨、台风等自然灾害。这些灾害对生产、生活带来了不利影响，特别是对农业生产造成的破坏极大。尽管客家人采取了兴修水利、人工驱虫、建仓储粮等防灾抗灾措施应对，但是，受自然社会经济条件的影响，兴修水利等工程十分艰难，成本高，效果不理想，严重挫伤了人们防灾抗灾的积极性。正如光绪《嘉应州志》卷六《水利志》所载："依山为田，沿流作灌，非若平畴广亩，可沟而浍也。为陂塘者，多横绝溪流，用石鳞起，水可高五尺。或木桩用藤蔓紧织，内磊小石，水高起亦可五尺。从其所向，凿圳通之，遇阻断处，或接以木枧，可绕至一二里外。视疏乎沟浍，艰难何啻百倍！"

面对恶劣的自然环境，梅州客家先民不得不将愿望寄托于超自然的魔法与力量，久而久之，最终形成了多神信仰。他们从心理上祈祷神灵的庇佑，精神上实现某些寄托，行为上达到某些愿望与目标。"本邑土薄水浅，无以备旱，故旬日不雨，则农人争水矣；二十日不鱼，则迎神明祷雨矣。"这是信仰神的见证。旧时每遇天旱，邑人要抬惭愧祖师神像巡游村庄，以祈迎惭愧祖师法身求雨，这也可以作为例证。

梅州境内有梅江、汀江、石窟河、松源江、琴江、潭江等，河网纵横交错，它们在作为梅州重要的运输水道的同时，对客家风俗的形成也起了促进作用。如，乡村地区俗民对图腾信仰的遗俗以及对地方水神的崇拜，庙宇或神坛遍布梅州乡村。对水的信仰，一是对"龙"的尊崇，客家人认为龙居深潭，故在各地兴建"龙王庙""龙母庙""水府宫"等，二是在河溪、池塘旁边兴建司水的"伯公神坛"，三是流行的"水鬼"传说。据考证，梅州客家人崇拜的地方水神主要有"仙人叔婆""梅溪公王""龙王""水打伯公"等。

"仙人叔婆"信仰在梅州乡村比较普遍，在韩江流域内众多的河流两岸有诸多供祭拜的"仙人叔婆之神位"。据资料分析，地方水神"仙人叔婆"神灵的原型是蛇,"仙人叔婆"信仰是南方原始图腾小龙、青龙信仰的遗俗。梅州旧时称从事航运业的人为"船家"。"船家"敬奉的行业神是"仙人叔婆",各船户在船上也安有其神位,船家起航先上香,途中遇大风大雨时更是虔诚地点香祈祷平安。地方水神"仙人叔婆"的信众初为渔民船家,主要功能是庇护渔民与航运的安全,后来信众逐渐扩大到附近村民。尔后"仙人叔婆"增加了财神的功能。"仙人叔婆"有特别的纪念日即农历七月十三神诞日,是日俗民除举行祭拜仪式外,还要举行抬"仙人"出巡、演大戏(汉剧)娱神等民俗活动。

图3-6　周溪河畔饶公桥头仙人叔婆庙
(图片来源:罗迎新摄)

　　蕉岭县新铺镇地处石窟河中游,这里聚居着陈、林、曾、邓等20余姓的本地商民,也有来自潮汕各县的商户与船家。旧时镇上有以行业分类的米商公会、商会、船员公会等,各业虽未见有统一的组织,却有统一的祭祀活动,那就是崇拜"仙人叔婆",他们奉祀"仙人叔婆"的地方是"郭仙宫"。"郭仙宫"的建筑规模很小,正堂内神龛无神像,仅一块木质神牌,上书"法妙仙人之神位",宫门外竖有两根石柱,两柱间竖起一根长长的旗杆。传说"郭仙宫"是新铺镇的风水文化中心,因为新铺墟市傍山沿河筑店,长长的像条木筏,就是靠这旗杆拴住,才不致被洪水冲散,而稳住旗杆者正是"仙人叔婆"。在俗民的心目中,是"仙人叔婆"保护了新铺墟的安全和兴旺。因此,商户船家逢初一、十五必进"郭仙宫"上香。而一般信民则主要参加每年正月半后的"起福"和十二月"完福",俗称到宫里"做好事"。每当"做好事"时,四乡群众亦前往凑热闹,并请和尚或斋姑念经,兴开桌摆凳,共进午餐。

"水打伯公坛"在梅州山区水圳、水塘、溪唇边处处可见。梅州城区的"水打伯公坛"在梅江河北岸，祀水神，尤其船家及出洋之人在此下船时必拜祭此神。

梅州乡村地区，民间信仰"天后"现象也普遍存在。"天后"属外来的水神，为东南沿海"福神"。"天后"信仰在梅州已经完全地方化或俗化，主要分布在梅江流域主要墟市码头。江河对"天后"水神的传播起到桥梁作用。从历史变迁看，"天后"从沿海地区向粤东内陆山区扩散。从功能变迁上看，首先，"天后"不仅是水神，而且是"四海江湖著大功"的江海河湖

图3-7　小靖河排头坝水口伯公庙
（图片来源：罗迎新摄）

之神，"天后"信仰传入客家地区之后，其主航海安全的功能被改造成主航运安全。其次，"天后宫"不仅是安奉天后神像的殿堂，还是社区族群的议事中心。从互动交流看，经贸活动是潮梅间"天后"信仰传播的重要因素。粤东地区北部的梅州山区，虽盛产柴炭竹木，但缺乏食盐与粮油等，南部是潮汕平原，虽物产丰富，柴炭竹木等日用品等却相当缺乏。历史上，潮梅地区的人们就是通过梅江各大小支流与潮汕平原建立南北商业贸易网络，实现区位资源的互补的。同时，梅州华侨返乡、大批海外物资通过韩江运往北部山区，进出口贸易加强了山区与沿海、海外的互动。频繁的经贸活动对地区之间的文化变迁起到了潜移默化的作用，使"天后"信仰得以在梅江流域迅速传播。

客家人对"风水林""石敢当"的崇拜也颇具特色，这足以反映梅州客家祖先的多神信仰观。

客家人相信万物有灵，由此产生了特殊的植物崇拜。比较容易成为客家人崇拜对象的是树木，如，在神庙和围龙屋、祠堂等特殊地方后面通常种有植物，这些植物被看成是"风水林"。客家人认为"风水林"对整个宗族具有佑助的功能，具有灵性，因而无人敢去砍伐破坏，久而久之逐渐

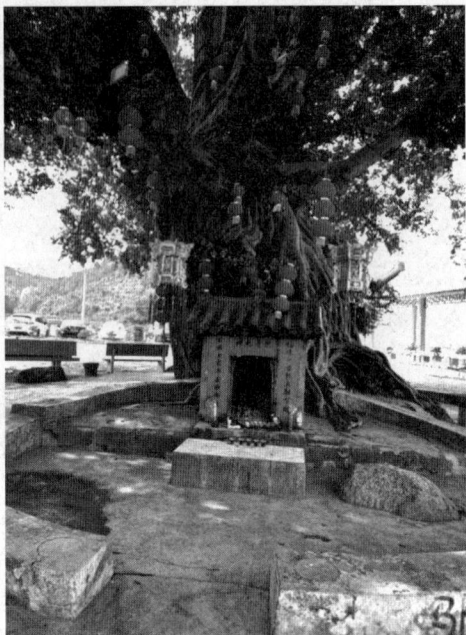

为人们所崇信；还有一些榕树、松树、柏树等特殊树种，因其生命力旺盛，四季常青，也常常为人们所崇拜，这些树被俗称为"榕树伯公""松树伯公""柏树伯公"。

客家地区广为流传着一种古老的巫术手段，即"石敢当"崇拜。在客家地区的房前屋后、巷道口等，常立有刻着"石敢当"或"泰山石"字样的一块大石头，意即用巨石镇鬼、驱邪、除灾，以保佑人间安康。在梅县区松源镇等乡村地区，俗民喜欢在桥头树下等地方立一块大石头作为"伯公"进行祭拜，而兴宁地区民间流行对"石古大王"这种特殊的石头的崇拜。

第三节　梅州客家民俗风情与农耕属性

中国传统社会的农耕属性决定了农业生产的重要性。面对梅州恶劣的生存环境，对客家人而言，农业生产的重要性不言而喻。因此，在"靠天吃饭"的农业生产时期，客家人只能祈求神明的庇佑，祈求风调雨顺、五谷丰登。长期农业生产中，那些被赋予广泛的魔法、神力，能为村民提供全面保护与庇佑的"社官""龙神""福主"（又称"公王"）等神灵，成为祈禳的重要对象。每当灾害来临时，村民只能向这些"社官""龙神""福主"祈祷，除此之外，别无选择。

对应我国古代的"社神"，梅州客家地区则有"社官"（也称"土地伯公"）。"社官"即"土地神"，客家人也称之为"社公"或"田伯公"。梅州客家人十分敬重"土地神"，对"土地神"的信仰，常常与农作物有好收成联系在一起。无论在平时还是遭受灾害时，"社官"都是人们祈求护佑的重要对象。如每年农历二月初二这一天，人们都要向"社官"举行隆重的"开耕礼"，祈求"田伯公"保佑禾苗茁壮生长。另外，

图3-8　"社官"
（图片来源：罗迎新摄）

051

在久旱不雨之时，聚集在"社官坛"前举行求雨仪式，祈求土地神保佑农田里的水稻等农作物正常生长。

农耕时期，"龙神"也是客家人在敬神禳灾时祈请的重要对象。客家人认为蛟龙之所以能形云布雨，主要因为它是一种亲水动物，常常蛰居深水之中，也被赋予了施雨的功能。所以，梅州客家地区形成了祭拜"龙神"的习俗，祈求降雨，祈祷年年风调雨顺，五谷丰收。

梅州客家人由客家传统社会的农耕属性所决定的对"社官""龙神""福主"的信仰，既体现了客家族群在对待神灵信仰上的功利性，也是客家文化多元性特征在精神层面的生动体现。

第四节　梅州客家民俗风情与社会环境

节日是传统社会中，客家人社会生活展演的时间和空间载体。中国的岁时节日起源于祭祀活动，古代"岁时"常常与"祭祀"连接在一起。在春夏秋冬四季轮回中，人们举行着相应的祭祀活动。在中国几千年来以农耕为主的传统社会中，人们对岁末年初的冬春时节尤为重视，传统的大型岁时祭祀仪式常常在这一时节举行。以食物奉献神灵是中国传统祭祀的基本方式，中国人认为以上等的食物或时令食品献给神灵，就如人间以佳肴招待贵客一样能很好地表达自己的赤诚。

客家祖先来自中原地区，长期以来一直沿袭中原古风。客家人的节日活动总是与神明崇拜紧密联系在一起。梅州客家传统观念认为，人们能够在现实生活中享受节日的快乐主要是因为神明的保护，而神明之所以愿意施与恩泽，则是因为现实生活中人们的供奉给他们带来了满足与愉悦。因此，祭祀神明成为客家人节日的主要活动，换句话说，民间信仰是客家传统社会生活的需要。

在梅州传统的"过年"习俗活动中可以发现，祭祀是其核心内容。"过年"期间，客家人要到祠堂和当地各类神庙去祭祀，感谢神明的庇护。其中特别隆重的是除夕当日各家各户要到祠堂祭祖。参加祭祖的人要沐浴更衣，准备三牲果蔬、香烛纸炮，叩谢历代祖先对后人的佑护。祭拜祖先后，将祭祀食物带回家烹制成年夜饭。端午节，除了吃粽子、划龙船等民俗活动，更与当地的民间信仰活动联系在一起。如，大埔县西河镇大靖村，每年农历五月初五吃过午饭，村中各姓族人便敲锣打鼓，由一位辈分高、虔诚的老人用"跌圣告"①的形式将"五显大帝"从灯心宫中用神轿请出，四人抬着"神轿"先在村中巡游一圈。然后"神轿"在大靖村村头下河，放在河中准备好的一只船上，船头站着一壮汉，左手拿木雕龙头，右手拿带叶子的树枝，站在河岸的村民用水泼他，顺流到灯心宫村口，将神像抬上岸，再敲锣打鼓将"五显大帝"送回官庙。当地村民把这一活动称为"扂龙船"，其寓意为通过"五显大帝"将村中的"不洁"之物带上船，由大家将其"送走"，以祈保全村家家平安、人人安康。

第五节　梅州客家民俗风情根基在中原

客家文化继承了中原古汉文化，同时又包容了长江文化、南朝文化和闽粤赣边区客家大本营的原土著文化，特别是畲族、瑶族文化。但其根基仍然是中原的古汉文化。

早在客家先民辗转大江南北的几百年间，客家文化习俗就含有不少南朝文化、长江文化、荆楚文化以及赣文化等。如大年除夕的"守岁"，南北朝梁徐君倩《与内人共坐守岁》写道："欢多情未了，赏至莫停杯。酒中喜桃子，粽里觅杨梅。帘开风入帐，烛尽炭成灰。勿疑鬓钗重，为待晓光催。"大年初七，古称"人日"，梅州地区年初七要吃"七样菜"。"七样菜"包括芹菜、蒜子、葱子、芫荽、韭菜五样蔬菜，另两样灵活选择，有的用其他青菜选配，有的则用鱼、肉。南朝梁宗懔《荆楚岁时记》写道："正月初七为人日，以七种菜为羹。"说明这种风俗是从荆楚一带传到客家地区并传承至今的。当然，客家先民进入闽粤赣边区后，又吸纳了不少当地土著畲族、瑶族的习俗，为的是入乡随俗，适者生存。但从整体而言，仍然鲜明地保存了中原古风的根基。如，客家人的岁时、婚嫁、丧葬等各种习俗活动中，一直保存着重礼制、礼仪的习惯，其理念沿袭中原古礼，在《周礼》《仪礼》《礼记》中可以得到印证。

梅州客家先民在特殊的自然、人文环境作用下，孕育出独特的客家民俗风情，仍然保留着大量的中原遗风。之所以如此，有其深厚的社会、文

---

① 跌圣告：跌圣告是客家地区一种类似占卜的方式。"告"为两片桃木制成的半月形木块，合起来形似一个完整的猪肾从中剖开的两半，每片木块中的一面为平面，另一面为弧形。跌告时，两片弧形的告面向上或平行的告面向上，分别称为"阴告""阳告"，视为未获得神明的允准之意。唯有跌告后，一片弧形告面向上，另一片弧形告面向下，俗民视为"圣告"，寓意俗民祈祷之事获取神明允准。

化渊源。

一是中原地区习俗经过了数百年乃至数千年的传承，已成为普通人生活中一种或自觉或不自觉的行为准则，许多人以墨守成规为荣，变通为耻。客家认为生死是人生两件大事，但丧礼不仅远比生礼更为隆重，而且是人生礼仪中最为庄严肃穆、最为独特的礼仪。《周礼·春官宗伯第十三》写道："以丧礼哀死亡。"《孟子·离娄下》写道："养生者不足当大事，惟送死可以当大事。"客家地区丧礼除了表达对死者哀悼之外，还有怀念死者功德，超度亡灵，使死者灵魂得到安慰的目的。所以丧事办得很隆重，导致倾家荡产，甚至经济不支而停棺不能发丧的现象常有发生。丧事程序基本源于"凶礼"，整个丧礼仪式包括送终、殃榜、小殓、报丧、摆孝堂、成服、落棺、盖棺、吊孝、做道场、堂奠、停灵等葬前礼规，择地、行祭、出殡、送葬、安葬等埋葬仪规以及守孝、圆坟、做七、烧楼库等葬后仪礼，这些大体都承袭了中原古礼。客家先民对有些中原地区原有习俗虽厌而不敢违。如对厚葬的习俗，唐太宗、唐玄宗曾经下过《薄葬诏》和《禁厚葬制》，指出厚葬"富者越法度以相尚，贫者破资产而不逮，徒伤教义，无益泉壤，为害既深，宜为惩革"，要求"坟墓茔域，务遵尚俭"。尽管有至高无上的皇帝开"金口"，但上自贵族，下至庶民，仍然不敢打破成规。其原因或许是：祖规不可违、出自对祖宗的崇敬和哀悼的需要、不厚葬有失于后辈的体面。

二是客家人祖先的主体是中原华胄，而且起主导作用的是士族阶层。他们世代受儒学教育，传统意识比一般庶民更为强烈，所以显得更墨守成规。在颠沛流离的逃难过程中，尽管为了生存，为了适应新环境，他们不得不接纳当地的文化、习俗，但总是以祖传的东西为正统，以正统观念去做取舍，而不是无条件地照搬异地的文化、习俗。客观地说，当时的中原文化确实较岭南地区先进、文明，优者生存，"优良"传统自然便被传承下来。如葬礼，原畲族、瑶族等当地土著居民的葬礼是非常简单的，俗言"房无瓦，墓无碑"，坟地连墓碑都没有，所以其葬礼不被客家人所接受，他们保守的仍是中原成规。

三是客家人的品性原本重礼重教，敬祖睦宗。即重视礼教、礼仪、礼俗，而且特别重视传统，重视客家母体文化和主体文化的延续性。"宁卖祖宗田，不忘祖宗言"，便是客家人这种意识的真实反映；客家葬礼讲究"风水"，这也是对中原古风的传承，但其重视程度达到无以复加的地步，尽管在具体操作上有不同的细节，但根基未变。为了风水，可以停尸不葬，不止数月，甚至数年。"葬惑于风水之说，有数十年不葬者……"，这是乾隆《嘉应州志》的一段描述。对此陋习，《嘉应州志》提出严厉批评并指出："本朝定期，职官庶民，三月而葬，若惑于风水及托故停柩在家，终年暴露不葬者，卑幼发尊长冢开棺见尸者，弃尸卖坟者，买地人及牙保知者，及教诱之地师，俱各有应得之罪。"尽管如此，因风水停尸不葬的现象直至民国仍有所见。

第四章　梅州传统客家民俗剖析与鉴赏

第一节　岁时节庆习俗

一、过年习俗

（一）贴对联、放鞭炮、敲锣打鼓与贴门神

据说在围捕"年"的过程中，因为"年"怕金属声响，后来人们制造出锣鼓，每逢过年就一齐敲响，这就是如今过年"敲锣打鼓"的来历；在赶"年"时，因燃烧竹子发出竹爆的声音，后来有了火药和纸，便制成了纸炮，代替爆竹，这就是今天放鞭炮的来历；经典对联"花开富贵，竹爆平安"就是最好的印证；据说"年"见"红"就怕，最终"年"是被穿红袍的天神所擒，因此，人们每到寒冬腊月"过年"之时，家家户户就用红布红纸披贴门户，这就是今天过年时，家家贴红对联、包红利是的来历；据传，擒"年"的天神是神荼和郁垒，人们就将神荼、郁垒的画像贴在大门上，称为门神，可以保平安，这就是"贴门神"的来历。后来，人们尊敬唐初名将秦琼和尉迟恭，便用他们的画像代替神荼、郁垒的画像作门神。总之，长期以来，约定俗成，就形成了"过年"期间敲锣打鼓放鞭炮贴对联与贴门神等相关习俗活动。当然，这些习俗与其他地区大体相同或相似。不过敲锣打鼓这种现象除非搬新居、送葬外，在平时很少出现。而过年期间（"入年前"至元宵节）天天都可以敲锣打鼓。

（二）"守岁"

农历年三十日（月小二十九日）这天，俗称"过老年"。父母给孩子分红包，谓之分压岁钱、砸年钱。接着，在自家厅堂或祠堂摆上三牲祭拜祖先。过年通宵不熄灯，一直持续到"出年假"，叫作"点年光"，取

"发财添丁，光耀门庭"之意。有些地方连牛栏、猪舍也点灯。旧时，大家团聚一起，围着"沤火桶"（火笼加木炭）取暖，辞旧岁迎新春，共享天伦之乐。

（三）食"隔年饭"

在除夕前一天，客家人都会用大木甑蒸饭，称为"岁（年）饭"，亦称"隔年饭"。年三十日当天，供奉祖先神祇时，"隔年饭"要插上12双筷子和12根大蒜，逢闰年还要加一双筷子和一根大蒜。"隔年饭"预备新年初一食用，甚至可供吃数日，到了初三早晨"隔年饭"重蒸食用，到初五"隔年饭"吃完后才开始放新米下锅煮新饭。客家人吃"隔年饭"是年年有剩饭，一年到头吃不完，今年还吃昔年粮的意思，也即取意"岁岁有余粮"之吉兆。

（四）年初三"穷鬼日"

每逢年三十日，梅州客家地区家家户户要把屋里屋外打扫得干干净净，而大年初一和初二即使遍地蔗渣、鞭炮纸屑等垃圾也无人打扫，直到年初三早晨，才把屋里屋外打扫干净，并把扫来的垃圾倒到村头河中或岔路口烧掉，有的还插上几支香，放几个煎堆（大米制作的圆形糕点），这叫"送穷鬼"。同时，年初三"穷鬼日"那天，人们互不串门。"送穷鬼"的由来与民间传说故事有关。

直至今日，梅州客家地区乡村甚至某些城镇仍然存在年初一、初二不扫地而初三扫地的习俗。年初三扫地的方式与平时也不太一样，全家所有地方甚至是床底都要扫一遍，在平时则没有这种扫地习惯。同时，在乡村地区也存在年初三不串门习俗，当天人们不欢迎有人来家里做客，缘由是当天是"穷鬼日"，人家串门会带来不好的运气。当然，这是旧时才会讲究的事，现在不存在年初三不串门了。年初三作为"穷鬼日"这一习俗传说与行为，只是表达旧时老百姓对摆脱穷困生活的一种精神寄托，这是可以理解的。但这一行为活动却不能真正把"穷鬼"送走。中华人民共和国成立后，人民生活水平不断提高，"穷鬼"自然逃之夭夭了，当然也就不存在"穷鬼日"了。如今，人们把年初三的"穷鬼日"作为清洁房屋的"卫生日"，这倒是件好事。

（五）年初七吃"七样菜"

按照道家天地生万物的顺序，古人将正月初一视为鸡日，初二狗日，

初三猪日，初四羊日，初五牛日，初六马日，初七人日。对此，古人不但以当天的阴晴来占卜本年内人畜庄稼的顺遂与否，并有一套俗规。初七是人类诞生之日，民间对此尤为讲究。

梅州地区不管是城区或是乡村一直流行着大年初七吃"七样菜"的习俗。"七样菜"就是七样青菜，其中芹菜、大蒜、葱、韭菜、芫菜一定要有，其他可自行从包菜、白菜、荠菜、春菜等当中选择搭配。丰顺县汤南镇地处潮州、梅州交汇地带，"七样菜"有多种搭配。"七样菜"的烹饪方法及吃法也非常独特，就是把"七样菜"一锅煮，全家分食。

"七样菜"无非是借谐音喻义，以示对美好生活的期望。"七样菜"中的芹菜的"芹"字与"勤劳"的"勤"字同音，喻义"勤劳、勤快"；大蒜的"蒜"字与"算计、划算"的"算"字同音，喻义"精打细算"；"葱"字与"聪明"的"聪"字同音，喻义"聪明、能干"；韭菜的"韭"字与"长久"的"久"字同音，喻义"长长久久"；芫菜的"芫"字与"团圆"的"圆"同音，喻义"团团圆圆"；春菜的"春"字喻指"长年回春"；包菜的"包"字喻指"包赢不输"。合起来一句话，就是"勤快、划算、聪明、团圆、长久、包赢"。吃这"七样菜"祈望新的一年勤快、划算、聪明、团圆、长久、包赢。

年初六、初七两天，梅州地区不管是城区或是乡村，菜市场卖菜都有一个奇特的现象，那就是"七样青菜"捆绑成一扎，每扎"七样青菜"不以重量斤两卖，而是按每扎大小卖，每扎青菜具体卖多少钱由卖菜人定。年初七过后，这种奇特的卖菜现象便消失了。

图 4-1　菜市场"七样菜"
（图片来源：罗迎新摄）

图 4-2　"七样菜"
（图片来源：罗迎新摄）

（六）转妹家

年初二，客家妹子有携夫带子回娘家的习俗，称作"转妹家"，也称作"转外家"。客家人对女儿的爱称是"妹子""妹仔"。所以，"妹家"就是妹子的娘家。客家人从夫家的角度，称母系的娘家作"外家"。客家妹子"转妹家"的习俗，起源于汉族先民的新婚"归宁"传统，也是客家拜新年习俗的延伸。

每到年初二，梅州乡村大道、小路上人来人往，熙熙攘攘，客家女婿挑着礼担，客家妹子背着孩儿，风风火火往娘家赶，好一幅"转妹家"民俗画卷。

客家妹子在长期良好的家训、家风熏陶教育下，对父母多年的养育之恩刻骨铭心、念念不忘，孝敬、感恩的"行孝"方式就是用实际行动来表达——年初一对夫家长辈拜年后，便渴盼着给自己父母拜年，年初二便匆忙回娘家了。"有父有母初二三，无父无母斗担担"，这是客家地区流传的一句俗谚语，意思是说，娘家父母还健在的媳妇，初二、初三一定会回娘家，而娘家已经没有父母的媳妇，只好留在婆家做活，替回娘家"做客"的亲戚抬担子。

一般情况下，客家妹子平时回娘家住的时间比较短，而过年"转妹家"在娘家住的时间特别长，可以住上十多天。"初一又话（意为称作）初一头，初二又话新年头；初三又话穷鬼日，初四又话斸一日；初五又话出年庚，初六又话斸女添；七不去，八不归，九九十十看打狮；十一十二龙灯到，索性月半正来归。"这首"索性月半正来归"的山歌道出"转妹家"期间住宿时间长的特点。

（七）讲究"禁忌"

"过年"是客家地区一年中最重要的节日。"过年"时间长，从"入年架"（农历十二月二十五）至元宵节（正月十五）共20天（小月为19天）。但是，"过年"期间，民间讲究的禁忌习俗也特别多。

禁忌追债追物。追（催）债或物要在"入年架"之前，"入年架"以后就不能去追债或物了，所借钱、物必须在"入年架"之前还清，否则，被人追债或物不吉利。

讲究来年兆意。除夕中午开始洗澡，俗话说"洗去懒惰泥"，换下的衣服及时洗净，水缸要挑满水，是为了年初一不干任何活，否则终年都要劳碌，不得安闲年。

禁忌粗话恶语。新年初一为一年之始，这一天的禁忌很多，并尤为重要。长辈特别叮嘱小孩要讲好话，小孩子不能说脏话，更不能恶语骂人；清早起来，向长辈拜年，从最高辈分的开始，按顺序行礼；见到认识的人，要互相恭贺，讲各样好话，话语中不能带有"死""冇"等字样，要说吉利话。不能打人、吵架；不入园摘菜；不打赤脚；不能打碎器皿；禁忌扫地，以免把钱财扫走；也不洗碗，因为洗碗筷时会互相碰撞发出响声，预示家庭一年内不和、有冲突、有争吵；禁打碎器皿，若不小心打碎了器皿，要马上说"碎碎平安"，取"岁岁平安"之意；当天忌向邻居借火种，认为火意味着红火，家庭红火即财气旺，所以，向人家借火种意为把别人家的火种借走，会伤别人家的财气。有的人家在这一天吃素，是孝顺礼佛、敬神的用意，把肉食荤腥留到初二，一家人才可共同享用，等等。

年初三忌出门访友，此日若有客上门，则客为"穷鬼"，主人一年不吉利。

初五是"五谷神"生日，黎明时家家烧香迎接"五谷神"上谷仓，祈祷五谷丰登。这天家家忌煮生米，所以在前晚煮好夹生的米饭，第二天早晨再蒸熟。

（八）"上灯"

《辞海》曰："人口，男称丁，女称口。"旧时梅州客家乡村地区，在客家宗族社会里，"过年"期间都要举行"上灯"仪式。"上灯"又称"响丁""上丁""升灯""添丁"。在客家方言里，"灯"与"丁"谐音，"灯"成了"人丁"的象征物，"上灯"就明显带有"上丁""添丁"的意思。

客家人把新出生的男孩叫"新丁"。"新丁"出生满一个月后，家中长辈选择吉日良辰，在长约26.5厘米、宽约6.5厘米的红纸上，用毛笔在左上方直行写上"新丁取名某某（按宗族姓氏辈分取名），乳名某某"（借助巫术神明取名），这

图4-3 升灯
（图片来源：张柳青摄）

行的字要一行写完，忌分两行，中间写"长命富贵"，右下行写上家中长辈的名字。然后，摆上三牲，点燃香烛，燃放鞭炮，将红纸条贴在祠堂祖宗牌位的柱子或墙上，在一年之内不得覆盖，"新丁"取名仪式才算完成。当年若"新丁"不幸夭折，及时将纸条偷偷撕去，并把它焚化在祖宗牌位前的香炉里。上年凡有添"新丁"的人家都要制作或购买一盏大花灯，并在"上丁"日（一般在元宵节前后）悬挂在祠堂大厅里，其间户主抱来去年出生的男婴先向祖宗参拜，报告祖先族中又添新丁，祈求祖宗保佑孩子健康成长，接着参拜长辈，长辈给"利是"表示祝福。"上灯"仪式结束后，男婴就算正式加入宗族行列，其名字将录入族谱。

"上灯"实际上是各姓各族为新添男孩而举行的庆祝活动。每个宗族按本族上年度上灯仪式以来所生男孩数，在祖公厅梁上挂上同等数量的花灯。旧时的"上灯"仪式一直沿袭至今，其中以兴宁市、大埔县、五华县等地最具特色。兴宁的"响丁"从正月初七开始，一直延续到正月十九。最集中的是正月十一、十二、十三这三天，"响丁"仪式的时间因姓氏、村落不同而不同。兴宁的"响丁节"比任何一个节日都隆重，普遍流行一句话叫"响丁大过年"。兴宁的"响丁"是庆祝添丁，当天同村同姓在老祖屋举行迎新花灯（丁）、升花灯（丁）的活动。"响丁"所用的花灯起于元代，盛行于明、清时期，历经600多年，世代相传。兴宁花灯寓意美好，寄托着兴宁客家人一年风调雨顺、四季平安、五谷丰登、人丁兴旺及家业发达的善良愿望。

061

随着社会、生活的变迁，"上灯"活动在保留原有的内涵外，逐步演变成具有客家特色的"迎灯"活动了。"上灯"原以宗族家庭添了"男丁"为主题内涵，刚开始灯的数量不多，但是随着后来灯的数量增多以及灯的款式变化，"上灯"仪式吸引了越来越多临近村庄的村民、亲戚前来观看花灯，对前来观看的村民而言从"看灯"变成了"赏灯"；宗族村民看见那么多的村民、亲戚前来观赏花灯而感到自豪、高兴，在往后的"上灯"活动中制作数量更多、款式更加多样的花灯，并把一定数量的花灯用竹子串起来，"上灯"当晚，伴随着敲锣打鼓、燃放烟花爆竹声，孩子们扛着一排排花灯沿着村庄小

图4-4　迎灯

（图片来源：大埔网·大埔论坛）

道巡游以便让村民、亲戚更好地欣赏多姿多彩的花灯。因此，"上灯"活动逐渐演变为具有客家特色的"迎灯"民俗活动了。

（九）舞"花环龙"

"花环龙"源于大埔县茶阳镇下马湖村的"软腰龙"（又称"舞龙灯"）。据史料记载，清康熙年间，县城茶阳城区饶姓居民，"父子进士"房下第十四世兆源公，到距县城 6 千米处的下马湖村定居，耕山种田，经数代繁衍人丁渐旺，最终形成村落。该姓氏第十八世秀才饶君滚突发奇想，觉得如在每年过年、元宵节回城祭祖时，能够制一条龙灯由众人擎着回城，既热闹又好看。为了得到龙的图案，他想方设法混入县衙，将衙门里绘的龙仿画下来，然后依样画葫芦，用竹、纸编扎成立体龙状，组织村民扛着龙灯在村内外四处舞动巡游。每年过年、元宵节回城祭祖时，村民便把龙灯取出来翻新，带回城里的饶姓宗祠，以舞龙灯庆贺新年。此后，年复一年，代代承传至今。历经二百余年，舞龙灯已成为祝贺新年、增添节日气氛的独特民俗活动。1980 年，人们对"软腰龙"的制作、舞技、舞法以及伴奏音乐进行了一系列创新，在继承中原古龙舞的基础上，以"文舞""软舞"为基调，吸取了我国民间舞蹈、古典戏剧舞蹈的特点，在"站舞""骑舞"的基础上，合成了"站、蹲、跪、骑、坐"等灵活运用的独特舞技舞法，使花环龙舞得娇柔婉转，潇洒自如，刚中带柔、柔中寓刚、刚柔相济。同年，"软腰龙"正式改名为"花环龙"。2000 年，茶阳镇被中华人民共和国文化部社会文化图书馆司命名为"中国民间艺术花环龙之乡"。2007 年，"花环龙"分别被县、市、省列入非物质文化遗产的保护名录。

图 4-5 舞"花环龙"
（图片来源：大埔县信息网络中心）

（十）"舞船灯"

　　每逢春节、元宵节，平远的差干、仁居、上举、泗水等地村民便由家族或村寨自发组织举行由"船"外演员和"船"内操船者默契配合，展现"船在岸上行，人在船中舞"独特韵味的民间民俗表演，这种表演是在陆地上轻摇慢荡，但飘动得那样逼真，似在江河之上，又宛若处于小溪急水之中。这种民俗表演即"舞船灯"。

图 4-6　"舞船灯"
（图片来源：梅州日报社）

　　据《平远县志》记载：200 多年前，福建省武平县下坝乡艺人丘永生以师徒传承方式把"舞船灯"技艺传授给平远湍溪谢屋谢添官。从此，船灯便在平远县境内流传开来，经久不衰。传统的平远船灯，以单船表演为主。后来，平远船灯逐渐增加到两船、三船、五船、六船，甚至大、小船等多船的表演形式。表演时在传统单船的基础上，用舞蹈动作表现出"闹花灯""怡情""拉船""花鼓"四个情节。在表演的过程中，操船者隐藏在船舱内使船体舞动，前后左右停靠摇摆自如；船头的演员则配合着模仿划船等动作，舞蹈动作有出水、入水、划船、旋船、会船、拉船、跳船等，模拟船在水中行进、急水转弯、抢滩搁浅等情景，并有唢呐、笛子、扬琴、三弦、板胡、二胡等民间管弦乐器伴奏，其表演曲调多为传统民间小调，现阶段伴奏曲调多为《渔家乐》及根据客家山歌曲调改编的《船灯情》。

　　平远县高度重视船灯舞的挖掘传承和保护工作，不断丰富和延伸其内涵，使其更具艺术性和观赏性。1998 年，平远县被授予"广东省民族民间艺术（船灯）之乡"称号；2006 年，平远"舞船灯"被列入广东省非物

质文化遗产保护名录。2008 年，平远县被国家文化部命名为"中国民间文化艺术（船灯舞）之乡"。

（十一）"烧火龙"

每年元宵佳节，丰顺县埔寨镇都要举行热烈壮观的"烧火龙"民俗活动，素有"元宵大过年"的说法。

据《丰顺县志》记载，早在乾隆六年（1741），丰顺埔寨就有"烧火龙"表演的习俗，至今已有 200 多年历史。当地还流传着两个古老的神话。其一是：在远古的时候，东海龙王第 21 个孙子叫浊龙，被派到南粤莲花山脉管辖赤岭（包括现今埔

图4-7 "烧火龙"
（图片来源：百度网）

寨一带）。浊龙上任后，胡作非为、鱼肉百姓，把这个地区搞得乌烟瘴气。当地村民忍无可忍，只好向老龙王告状，于是龙王命其小女清凤前往南粤捉拿浊龙。一日，清凤趁浊龙醉酒如泥时杀死了他，将其斩成龙头、龙颈、龙身、龙尾四段，然后带回斩下的龙头向父王禀报。留下其余三段，变成现今埔寨的"龙身"、揭阳的"龙尾"、揭西的"龙颈"。后来，埔寨村民把这古老的民间故事，巧妙地通过"烧火龙"的形式，作为闹元宵的文艺活动，代代相传。其二是：很久很久以前，丰顺来了条火龙，浑身喷火，兴妖作怪，从此，土地干裂，禾苗枯死，农民心焦如焚。这时，一对年轻夫妻挺身而出，带领大家凿山引水。然而，水通后火龙又来了，它张开血口，喷出烈火，烧死年轻夫妇，烤干了水的源头。年轻夫妇留下一个男孩叫张共，他继承父志，到峨眉山求仙学法。三年后归来，与恶龙苦战三天三夜，用神火将恶龙烧死在洞里，他自己也力竭身亡。从此，丰顺风调雨顺，五谷丰登。当地人民为纪念张共，庆祝丰收，每年元宵之夜要举行"烧火龙"活动，年复一年，形成独特风俗。

埔寨"烧火龙"，有一条不成文的规矩："大年大烧，小年小烧。"所谓"大烧"，就是埔寨所有的五个自然村，都要出一条龙。元宵节当晚八点左右，用作指挥信号的铁铳响了，各村的"火龙队"成员，都聚集在本村祠堂的大厅里待命。轮到自己村的"火龙"上场前，先由四五个赤膊、

穿短裤的青年敲打着小锣小鼓，从祠堂大厅里奔出村口，又折回到厅内，往返数次"请龙"。接着又由三四十个赤膊、穿短裤的少年，每人手执一节大船篾缆，点燃熊熊火炬为前导，跳跃往返地挥舞着火把为"火龙"引路。"火龙"出口，气势宏大，由四十个男子手擎一竿长七八米的"纸炮串"和大锣鼓"仪仗队"走在前面。前面由一个赤膊汉手擎满装烟花的"龙珠"引龙。后面由三十多个赤膊、穿短裤的彪形大汉手擎着头高约五米，身长二十多米色彩斑斓，全身装满火药、火箭烟花、爆竹的"巨龙"，在硝烟翻滚的烟雾中奔腾而出。"巨龙"

图 4-8　烧"鲤鱼"
（图片来源：百度网）

065

前后左右还簇拥着"鳌龙""鲤鱼"等"水族世家"，它们都身装火箭烟花、爆竹，每一尾"鳌龙"或"鲤鱼"都是由赤膊、穿短裤的汉子擎着来为"火龙"助威的。所以，凡是"火龙"经过的大街小巷，每家每户门前都燃放鞭炮迎送，以谢"火龙"带来吉祥好运。当"火龙队"浩浩荡荡地来到那早已被观众围得水泄不通的广场绕场三周后，便开始点火，先点燃"火龙"的卫士"鳌龙"，接着是"鲤鱼"，"龙珠"引发"火龙"身上的"导火线"，刹那间，随着一阵轰隆爆响的炸雷，只见一串串火箭烟花，从不同的角度飞向夜空，无数灿烂的夜明珠编织成一幅绚丽多彩的彩带在长空飞舞，"火龙"辉映在装点着各色火箭烟花、爆竹硝烟、色彩斑斓的夜空中，有如一条金色的巨龙在腾跃搏击，气势磅礴，蔚为壮观，令人叹为观止。

2008 年 6 月，"埔寨火龙"被列入第一批国家级非物质文化遗产名录。2008 年 11 月，埔寨镇被文化部授予"中国民间文化艺术之乡"称号。

丰顺县埔寨镇"烧火龙"活动如今已成为当地一项大型的特色民俗活

动，并作为一项客家民俗旅游资源，每年吸引成千上万的游客从各地赶来观看。

二、清明节习俗

（一）踏青

踏青即春游。清明时值季春，百花争艳，芳草茵茵。此时万物洁净，气清景明，故称此节令为"清明"。旧时仕女郊野踏青，俗谓春游。唐代大诗人杜甫的绝句云："江边踏青罢，回首见旌旗。"苏东坡诗云："曲栏幽榭终寒窘，一看郊原浩荡春。"从古人的诗作中，可以体会到清明不独有慎终追远祭亡，同时也有赏悦大自然旖旎风光的生活情趣。

（二）扫墓祭祖

清明节是客家民俗中扫墓祭祖的小高潮。祭祖是客家人寄托孝顺之情的一种表现。《孝经·纪孝行章》云："孝子之事亲也，居，则致其敬；养，则致其乐；病，则致其忧；丧，则致其哀；祭，则致其严。"宋代高翥《清明日对酒》诗云："南北山头多墓田，清明祭扫各纷然。纸灰飞作白蝴蝶，泪血染成红杜鹃。日落狐狸眠冢上，夜归儿女笑灯前。人生有酒须当醉，一滴何曾到九泉。"对清明节扫墓祭祖内涵的解读更深一层。中华人民共和国成立后，政府引导民众以崇先敬祖的热情纪念为民族独立、人民解放做出牺牲的先烈，俗民对此亦渐次成俗。

（三）踏青粄

"青粄"是民间扫墓必备祭品。"青粄"是用艾叶、苎叶磨成浆汁与蔗糖一起掺入米粉或面粉中拌匀，再用巴掌拍制而成，蒸熟即可食。以此奉为祭品者，是为不忘昔日先民之艰辛，传承先人俭朴之风。

三、端午节习俗

（一）香汤沐浴

端阳节中午，长辈用香茅、菖蒲、艾叶、桃叶煮汤为小孩洗浴，浴后在小孩额头上抹点雄黄粉，以防长痘、疮疖和痱子。傍晚时分，各户仍用香茅、葛蒲、艾叶点火照烟，以去家中瘴气。

（二）龙舟竞渡

端午的龙舟竞渡，据传是由古代人们竞相驾舟搜救屈原而渐渐发展形成的习俗。以往的龙舟竞渡场面是相当热闹的。当时的龙舟头尾都翘得很高，龙头的形象极其威严，也非常生动，龙身鳞纹绚丽多彩。比赛时，锣鼓喧天，船上彩旗招展，划桨者都是通过精选的壮汉，古武士打扮，气宇轩昂，划船动作划一，船疾驰如箭，冲破惊涛，直奔"夺标台"，夺标者将得到奖品及荣誉。大埔县黄沙坝一带，过去的端午节游龙船别具特色，从五月初四开始，先把"三山国王"——红脸的铁匠神、黑脸的农夫神和白脸的教书先生的雕像抬到祠堂中，行祭祀礼，奏祭祀乐，专人司唱龙船歌，香火不断，一直闹到初五日午时才将三尊大神起驾游乡游河，一群壮汉抬着神像巡游乡村一周以后，跑步直奔河唇，奏乐者和歌者紧跟其后，继而登上早已准备好的龙船。龙船上鼓乐、凉伞、司唱居于船首，三尊神像设座于船中央，两侧四人司旗，八人驾桨，一人掌舵，热热闹闹，顺流疾下，至下游码头方起岸送神回宫。这就是游龙船。据说游龙船的目的在于驱邪逐瘟，祈求太平。

（三）"扛公王"送瘟神

每当春夏之交的季节，出现多雨、炎热天气，容易形成瘴气，使人畜中毒，发生人瘟、牛瘟等。为驱瘟逐疫，消灾纳福，俗民把"公王"抬出来，在各村落姓氏祠堂供奉，点香放炮，让村民们拜祭。经过爆竹硫黄烟雾的杀菌消毒，瘟疫得以控制、消除，俗民认为这是"扛公王"的功劳。历史上粤东民间"扛公王"送瘟神以程乡县小桑村的"等公王"最典型，时间从农历四月三十日至五月初五。五月初五当天，小桑村举行"扛公王"巡游送瘟神仪式，巡游宗族祖祠。"扛公王"巡游时首先唱"五瘟毒气押上船"歌。"公王"轿到祠堂门口前，族中信民手持燃香集中在门前迎候，负责接神者从"公王"轿里抱"公王炉"进入厅堂，神头公和伴唱者在旁边唱道："打起锣鼓阵喧喧，主人出来拜'公王'，一拜'公王'来路远，二拜'公王'来路长，三拜'公王'端正坐，眯眯含笑坐高堂，四拜'公王'藤头落地拈香。左手烧香添福寿，右手烧香保平安……"拜完"公王"后，神头公念"七保佑十隔除"，掌财宝的神头读财宝。"公王"只进祖宗屋，不进私宅，在经过住宅或店铺门口时，信主点香燃炮敬拜，神头公则领唱："'公王老爷'游四方，方方吉利，处处安康，'公王老爷'打在某家门前过，何叶李，造龙船，五瘟毒气押上船。"巡游结束

后，把"公王"抬至巡公王宫旁边山坡的空地上，举行祭扫崇"龙船"。神头公念祭文后，把"龙船"扔进河里让水冲走，名为"送瘟神"。旧时大埔枫朗每年五月初四要将"三山国王"请出庙，供奉在各姓的祠堂里，让村民们拜祭。初五午时，抬出神像游村一周，然后抬上龙船，直至下游才上岸送神驾回宫。在"三山国王"游龙船的同时，由一位老者唱龙船歌："打起锣鼓锵咚锵，'国王'起驾出游乡，三位'国王'成龙主，游乡达境压灾害……"

（四）门挂葛藤

端午节家家户户门口、门窗上挂些葛藤、菖蒲、艾叶，门框洒上雄黄酒。据说挂葛藤一可避邪消灾，二可避蛇蝎入侵，是粤东客家人独有的民俗行为。挂葛藤的习俗的由来，后文有详细描述。

（五）包粽子

五月端午节，在梅州客家民俗活动中，算得上较大的节日。节日里，包粽子也是主要的内容之一。客家人包的粽子大致有碱水粽、豆沙粽、肉粽三种。粽子做法并不复杂。其中，碱水粽最好少用化学上的纯碱，以土制碱水为佳（土碱又称作"土丙药"，农村中多用布荆木或稻秆烧灰存性，用水泡浸，然后过滤而成）。把糯米浸泡一至两天后，捞起，用竹叶包成三角形，再用彩丝或麻的纤维扎捆，五只或十只连成一串，然后下锅煮熟便可。这种不放其他佐料的粽子称为碱水粽。还有用绿豆去皮、熬熟，拌糯米包成的豆沙粽；用虾米、香菇、猪肉或鸡肉拌糯米包裹而成的叫肉粽。这三种粽子中，肉粽和豆沙粽在广东，特别是珠江三角洲一带的民间较为常见，而梅州地区客家人则喜欢吃那种不放佐料的碱水粽。因为这种粽的"原味"口味独特，其最大特点就是米粒不粘不散，肉色金黄透明，脆口不腻，吃时蘸上蜂蜜或白砂糖拌成的炒花生、芝麻末，口感清爽弹牙，唇齿间散发出一股淡淡的碱水香味。

四、中元节习俗

农历七月十五为中元节，它是佛、道两教共同的节日，也与儒家相通。客家地区，中元节又叫过"七月半"。这一天，也是客家地区的重要民俗节日，走亲访友络绎不绝，车水马龙，热闹非常。据史籍载，古时候，农历七月自朔（初一）至望（十五），客家各姓人家随意选择一日作为中元节，各家户备斋果酒醴祀祖先，入夜则门外燃香烛，并焚冥钱箔银，谓之"烧衣"，有的沿河放灯，谓之"普度"，有的则以竹挂纸插田，谓之"挂田钱"，这种活动以十四日最盛。据《东京梦华录》云："七月十五日为中元节，为何盛行于十四？相传宋末，中元节前，风闻元兵将至，群众便提前一天举行节日，后来便沿袭下来。随着时代的变迁，群众根据当地的习惯，各姓选择本地圩日（分别有十三、十四、十五）作为中元节。"

中元节，又称"盂兰盆节"。据《盂兰盆经》载："释迦牟尼弟子目连，备百味果食，供养十方众僧，并仗十方众僧威力救母于倒悬。"故盂兰盆会，实际是个"孝亲节"。南朝梁武帝首次在中国设盂兰盆会，从此民间把农历七月十五定为"盂兰节"，至今广为流行。中元节具有"普度亡魂"与"感恩祭祖"两层意义。梅州客家地区中元节习俗活动主要有：

（一）醮会

旧时，"七月半"期间，梅州乡村都要举办规模盛大的醮会，这种醮会有"度孤""放焰口""打太平醮""山歌醮""诗醮"等。"度孤"就是"七月半"前后，根据"祖先归家"之说，举办隆重的祀典，尤重祀新丧者。乡间多设无祀会，在郊外设立义冢厉坛，以祭无祀孤魂，这天还要"放水灯"，即将点燃之小烛黏于小板上，在夜间放置江河中，俗谓"照溺鬼路"。因此，"七月半"乡俗谓"鬼节"。

（二）山歌醮会

"七月半"期间，五华县的华城、水寨等地还有独具客家民俗特色的山歌醮会。在醮会期间，山歌擂台主"金鸡独立"，即站在高高的塔顶上用单足站立，谁站得久则由谁当擂主。华城狮雄塔四周有山有水，风景优美。在明清时期，每逢中元节前后，从农历七月十一日至十六日，人们都会在狮雄塔举办山歌醮会。民国期间改为五年一醮。山歌醮会期间除在祖先祠堂设坛祭祖外，还会大摆山歌擂台，各地优秀歌手纷纷登上塔顶作为台主，跟四方歌手们大赛客家山歌，不但本县各乡群众踊跃赴会，就连龙川、紫金、兴宁等县的群众也纷纷赶来参加。一连六天六夜，数万群众汇聚在狮雄山上，人潮滚滚，歌声不断。中华人民共和国成立后，直至改革开放初期，虽然到处可听到山歌演唱，但是很少举办山歌醮会。在1983年的中秋节，梅县地区举行了全区山歌大赛，评选出"山歌手"和"优秀山歌手"。1984年，梅州市将每年中秋节定为"山歌节"。从此，各县、各乡村皆于此节举行山歌打擂台等活动。

069

同时，乡俗还在栽种谷物的田中挂上纸钱以"祈谷"，求田神保丰收，名曰"吊田钱""挂田钱"。挂纸的地方由田地扩及园地故又称"标园"，目的在于求田园土地神驱虫害，以保作物生长。

五、中秋节习俗

在梅州客家地区，中秋节又谓"八月半"。民间认为月有月神，故有"祭月"之举，往往还伴随着占卜灾祥等活动，多由妇女主持。这些活动有"请紫姑神""拜桌神""拜竹箕神"等。

（一）"接月华"

农历八月十五日当晚，家家户户在门前摆上八仙桌，备办月饼、糖果、柚子、花生、香蕉、茶、酒等敬月光，叫"拜月华"，又叫"接月华"。赏月时，烹茗饮酒，家人邻居围坐在一起，将果品剥而食之，谓之"剥鬼皮"。

（二）请"紫姑神"

"紫姑神"又叫"菜篮姐神""屎缸姑"，也有人称"猪屎穿冬"。请"紫姑神"多由妇女主持，捧篮俗妇唱路："菜篮姐，菜篮姑，八月十五请你下来嬲一晡（意为晚上）。你爱（意为要）来只管来，莫在河唇河嗦搞溜苔（意为青苔）。灯芯搭桥你爱过，竹叶撑船你爱过。"

（三）拜桌神

拜桌神是把八仙桌倒翻过来，桌面朝地，桌脚朝天。朝地的桌板中心放一只碗，盛大半碗清水，由四个人各执一脚推动旋转，盛水的碗起了陀螺轴的作用，结果桌子越转越快，在人们的欢笑声中，拜桌神亦告成功。

此外，还有"拜竹箕神""拜筷子神"习俗，多为中青年妇女参加。"拜竹箕神"又叫"拜插神"。"插"指用竹篾编成的盛米谷入箩的器具。客家俗民认为"筷子神"能预测妇女肚子所怀胎儿是男是女。

六、重阳节习俗

（一）重九登高

重阳节，是农历九月九日，九属阳数，故称重阳，又称"重九"，是汉族人统一的节日，客家人叫"九月节"。当代提倡尊老敬老，又把它定为"老人节"。民间有重九登高节俗活动，取崇拜高山之意，属于较为原始的自然崇拜范畴。有些地方重阳节过得很隆重，伴有扫墓祭祖等民俗活动。

（二）放风筝

风筝在梅州客家民间又称"纸鹞子"。它是一种玩具，在竹篾等骨架上糊上纸或绢，拉着系在上面的长线，趁着风势可以放上天空，属于一种单纯利用空气动力的飞行器。重阳节这一天，很多地方的人们要带着小孩登高爬山，有的在高山上放风筝，旧时意谓可避邪、避瘟疫。其实，认为放风筝可避邪、避瘟疫，究其原因，就是在秋高气爽的高山、田野上放风筝，可以吐故纳新，促进血液循环，清心肝之火，散内结郁热。

（三）"日祭石古大王"

重阳节那天，兴宁市民间流传"日祭石古大王"的民俗活动。"日祭石古大王"在兴宁名胜神光山山口左侧的古榕下举行。关于"石古大王"的传说，有几个说法：一是古时兴宁是蛮荒之地，野兽出没伤人，有一少年掷石杀兽，为民除害。后人感其恩，以作神奉之；另一是相传在北宋时期，有姓石、姓古的两人，组织人马，抵抗外来侵略，拯救百姓于水深火热之中。他们英勇作战，奋不顾身，双双战死沙场，被北宋皇帝敕封为"护国义士大元帅"。从中原迁徙而来的兴宁先民，一直对石、古两人怀有深厚感情，便设坛纪念他们，称他们为"石古大王"。兴宁民间流传"日祭石古大王"民俗，反映了兴宁先民崇石拜石的情结，体现了对造福百姓、造福社会、为民除害的英雄的歌颂和敬仰。

七、下元节习俗

据道教仪规，农历十月十五，是下元节。相传，这天为下元水官大帝诞辰。下元节是中国民间传统节日，亦称"下元日""下元"。《中华风俗志》记载："十月望为下元节，俗传水官解厄之辰，亦有持斋诵经者。"下元节是地地道道的道教节日。道家有三官，天官、地官、水官，谓天官赐福，地官赦罪，水官解厄。下元节就是水官诞辰，为民解厄之日。水官根据考察，录奏天庭，为人解厄。这一天，道观做道场，民间则祭祀亡灵，并祈求下元水官排忧解难。

下元节正值深秋季节，容易引起了人们心理变化，需要与祖先沟通情感以求慰藉。同时，秋天是收获的季节，为了感恩祖先，人们选在下元节

祭祀先辈。所以，下元节慢慢演变为一个表达民俗情感的节日。大埔县茶阳民间有过"十月半"之俗，农家以牲仪、糯米粄或汤丸祭祖、敬神，并且将汤丸彼此馈赠。"丸"与"缘"同音，意在结缘。

八、冬至节习俗

冬至是气候节令，农历无定日，公历在 12 月 21 日至 23 日之间，即太阳经过冬至点的这一天，也是北半球一年中昼最短、夜最长的一天。

（一）"冬至小过年"

客家民间有"冬至如过年""冬至小过年"的说法，或以冬至为岁首，故冬至是一个重要节日。冬至节日，客家人都会做糯米"汤圆""圆粄"吃，俗有"冬至唔搓丸，阿哥唔赚钱""吃了冬至粄大加一岁"，合家团圆而食，谓之"添岁""增岁"。冬至日还会蒸糯米酒，以供一年之用，俗谚云："冬至酒，留到明年九月九。"冬至祀祖也是传统节俗，各族姓聚落多有祭祀先人的活动。咸丰《兴宁县志·风俗》载："冬至，祭家庙。"城乡或祭祀扫墓或祭祠并举。

（二）"冬至羊，夏至狗"

客家俗语说"冬不藏精，春必病温"。梅州客家民间冬至还有宰羊进补的习俗，冬至前后，选用羊肉、酒姜以及红枣、当归等药材佐以炖食，以作冬季进补之用，谓有补血益气之功，平时罕得食之。民间流传"冬至羊、夏至狗""吃顿香狗肉，神仙企唔稳""夏至狗，吃了满山走"的俗语。究其缘由，主要是梅州地处中南亚热带过渡地带，位于粤、闽、赣三省交会的山地丘陵区，形成了冷湿、湿热、燥热、寒冷的居住环境。因此，梅州客家民间"四季五补"饮食食材选配方法，遵循中医食疗的原则与要求，顺应自然环境变化与人身心健康运化协调法则，因时而异。冬季，注重"冬藏"，选择羊肉、桂圆、红枣、枸杞、客家娘酒等阳气内藏、阴精固守的食材食用。

九、谢灶神习俗

农历十二月廿三（廿四）日送灶神爷上天，此日被称为"灶君上天节"，也叫"谢灶神"。民间普遍流传两项节俗活动：一是祭灶神，恭送灶神爷上天；二是开始全方位大扫除。

（一）送灶神

灶神又称"灶君""灶王""灶公灶婆""东厨司命"。农历十二月二十四日，祭灶神，恭送灶神爷上天。光绪《嘉应州志·礼俗》记载："腊月二十四日楮画灶神灶马为黄疏，焚之，送灶神上天，新年正月初五日，设酒食，烧灶疏，谓之'接灶'。"

（二）大扫除

"灶君上天节"这天是大扫除热潮。清除房前屋后的污泥、杂草，疏通排污管道；对家里所有的生活用品进行清洗，小孩负责清洗碗、筷、凳子等生活小物件，妇女负责清洗被单、桌子等大物件。过去，在村落附近河流、小溪处处可以看见一排排、一堆堆小孩和妇女清洗生活用品的热闹场景，这种场景构成一幅幅原生态的乡村气息画卷。为什么"灶君上天节"这天家家户户要进行彻底大扫除而平时却不呢？一是也许平时大家劳作辛苦，顾不了搞卫生，将就过日子；二是即将"过年"了，"过年"是一年之中最重要的节日，大扫除成为准备"过年"的重要事项，以洁净的卫生环境迎接客人的到来。

073

第二节　民居建筑习俗

一、民居建筑类型

民居是客家村落的主要组成部分。民居由村民所建，随着村落的发展、繁衍及时间的变迁，民居形态也不断发展与演变。梅州市传统客家民居建筑形式多种多样，其建筑特色主要体现在它传统风格、实用价值和建筑艺术的融合上。

梅州客家地区传统的村落民居建筑类型多样，有围龙屋、围楼、方楼、五凤楼、走马楼、殿堂式、中西合璧等民居。其中以围龙屋存世最多，也最具特色。

（一）客家围楼

围楼因主要用泥土夯筑而成，又俗称为"土楼"。围楼是梅州地区早期的一种客家民居建筑形式，其建筑形式是呈圆柱状、碉堡式、全封闭型

的高大建筑。从外观上看是一座封闭的圆形建筑，其外墙厚实高大，巨大的瓦顶出檐给人一种雄伟与神秘的感觉。围楼中央有水井，供生活用水和家禽畜用水。围楼多为一环楼，少数为二环、三环组成的同心圆楼。最高的围楼有四五层，高达10~20米，由几十甚至三五百间房屋组成，可供数十户甚至上百户的大家族聚居。围楼主要分布在闽、粤、赣三省边界的山区，如大埔的和村、埔北英歌山、茶阳太宁等地，其中大埔花萼楼最为典型。

图4-9　客家围楼

（图片来源：何日胜摄）

（二）客家围龙屋

围龙屋是梅州地区最典型的客家民居建筑，也是客家地区最典型的民居之一。它多建在丘陵、斜坡地面或田畴交错的小丘前，所采用的建筑工艺是中原汉族建筑艺术中最先进的"抬梁式"和"穿斗式"，在布局上由前、中、后三部分组成：前面部分为一半月形池塘，当地称作"龙池"；中间部分是由"堂""横"组成的合院式建筑主体及屋前晒坪组成的方形；后面部分由半圆形的"化胎"、半环状的"围龙屋"和半月形的"风水围"组成。围龙屋多为一围和二围，如"二堂二横一围龙""三堂四横两围龙"。兴宁至今仍保存着五围花螺墩围龙屋。

围龙屋由池塘—晒坪—主体建筑—化胎—围龙—风水围组成，构成前低后高、层次分明的椭圆形整体。从高空俯瞰，其外部形态以外墙的"龙体"和屋顶的"龙脊"共同组成"围龙"形的整体，整个建筑层层叠叠，似"盘龙"之状，故称"围龙屋"。

围龙屋横屋、围数的多少，取决于家族的发展状况和所处的地理位置、地貌形态等因素，一般在初建时仅有厅堂、横屋及一围龙，以后不断增加横屋和围龙，逐步形成一座庞大的民居建筑，房间少则几十间，多则数百间，适合几十人、几百人甚至上千人一起居住和生活。随着时代的变化，围龙屋的建筑模式、形态也随之变化，有些围龙屋出于防御的需要，在外横屋前后建碉楼，碉楼往往高出堂屋一层，使之成为四点金式的围龙屋。

图4-10　客家围龙屋
（图片来源：罗迎新摄）

据不完全统计，梅州围龙屋的分布以兴宁市、梅县区为中心，向周边扩散，总面积约有4 000平方千米，现存数量在1万座以上。其中，在兴宁宁江盆地24.08平方千米区域内，就有围龙屋342座；福兴街神光山前2.53平方千米范围内有52座围龙屋；宁中镇李和美围龙屋附近2.53平方千米内有44座围龙屋。

围龙屋跟北京的"四合院"、陕西的"窑洞"、广西的"杆栏式"、云南的"一颗印"一起被中外建筑学界称为汉族民居的五大特色民居。

（三）客家方楼

梅州地区把客家方楼称为"四点金"，又称"四角楼"。客家方楼是在单列的走马楼基础上发展起来的，楼高2～3层，平面布局呈四方形，整体结构由"堂""横"组合而成，以中轴线为中心，设上、中、下三堂，左

右两边建横屋，堂屋后面加建一排枕头屋并与横屋相连成围，在房屋的四角兴建高出房屋 1～2 层的"炮楼"，楼四角均有瞭望孔和枪眼，是近代炮楼式的高层建筑。

四角楼与围楼有许多相似之处，墙厚实高大，巨大的瓦顶出檐，具有对外封闭、对内开放、防卫功能强等特点。其良好的防御功能正好适应了客家人面对恶劣自然、社会环境聚族而居的生存状况，是客家民居建筑的一大杰作。

图 4-11 客家方楼
（图片来源：罗迎新摄）

四角楼是梅州地区数量最多、分布最广的方形四合院式民居，主要分布在兴宁、五华、丰顺一带。如五华县的李惠堂故居、照裕楼，兴宁市的善述楼，蕉岭县的润诒堂等。

（四）客家五凤楼

五凤楼这种建筑形式多见于山区，是沿着山坡地势呈阶梯式的建筑结构。五凤楼房基呈阶梯形，瓦呈层叠式，一般为五叠，从远处看，一层层的顶瓦飞檐，形如五双凤凰展翅，故称"五凤楼"。五凤楼一般为前后三堂左右两横组合的建筑群，建筑群的前、中、后三堂逐级升高，横屋烘托左右，依山面水，对称严谨，主次分明，和谐统一。五凤楼多见于山区乡村，现存极少，已成罕见之民居。

图4-12　客家五凤楼

（图片来源：罗迎新作）

（五）走马楼

走马楼因在房屋二楼外部以木料建一条长长的走廊或建一围绕四周的通廊而得名。

走马楼外形呈一字形、凹形或曲尺形，为倚山建筑，分上下两层，底层为厨房、农具杂物房、畜栏、厕所等，上层为居室和仓库等，这种建筑既美观又实用。走马楼是木建筑，其主要优点是有一条长长的走廊或围绕四周的通廊，适应山区潮湿、多雨的特点，既可防山洪、避潮，也可防盗、防野兽，干爽、卫生、通风。走马楼在梅州客家地区比较常见，如梅江区的均裕楼、城创楼，大埔县的保定楼等。

图4-13　走马楼

（图片来源：罗迎新摄）

（六）杠式楼

杠式楼是客家民居中较为简单的一种类型，因其纵向排列，山花朝

前，故称"杠式楼"，又因纵列式横屋如同轿子两侧之杠杆而得名。杠式楼至少有两杠，多则有八杠。在杠式围楼中，堂屋必在杠与杠之间，夸大了杠，缩小了堂，抬高了杠的高度。但在平面布局上，堂仍具有决定朝向的作用，而且必须正对大门。杠式楼的建筑原则是，根据经济条件，首先建造最简单、实用的杠屋，留出空间待经济条件许可后再建造祖堂。此外它还受到风水地理的影响和限制，一般由风水先生根据阴阳五行测算建造屋式。

图4-14　杠式楼

（图片来源：罗迎新摄）

（七）殿堂式

殿堂式，采用民族传统建筑工艺中最先进的"抬梁式"和"穿斗式"混合结构，布局严谨，讲究坐向、主次、对称，外形堂皇美观，具有较高的科学价值和实用价值。其主要特点是屋内厅堂多、天井多。当地群众习惯称这种民居为"十厅九井"或"九厅十八井"。

图4-15　张弼士故居"光禄第"

（图片来源：罗迎新摄）

在布局上，沿中轴线分上中下三个大厅，为奉祀祖先和公共活动的场所；左右对称设两厢或四厢，为生活区，以若干个花厅为中心分成多个生活单元。屋前是一口半月形池塘，这既有利于屋内排水，又可养鱼和灌溉；屋后建一座半月形土丘，叫"花头茔"。茔上用于种植风围林，以保护房屋免受风沙袭击和调节小气候。这种殿堂式建筑用料讲究，采用夯三合土或青砖为墙，雕梁画栋，工艺精美。一座大型的殿堂式民居有上百个房间，可供一二十户上百口人居住。厕所、柴草间、畜栏一般都在主座屋两侧一定距离的地方。具有代表性的殿堂式民居如大埔县西河镇黄塘张弼士故居"光禄第"，黄砂的"进士第"等。

（八）中西合璧民居

中西合璧民居是客家侨乡民居建筑形式的一种特殊风格，是客家地区传统的房屋结构与西洋建筑艺术装饰结合建造的混合型民居建筑。

在侨乡形成与发展的过程中，西方建筑文化传入梅州，对梅州建筑产生了很大影响。漂泊海外的客家游子们在国外经商致富，不忘故土，眷恋本民族的传统生活，在荣归故里后置田建屋，使

图4-16 联芳楼
（图片来源：罗迎新摄）

古老深沉的传统民居建筑焕发出清新的气息。

他们建屋采用传统的围龙屋或堂横屋的平面布局，平面布局左右对称，厅堂、天井多，当然在外观装饰上又参照了南洋的建筑风格，局部稍做改动，门窗、厅堂加以西式装修，特别是增设了阳台，出现了中西合璧的现象。它一方面吸收了一些西洋建筑艺术风格，另一方面又保留了客家民居的传统结构。如梅江区西阳的联芳楼、泮坑的六杠楼和南口的南华又庐等形成了梅州侨乡民居的一大特色。

二、民居建筑特点

从梅州客家民居建筑中，可以看出客家民居建筑的特点。归纳起来有以下六个方面：

（一）四合院中轴线对称的圆形平面布局

客家民居建筑，从开敞的圆形建筑，逐渐按"堂"和"横"单元组成的四合院样式发展起来。今天所见的围龙屋都是以中轴线对称的平面布局建造的。它们以祖屋为中轴，屋居内部厅堂的布局、卧室的配置、楼梯的分布、边门的开设等都严格地对称，采用通廊方式来衔接屋居内部厅堂、卧室、楼梯，以达到屋居内部四通八达，房间相互沟通，空气通畅。

（二）因地取合，充分利用自然环境

梅州客家先民聚居山区，因此，他们充分利用有利的缓坡自然环境，建成了各类民居建筑。如客家围龙屋从选址、布局设计到建造，处处体现出实用舒适的特点和与生态环境和谐的氛围。前低后高缓坡环境，便于采光、通风、排污与排水，前有池塘，可积水防火，后有风围树，可护坡防险。

（三）采用大屋顶和高台基

为排水和防御风雨对屋身的破坏，其民居建筑屋顶采用悬山顶式的大屋顶，有深远的屋檐，两屋斜坡汇合处用龟形建造，取得一个有效的掩蔽空间，达到遮阳、隔热和通风的效果；高台基是防潮之需要。

（四）建筑材料以木材为主

客家民居建筑材料主要有木材、石头等，随着建筑技术的深入发展，厅堂、屏风等均精雕细刻。明清时期，随着阁楼建筑的发展，框架和成组斗拱的出现，木材用料随之增加。客家人居住在丘陵山区，丰富的木材资源为建筑民居就地取材提供了便利条件。

（五）建筑防卫性高，建筑规模宏大

客家先人初到梅州地区，在特定的社会历史背景、特殊的自然地理环境中，他们以宗族血缘关系而群居，并修建高密度的防卫性、实用性强而且规模宏伟的客家民居山地建筑，其建筑形式呈圆柱状、碉堡式、全封闭型，外墙厚实高大，建筑占地面积大多在 1 000 平方米以上，多至一两万平方米。客家民居是为适应宗族人口发展而建造的，其良好的防御功能正好适应了客家人面对恶劣自然、社会环境聚族而居的生存状况，是客家建筑的一大杰作。

（六）绘画复杂，色彩浓重

客家民居建筑以木材为主，针对梅州地区雨水多，夏季高温、冬季寒冷等环境，为保护建筑木材，在绘画、雕刻部分加上油漆。同时，绘画复杂，喜欢山水花鸟交错，大红大绿，色彩浓重，这展现了客家传统习俗。

图4-17　民居雕绘
（图片来源：罗迎新摄）

三、民居建筑习俗

（一）"天地人"三合一

汉唐之际，"天地人"三合一的文化观念在中原已成擎天大树。客家先民世代居于中原地区，从中原地区迁徙而来的粤东地区的客家人，千百年来始终以保持中原祖地的文化为荣，而民居只是其中一个方面而已。粤东梅州地区的围龙屋造型，将其绘成椭圆形或太极形，

图4-18　大梁挂太极图
（图片来源：罗迎新摄）

可以说是对"天地人"三合一宇宙观的物化：同圆心重合，核心天井（内太极或天池）是对太极阴阳图案的仿造。这种造型反映了梅州客家先民企图通过住宅的造型与自然界沟通的意愿，其造型图式与"天地人"三合一宇宙观结合得天衣无缝。

梅州围龙屋是"天地人"三合一建筑的经典之作。围龙屋前面部分为半月形池塘象征"阴"，后面部分半环状的化胎象征"阳"，两者合在一起构成阴阳太极图，同时又象征着"天"和"地"。从围龙屋的整体看，前

"池塘"，后"化胎"与中间部分的"堂"和"横"共同组成的合院式建筑主体，构成了"一前一后，一阴一阳"圆包方的同心圆模式。在这种思维模式与住宅建造模式的重合下，"天地人"三合一中的"人"通过住宅这种特殊符号实现了天地、阴阳的沟通。人处在天地、阴阳的和谐氛围之中，得天地、阴阳化生之气，即所谓"得是气而为是形"，"天地人"合一串通一气，同轨运行。实质上与当今营造尊重自然、回归自然、与生态自然环境融为一体的和谐人居环境有共通之处。在客家民居的门楼、厅堂或梁柱上，常有石雕、木刻或黄纸印的八卦图与太极图，基本图式有先天八卦、后天八卦、先天洛书八卦、后天洛书八卦、先天河图八卦、后天河图八卦和兽头八卦符等，安装仪式隆重，以此作为镇邪护宅之用，祈求家族兴旺、生生不息。同时，客家围龙屋建造谋"天地人"三合一，与《老子》"道生一，一生二，二生三，三生万物，万物负阴而抱阳"之说相吻合。即围龙屋的椭圆外形是道，是一；一生二即为龙池（半月形池塘）、龙胎（化胎），代表阴阳；二生三则为龙池（半月形池塘）、龙胎（化胎）、人居，代表天、地、人；三生万物即万行。

（二）拜五行五方龙神

客家人认为土地是生命之源，土地养祖先，土地（土）和祖先（人）跟天井（天）一起构成"天地人"的世界。客家民居最重要的空间就是上厅，在上厅安放土地伯公、祖先牌位以及设置天井。围龙屋化胎前沿设有五行五方龙神牌位。客家人认为围龙屋的"化胎"代表女性的子宫，五行五方龙神（即"木、火、土、金、水"石神，也有说"五行石伯公"）代表女性的阴部，化胎表层的鹅卵石代表子孙。这些都是强大生命力的象征。围龙屋五行五方龙神牌位、化胎成为客家民间女性祖先崇拜的隐性神圣空间，因此，族人（尤其是女人）不孕不育或生病时要到这里拜五行五方龙神。同时，告诫小孩不得在化胎上拉屎撒尿，不得用锄头挖土看，不得脚跨五行五方龙神牌位。这种对自然神灵的隐性崇拜，带有神秘的哲学意味。它表达了族人把居室与天地同化、人与自然合一的愿望，意在追溯人的自然本源，祈求自然神灵的保护。当然，客家民居在最重要的空间——上厅安放祖先牌位，则体现出客家族人对祖宗神的崇拜。它表达了族人认同于家族，追求个人与家族合一的愿望，以希求神明的保护。

（三）盖房屋上大梁时要钉红布

在梅州客家地区，不知从什么时候开始，民间流传下来一个习俗，即建造新房屋，在厅堂架上正梁时，要在大梁的正中钉上块红布。据说那块红布是吴义丞相的心，钉上它就可保立木上梁平平安安，盖房修屋顺顺当当。这种民间习俗的来由与民间流传的故事有关。

从前，有一位叫吴义的穷秀才，一心想上京赶考捞个一官半职。一年开春，在赴京赶考路上得了重病，借来的银钱花光不算，还被客店老板赶出了店房。他病得晕头转向，迷迷糊糊地走到一座荒坡前，昏倒在路旁的一棵大杉树下。谁知，路旁这棵大杉树是修炼了千年的树精，叫姗妹，能变人形，想找个善良的男子结成夫妻，享享人间的欢乐。她看见吴义昏死路旁，十分可怜，便变作一位美丽的姑娘，还吹口气化了座仙庄，把他救醒过来并与他结为夫妻。后来，吴义上京考试果然中了状元。当他拜见皇帝时，又被公主看中招为夫婿。他连得两喜，好事成双，整天乐得飘飘然，早把结发妻子姗妹的恩情抛到九霄云外了。吴义一心想升官发财，对皇帝竭尽逢迎拍马之能事，处处讨皇帝的欢心。皇帝一高兴，封吴义为礼部尚书。就在吴义当了尚书不久，朝内出了一件大事。皇帝临朝的金銮宝殿上的大梁坏了。皇帝急忙召集天下工匠拆换大梁，并下令全国各地捐送木料。谁知各地运来的木料都不合适，皇帝只得下诏：谁能找来合适的大梁，就封谁为当朝丞相。吴义一听，心想升官的机会来了，思来想去，猛然想起赶考路上昏死时的那棵大杉树。急忙奏明皇上，皇帝便派他前去伐树。吴义费了好大的劲，杉树总算找到了，下令士兵不分日夜地锯树。只见锯过的地方都渗出了鲜红的血水，整整锯了10天才将树锯倒，而鲜红的血水却流满大地。大杉树运回京城后，一量尺寸刚好合适。皇帝大喜，便封吴义为当朝丞相。大梁雕好了，可就是上不去。只要说上梁，不是狂风暴雨，就

图4-19　大梁钉红布
（图片来源：罗迎新摄）

083

是飞沙走石，淋得工匠透不过气，刮得人睁不开眼。皇帝亲自监工也装不上去。皇帝为此闷闷不乐倒在龙床上便睡着了。睡梦中，有一位仙女告诉他说："大梁上不去，是因为有冤魂妖气在作祟，只要把朝中最忠于你的大臣的心挖下来，钉在大梁正中，就可以镇妖慑鬼，保你能把大梁架上。"第二天，皇帝想出个法子并下诏："谁能用舌头舔皇帝屁股上的脓疮，谁就对皇帝最忠心。"吴义认为升官发财的机会又来了，自告奋勇用舌头舔皇帝屁股上的脓疮。此时，皇帝下令把吴义的心挖出来并钉在大梁正中，后来，大梁安安稳稳地装上去了。

从此以后，民间在厅堂架上正梁时用红布钉在大梁上，以确保立木上梁平平安安，盖房修屋顺顺当当。

四、民居居住习俗

（一）新屋"出煞"

旧时，客家人新居建成，择日乔迁，俗称搬新屋。在搬新屋前要举行"出煞"仪式，要请堪舆先生"出煞"驱邪，并拜土地，俗称"谢土"，方能吉利、平安。出煞一般在凌晨一点左右，正堂放八仙桌一张，桌上放三个大米斗，盛满米谷，其中白米一斗放中间，干谷二斗分放两旁。堪舆先生放罗盘于米斗上、泥水师放泥刀一把、五尺一支于左谷斗，木匠师放曲尺及墨斗于右谷斗，斗上面各放大红包一个，红包大小，主家自定，或事先商定。正堂沿中轴线放八仙桌数张，一直摆到大门前，桌面上用白棉布数丈，铺至门口。堪舆先生头裹红巾，身穿素衣，左手执大雄鸡一只，右手握七星宝剑，口中念念有词，将雄鸡割血洒于白布上，直出大门，把鸡丢在大门外。同时，泥水师、木匠师一左一右用红木棒大力打布，齐出大门，此时一人点燃鞭炮，从厅堂放到大门口，门外铁铜声、锣鼓声一齐助威。

也有富裕人家宰大猪"出煞"的。"出煞"时当厅把猪杀死，杀猪师傅要说赶煞话："天煞天边遁，地煞地下逃，发煞下江河，白刀一人，百煞全无。"然后将猪血染于门槛上，事毕把大门关上，暂时从小门出入。

（二）入宅与喜宴

早上吉时，等待外面祭门神之后，特请本族有名望的老年夫妇或白首齐眉、子孙满堂的夫妻开门，开门时男左女右，站于门内，边开门边说吉利话："左门开，财丁来；右门开，富贵来；财丁富贵一齐来。"主家随即掌灯带柴（财）入门，家具随进。讲究的富裕人家要牵大水牛或黄雄牛入户，牛角上挂剑刀，绊红布，安上牛链及犁，由主家子孙执犁入屋内，随后主妇担炉火大锅到厨房生（升）火，家具杂物同进，锣鼓伴行，大闹于新屋中，于是搬迁之礼告成。

进宅之日，必贴喜联，宴请亲朋，以示庆贺。喜宴中必不可少"丸"（圆）。如汤圆、肉圆以示圆满、团圆之意。赴宴者送礼祝贺，礼物有镜屏、字画、家私、食物、礼金等。礼物无禁忌，即便是送钟（大时钟）也可以，俗谓"不忌者福大"。挂镜屏有一定的规矩，须将同宗最高辈分者送的挂在正中。富裕之家，还请汉剧、木偶戏演出或中军班吹唱助兴。

中华人民共和国成立后，因"搬新屋出煞"带有浓厚的封建迷信色彩，多已除弊，但仍保留宴客之俗。

（三）进火与暖灶

建新灶或原来老灶使用多年需翻新重建，首先要请地理先生选房、选方位、择吉日，对选厨房或做新灶十分注重方位，如，厨灶与房屋的坐向相反，则不吉；灶宜背靠墙，不宜凭空；炉灶顶上不宜有横梁压在正中，俗称"担梁"；也不宜有尖角对准炉灶，以祈求幸福吉祥、平安如意的愿望。其次请泥水师傅起工作灶。开工时，生肖不合者不得近前。建新灶用砖的"过"（遍）数要逢九或十一，灶面高度控制在离地面二尺一寸或二尺二寸（木匠尺约合 63 厘米或 66 厘米），谓之合小黄道中"生"或"老"。新灶一般三日建成。如果未建成暂不能生火煮食，又到了"进火"的吉时，则在灶膛内烧一把杉树枝叶，然后放一串鞭炮，以示"进火"。

新灶建成，亲朋前来"暖灶"，也有叫"暖灶脚"的。暖灶礼品有豆腐、喜糕、柴、筷子、爆竹、猪肉、发粄、红酒二支、柑橘等九样或十二样表示祝贺，俗称"十二样水礼"。所送礼品有"大吉大利、快快发财、兴旺高升"等寓意。主人则具筵待客。如果兄弟分家做新灶，媳妇的外家还要送水桶一对，"水吊"一杆，碗、筷子若干，"门红"一方，水桶里面装有粘谷或糯谷。

第三节　饮食礼仪习俗

梅州客家菜是广东三大地方菜之一，是以梅州为代表的地方菜肴的统称。梅州客家菜作为广东客家菜的代表，其菜肴特色的形成有其独特的人

文、地理环境背景。梅州客家菜除保留中原饮食文化特征外，更重要的是根据梅州的自然地理环境及物产特点，吸收当地的饮食习惯，逐步形成了自己的特色。

一、梅州传统客家菜及其特点

（一）主料突出

由于梅州客家人居住地远离海洋，客家菜的用料，大都以家禽与野味为主，不是"无海鲜不成宴"，而是"无肉不成宴"，用料以肉类为主，水产品较少，有"无鸡不清，无肉不鲜，无鸭不香，无鹅不浓"之说。日常饮食，主料突出，餐桌上大碗的鱼、肉随处可见，为保持食物原汁原味而不太注重配料，极少添加甚至不加过重过浓的佐料，一般使用食盐、生姜、葱、蒜等较为天然的佐料，对味精等非纯天然的调味品使用极少。

（二）主咸偏香

客家菜的口味，异于广府菜和潮州菜，不求清淡而求浓郁、酥香。无论是酿豆腐、盐焗鸡还是狗肉煲，客家菜给人第一印象就是咸。梅州客家菜之所以主咸，并不是客家人天生就喜欢吃咸的食物，而是面对社会、自然环境影响才不得不做出的无奈选择。究其原因，一是咸的食品比较香，容易下饭，而且可以节省一些菜量，在艰苦的生活环境下，还可以节约开支；二是平时劳作强度大，出汗多，吃咸一点才能补充人体正常所需的盐分，保持充足的体力和精力。久而久之，人的舌头、肠胃慢慢记忆了咸的味道，以致保留到现在。

（三）重油偏腻

与广府菜、潮汕菜相比，梅州客家菜给人第二印象就是油腻。早期客家人刻苦勤劳，靠山吃山，生产条件艰苦，劳动时间长、强度大，需要较多脂肪供给被大量消耗的热量，故烹调饮食时大量使用猪油。当然，用猪油煮菜也有其特殊功能，就是猪油在烹饪过程中会释放出一种特殊的芳香，这是花生油等植物油无法做到的，梅州腌面等多数客家美食若不用猪油的话就没有香滑的口感。

（四）多熟偏烂

梅州地区水土偏凉、偏冷，在冷湿、湿热、燥热的生活环境中，进食生冷的食物会让湿热的身体出现肠胃不适，生吃食物极容易屙肚（腹泻），所以客家人尤其严格限制小孩子吃生冷的东西。因此日常烹饪中，在山上薪柴十分充足的条件下，继承了北方菜肴的烹调方法，以炖、烧、焗、煲为主，砂锅菜最为常见，强调熟透。当然，这种熟透的食物给人口感偏烂。

二、"平进莫门聚，年节莫孤凄"

梅州地处山地丘陵地区，耕作生存条件恶劣，以大米为主食，兼吃番薯、粟、木薯等杂粮。中华人民共和国成立前，贫苦农民平常过着"半年糠菜半年粮"的苦日子，农民用土磨将粟、麦加工成粉，做成汤面或蒸成麦粄吃。"绑饭"（拌饭）的日常菜，以自家腌制的咸芥菜、萝卜干及自产的各种青菜为主。长期以来，梅州客家人在饮食生活方面养成了"平进莫门聚，年节莫孤凄"的传统观念。平时，一日三餐粗茶淡饭，十分节俭，村民很少聚集在一起"打斗四"（聚餐）；但逢年过节则要准备丰富的食物，一是要犒劳自己，二是要热情款待亲戚好友。

三、宴席首道菜——酿豆腐

酿豆腐是客家名菜，久负盛名。客家人对酿豆腐这道菜情有独钟，从小吃到大，百吃不腻。长期以来，在梅州客家人传统的饮食生活习俗中，酿豆腐不仅成为客家人逢年过节宴席上的主菜之一，而且是宴席上最先上的一道菜。究其缘由，一是取其寓意，豆腐在客家话中与"头富"谐音；二是新鲜上桌的酿豆腐集软、韧、滑、香于一体，呈浅金黄色，浓郁醇厚的汤汁，鲜嫩滑润，口味鲜美，让人垂涎欲滴。同时，酿豆腐有"植物肉"的美称。

四、医食同源，药食同用

梅州地区光、热、水、土等自然条件优越，山地、丘陵面积大，十分有利于各种植物生长，蕴藏着丰富的药材、药膳资源。在长期迁徙过程中，梅州客家先民为了克服水土不服，摆脱因冷湿、湿热、燥热瘴疬邪毒而引起的身体各种病痛，以各种野菜、药材果腹，在草药的运用上积累了丰富的经验。在运用草药时，将草药与食物相配，形成了客家美食的一大特色。客家滋补养生药膳使食用者的食欲得到满足，又在享受中滋补了身体，从而使病痛得到治疗或缓解。

梅州客家饮食食材选配突出"寓医于食"。在百姓家的餐桌上，经常

可以看到用各种"树头、草根"等与禽兽肉类制品混合煲成的老火靓汤。梅州"树头、草根"演绎了千年客家美食文化。"登陆"客家百姓餐桌的滋补"树头、草根"有五指毛桃、牛乳树根、鸡矢藤、万叶神、溪黄草、红丝线、鸡骨草、老艾根、铁甲草、淡竹叶、胖大海、金银花、葛根、鱼腥草等，而与其搭档的主角有鸡、鸭、鹅、猪骨头、鲤鱼等禽畜河鲜，还有鸟、蛇、兽等山珍野味。

五、因地制宜，四季五补

梅州客家民间饮食习惯顺应中医养生法则，讲究"四季五补"，即春季"升补"，夏季"清补"，秋季"平补"，冬季"滋补"，四季宜"通补"。"鸡嫲（意为母鸡）清火鸡公（意为公鸡）燥火，梢鲚搜病甲鱼滋阴"，从这首饮食谚语可以看出，梅州客家人的滋补养生应节气而存，用科学的饮食观念和正确的方法达到进补的最佳效果。梅州客家民间"四季五补"饮食食材选配方法，遵循中医食疗的原则与要求，顺应自然环境变化与人身心健康运作协调法则，因时而异。春季，注重"春夏养阳"，补肾填精养血，选择多甘少酸、微辛清淡、甘辛的护肝食材，如丛葱、蒜韭菜、大枣、枸杞、山药、小米、黑米、黑豆、黑芝麻、黑木耳、乌鸡、芹菜、白菜、白萝卜、生姜等；夏季，注重补养肺肾，选择枸杞、生地、百合、桑葚、山药、莲子、扁豆等疏肝解郁、健脾祛湿、健脾补肺的食材；秋季，注重养阴防燥，选择芝麻、核桃、红枣、莲子、桂圆、绿豆、扁豆、薏米、荷叶、芡实、山药、小米等食材；冬季，注重"冬藏"，选择小麦、牛肉、红枣、花生仁、羊肉、狗肉、鸡肉、枸杞子、木耳、黑芝麻、核桃等阳气内藏、阴精固守的食材，故客家俗语有"冬不藏精，春必病温"之说。

六、日常吃饭的规矩

（1）吃鱼不翻身。鱼肉营养又美味，大家都喜欢。但吃鱼时不可翻鱼，不然是要挨长辈训斥的。

（2）添饭不能说成"要饭"。只有乞丐才是"要饭"，所以，在吃饭过程中询问客人还要不要添饭，一定不能问："还要饭吗？"只能说："还要添饭吗？"

（3）不在盘里乱翻。小孩吃饭时在盘子里乱翻会被大人打手的。

（4）吃饭时不能吧唧嘴。即使吃得再香，也不可以吧唧嘴，这样很没礼貌。

（5）大人先动筷，小孩才能动。有长辈在场的时候必须等长辈先动筷，长幼次序得遵守。

（6）不许用筷子敲碗。在吃饭时若用筷子敲碗，大人会说："敲碗像什么样子！是乞丐吗？"若在外吃饭这样做就是骂厨师。

（7）手要扶碗。吃饭时，不拿筷子的一只手要扶住碗，不许一只手搁在腿上或桌子下。

（8）喝汤时不许大口吸，要表现不出声、小口喝的样子。

（9）夹菜不"过河"。夹菜不过盘中线，夹靠近自己这边的菜。

（10）筷子不许立插米饭中。因为筷子插入饭中像在香炉点香，很不吉利。

（11）碗中不剩饭。盛饭量力而行，不要吃不完硬盛，讲究的就是节约粮食的好品德。

（12）给人敬酒自己杯沿要低于对方。如果是敬上级、长辈，酒杯必须要比对方低，如果对方是下级或同辈或亲密朋友，就没关系了。如果自己敬别人酒就尽量酒杯放低点。

七、日常宴客的规矩

（一）宴席摆放与宴客排序

梅州客家人每逢喜庆，或做"红白好事"大都用八仙桌设宴。八仙桌的放置以桌上的木纹为标志，木纹纵向与厅堂的桁梁要同方向，叫"横桌敬客"，相反则为祭祀拜神的摆设，俗称"直桌敬神"。桌的位置以正厅靠檐边左侧的显要位置为尊。每席八人，主人根据来客地位、辈分安排座次，不容僭越，否则就会出错，是对客人的不敬。它反映了客家人尊重长辈，敬重客人的传统美德。

（1）正厅上堂摆设一张八仙桌，座位的安排是先左后右，如图4-20所示。

请同宗族梓叔（对同一宗族内男性成员的称呼）或自己家里人，是以长辈坐"上横"1位，按辈分高低，1至8依次排列。辈分低的人，即使在外面做大官或者发了大财，都不能坐"上横"。

```
        2           1
    ┌───────────────┐
  6 │               │ 5
    │               │
    │               │
    │               │
    │               │
  8 │               │ 7
    └───────────────┘
        4           3
```

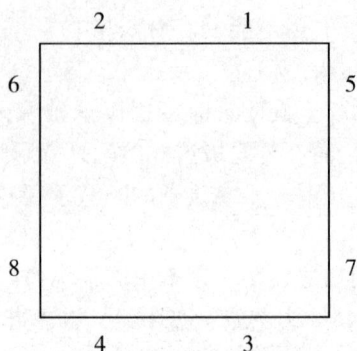

图 4 - 20　八仙桌座次

　　宴请亲戚或外来的客人，则以客人中的长辈坐"上横"，其他客人依次而坐，第 8 位一般是主人捉酒壶，接菜陪客的；如来客中有地方官员，则以级别高者坐"上横"，其他依次就座。

　　（2）正厅摆设两张八仙桌，以靠檐边左侧为首席。如图 4 - 21 所示：

二席　　首席

图 4 - 21　两席排列

　　（3）正厅摆设三张八仙桌，以正厅靠檐边的中间位置安排首席。如图 4 - 22 所示：

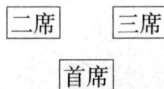

二席　　三席

首席

图 4 - 22　三席排列

　　（4）正厅摆设四张八仙桌（六张类推），如图 4 - 23 所示：

四席　　三席

二席　　首席

图 4 - 23　四席排列

　　（5）正厅摆设五张八仙桌的两种排法，如图 4 - 24 所示：

五席	四席		五席	四席
三席	二席		首席	
首席			三席	二席

图 4 - 24　五席排列

（6）正厅下堂的席位，面向天井，近天井檐边的两席左为尊，与上堂排序相反。如图 4 - 25 所示：

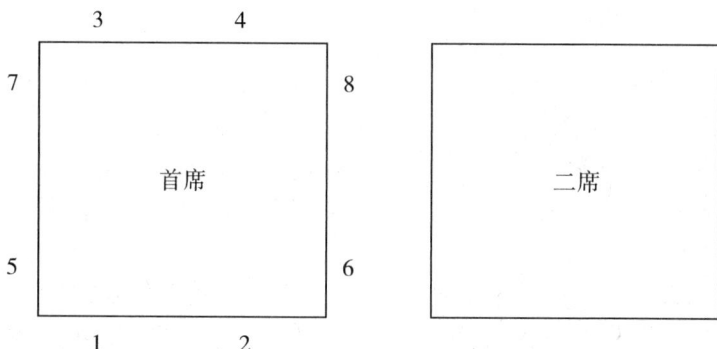

图 4 - 25　正厅下堂排列

（二）宴席首席宴客排位

首席是长辈或最体面的人坐的，不同的情况有不同的排位原则。

做寿宴客：男寿是以宗亲梓叔长辈坐首席，女寿则是以女娘家来客坐首席。

小儿满月宴客：以小儿的母亲娘家来客坐首席。以小儿的祖母娘家来客坐首席是不对的。

结婚宴请宾客：以母亲的外家来客坐首席，新娘外家来客坐第二席。

迁新居宴客：全是宗亲梓叔的，则以长辈者坐首席；如母亲娘家有来客，以母亲娘家来客坐首席；如不止一处娘家来客，则以高辈的娘家来客坐首席；如母亲、祖母的娘家均有来客，应以祖母娘家的来客坐首席；有的是地理先生和建筑师傅坐首席。

扫墓宴客：以宗亲梓叔的长辈坐首席。

白（丧）事宴客：男丧是以宗亲梓叔的长辈坐首席，女丧则以娘家来

客坐首席。

宴会时，全体参宴人员要等首席的人动筷后，才可以举筷；宴饮席间，做寿诞主人的长子或新婚的新郎（新娘陪着）须持酒杯，按席位次序到每席，向众宾客敬酒，以示主人的热忱；宴会将结束时，首席的人员未离席，其他席的宾客不得先行散席。

第四节　婚嫁生育习俗

一、婚嫁习俗

梅州民间传统客家婚俗，一向多沿袭古制，对婚姻嫁娶历来十分重视。它关系到传宗接代、养儿防老，家族繁衍。明清时期，遵从"父母之命，媒妁之言"，按古"六礼"之序进行。男女双方毫无婚姻自主权，夫妻要在洞房之夜才能看清对方的长相。新文化运动之后，自由婚恋之风逐渐影响城乡，即便如此，许多人还是托媒提亲，所谓"明媒正娶"，以避"苟合"之讥。自从"五四"新文化运动以后，在婚姻制度上有较大改革，废除了许多烦琐礼节，还有重婚纳妾、买卖婚姻等习俗，自由恋爱结婚蔚然成风。但在中华人民共和国成立以前，仍然存在不少由媒人牵线搭桥、父母做主的"听父母之命，凭媒妁之言"的包办婚姻。在这种包办婚姻下，青年男女没有选择配偶的权利，婚姻之事统统由父母包办，如若有谁违背，结果自然是以悲剧告终。旧时，梅州婚姻形式主要有"大行嫁""童养媳""等郎妹""隔山娶亲""二婚亲""入赘"等。今天，梅州客家地区男女婚姻早已破除了父母包办的习俗，双方自由相识和感情成熟后，征得双方家长的同意履行结婚登记手续，然后完婚。

（一）"大行嫁"

"大行嫁"的婚礼较为烦琐，通常要经过相亲、定亲、纳彩、迎新、拜堂、闹洞房、做三朝等礼节。而且，讲究门当户对、生肖属相匹配，闹排场，比阔气。

（二）"童养媳"

"童养媳"是儿童阶段婚配的一种习俗，俗称"细生批"，即当家中养有男孩以后，就向邻近村庄外姓人家收养一个女孩，待其长大以后许配给自己的儿子。这种婚姻形式，虽不必讲究大行嫁的礼仪，但在收养以前，还要定亲、纳彩、拣择生肖属相。到了男女适婚年龄就选择吉日成亲，叫"分床""圆房"。如果童养媳长大以后因丈夫夭折，或丈夫另娶的原因不能与其相配，作为养女，则可由养母做主，另行婚嫁。原来的"童养媳"长大后出嫁的，被称为"花屯女"，也叫"饭供女"。小户人家多采用"童养媳"的方法为儿子婚配。这种现象在旧社会十分普遍。

（三）"等郎妹"

"等郎妹"和"童养媳"的性质差不多，只是收养女孩子之前，男家往往还没有生下男孩。有的媳妇到了十八岁了，其丈夫只有几岁，双方年龄悬殊，简直是未做妻子先做娘，故有"十八娇娇三岁郎"的说法。

"十八娇娇三岁郎，夜夜睡目揽上床；睡到半夜思想起，唔知系子还系郎。十八娇娇三岁郎，夜夜屎尿拉满床；唔系看你爷娘面，三拳两脚踢下床。十八妹子三岁郎，夜夜睡目揽上床；睡到半夜思想起，不知是儿还是郎。十八妹子三岁郎，夜夜屎尿拿满床；唔系看你爷娘面，三拳两脚踢下床。"这一首客家山歌道出了"等郎妹"婚姻的辛酸与悲剧，把这种婚姻的苦楚唱得淋漓尽致。

（四）"隔山娶亲"

"隔山娶亲"又叫"娶看家婆"，是梅州侨乡特有的一种婚姻形式，即男方因长期在海外谋生，家中又有田产房屋或父母需人照料，便托人在家乡娶个"看家婆"，享有家庭主妇的地位。这种婚姻，往往因种种原因夫妻终生难得相聚，有些夫妇终生都没有见过面，妻子一辈子含辛茹苦"守活寡"。这是侨乡妇女的婚姻悲剧，从另一个侧面反映了当时妇女地位低下，是男尊女卑社会的牺牲品。

（五）"二婚亲"

又称"再醮媳"。指女子已嫁过人，或因夫妻反目离异，或丧偶后又再婚者，俗称"生离妈"，不被人看重。旧时这种婚姻不受人重视。

（六）"入赘"

亦称招婚，俗称"入屋"。指男子到女家去成婚落户。"入赘"的情形有以下几种：一是信命，说是命要"出嗣"；二是男子家庭兄弟多、房屋少、生活艰难者；三是个别大官大富人家只生女儿，无男儿承祧香火和继

承财产者；四是双方父母只生男或只生女，生男的无力娶媳，生女的唯恐断后，便两家商定男到女家入屋。"入赘"的男子不作婿而作子，在辈分称谓上按亲子称呼。"入赘"后所生的子女必须随母姓，有的入赘者会被招赘的父母更名换姓，姓招赘方的姓氏。"入屋"的男子，获得招婿方子女的所有权利和义务。

（七）婚嫁六礼

梅州客家地区婚姻习俗多承古礼。大户人家行效古六礼，即问名、纳采、纳征、纳吉、请期、迎亲。而贫苦家庭难遵六礼，多简化之，对六礼的称呼也多口语化。行嫁礼仪大致有如下几项：

（1）提亲。男方由亲戚朋友介绍或托媒说合，经女方父母同意，由媒人向女家提亲。

（2）相亲。男方择期备办酒礼，约媒人到女家相亲，俗称"看妹子"。男方与女方见面，不管满意与否，都要先给女方封点"面花钱"。女方如同意，就收下喜糕一包，退回一包给男方，意为可以继续交往，其他礼物可全收；如女方不同意，则将礼物全数退还男方，唯"面花钱"不用退。

（3）相婿。俗称"查家门"。由女方家长带几位女眷（婶婆）去男家，查看男方的村庄环境，了解其家境情况。此时如双方满意，即商议定亲，确定聘金，俗称"人种钱"，一般尾数要合二个"九"或三个"九"，取"久久好合"之意。同时，还要写好婚书，男曰"凤札"，女曰"鸾书"，男执女书，女执男札。

（4）行聘与请期。行聘，即男家向女家送上聘金、礼物。请期是男家根据男女双方的生辰八字，择定迎娶吉期，提前告知女家。旧俗聘礼中除了聘金之外，还有象征吉祥如意、表示好彩头的物品。如送上春草，喻"草头结发"；香蕉成串，喻"良蕉百子"；送稻谷麦粟菽等五种种子，喻"五子登科"；送枣、桂圆，喻"早生贵子"；送肚兜是"经纶满腹"。礼单上，量词都是用成双、成对、成幅，种子"万亿"，食品"万种"，种鸡"成群"，庚牌"成圆"等。

（5）于归与辞神。于归，指女子出嫁。《诗·周南·桃夭》云："之子于归，宜其室家。"男家迎亲前一日，应备办丰盛牲体送至女家祭祖，并雇花轿、便轿各一乘备用，谓之"辞神"。出嫁之日，新娘备3个分别装着花生（生子）、红枣（早子）、龙眼干（龙子）的小红布袋，请有福气的长辈妇女为其梳妆打扮。当天早晨与家人吃团圆饭（或叫姐妹饭）后，新娘拜别父母哭着上花轿（或走路），叫"哭嫁"，哭的是无字之声，表达与亲人分别，心存悲切。

（6）迎娶完婚。迎娶有一定的程序和形式。按男方拣定的吉日良辰，新娘上轿后由小舅子将轿门贴上封条并锁上，主要是为了避邪拒妖（传说从前曾有狐狸精假扮新娘出嫁被揭穿的奇事），另由一位亲弟（新阿舅）或侄子坐便轿送嫁，伴娘及同宗姐妹8人则伴轿而行，一般"大行嫁"的迎亲队至少有30人。男方迎亲仪仗队先行，他们擎着宫灯、吉彩、麒麟、凤凰，寓意龙凤呈祥。还有对锣、锣鼓八音、乐队欢奏迎亲曲；用"撑"抬着猪羊、雄鸡、鱼三牲，大小"箩隔"盛嫁妆物品、糖果、食品。媒人背着提篮最先出发"径露水"，逢过桥、过"缺"（意为"坎"或"山坳"，即高低不平的地方）或伯公神坛时，都要放一个香筒（也叫"香包"），是敬神借道之意。送嫁队伍最前面一位，一般是新娘女家的兄长或弟弟（也可是族中有威望的长辈），腰挂一把剑刀，手拖一株茶树，叫"拖青"，在前头"挡煞"。出嫁过程中，新娘要注意两件事：一是坐轿途中不许大小便；二是防撞红（即妇女月事）。若巧遇月事，新娘必须预备好3尺长红布、9根红丝线，带在身边，入洞房时将红布及红丝线挂于新郎肩上，口念："我红你也红，郎骑马，妹骑龙。"然后携手双双入洞房。

新娘花轿到男家时，男家大门先关上。新郎上前用白扇在轿门前拂一个"千"字，寓意千秋吉庆，然后用脚象征性地踢一下轿门，揭封皮、开锁，双手开门，站在左边，避免与新娘对面相冲。新娘由"好命婆"用红绸布搀扶下轿，新郎后面接住红绸布同行。新娘将红布袋里装的花生、红枣、龙眼干朝向身后抛撒给看热闹的小孩。然后由新郎族中有福分、有名望的男、女两位老人打开大门。开门时，男说："百年偕老。"女说："五代同堂。"新娘举左脚跨进门槛，千万不能踩在门槛上，否则会被视为看轻新郎家族。新郎与新娘入至厅堂，举行婚礼，有司仪唱礼："新郎新娘一拜天地，二拜高堂，夫妻对拜。"男家父母接受新媳妇拜礼时，赐予红包。新媳妇收下红包敬公婆，以吉语颂之。此谓天大地大父母大，天地作证为新妇。

礼成送新娘入洞房，两位牵新娘的"福婆"各点亮一支大红烛，口中高诵发烛词："新郎新娘，花烛洞房，双生贵子，百世其昌；新郎新娘，花烛洞房，白头偕老，早置田庄；花烛辉煌，子孙满堂，箕裘济美，永发其祥。"尔后，新娘坐于床沿。中午，男家设喜酒盛宴招待亲朋来宾。新郎、新娘共饮"合卺酒"，夫妻交杯换盏，互道吉语。午宴后，行"食新娘茶礼"，即新娘由新郎陪伴，向长辈亲属朋友依次敬茶，被敬茶者要给"赏面"红包，以示祝贺。然后男家请人"盘嫁妆"，盘嫁妆的福婆还要说

好话。

洞房花烛夜，新郎家中具牲礼拜祖宗，拜祖宗先发烛，要请本族中夫妻健在、多子多福或有身份的男性长辈颂词："乾坤定位，始判阴阳；赤绳系足，天各一方；今夕何夕，于归某（姓氏）郎；男思淑女，姑喜东床；花烛灯前，结成凤凰；绫罗帐内，堪作鸳鸯；种玉有缘，妇随夫唱；六亲有赖，族戚咸光；螽斯衍庆，奕世荣昌。"待发烛词念完，一对新人拈香拜祖宗四拜，拜烛火四拜，此称为"拜花烛"。拜完回洞房。继而，亲戚朋友、左邻右舍、男女老幼，看新娘，"闹洞房"。期间，要请一位"好命婆"挂帐，象征性地把新帐绾于帐钩上。新帐挂好后说吉利话："新帐挂来团团圆，十子九状元。"迨至夜阑，新郎、新娘吃汤圆及"团圆鸡腿"，取夫妻和合、感情甜蜜之义。

（八）生肖属相和生辰八字

旧时，在"听父母之命、凭媒妁之言"的包办婚姻中，梅州客家乡村地区男女婚配，年龄大小显得尤其重要。男女青年结婚前，男女双方家长必须将男女出生日期、时辰交给算命先生进行算命，俗称"排八字"。若"八字"合得来称"相生"则可以结婚，婚后婚姻美满、百年好合、多子多福，若"八字"合不来称"相冲"则不宜结婚，婚后将可能出现克夫、克妻、克子女、克父母或子女出现畸形缺陷、癫痫等症状。对"八字"的"相生"还是"相冲"，民间流传着男女双方年龄相配的一些俗规，如：若男比女年龄大，岁数相隔3、5、6、7、9岁则相冲，相隔4、8岁则相生；若男女同年出生，则女要比男大，女的叫"同年姐"，这样才相生。所以，民间流传着"白马犯黄牛，羊鼠一旦休，蛇虎如刀绞，鸡犬泪交流"这样的婚配禁忌传说。

梅州客家乡村地区婚嫁习俗为什么要讲究"生肖属相和生辰八字"？所谓"八字"的"相生"还是"相冲"这些俗规，是在特定的社会历史条件下形成的。究其缘由：一是可能"相冲"现象在某些村落确实发生了，这是偶然现象，但村民们把偶然现象看成是必然现象；二是医学知识水平低，对遗传基因根本不了解，客家人普遍存在亲上加亲的观念，再加上某些家庭生活贫困，于是出现了三代内亲戚之间通婚现象，并把因此导致的子女天生畸形缺陷或癫痫等重大疾病都认为是因年龄"相冲"带来的。所以，讲究"生肖属相和生辰八字"根本没有科学依据。目前，在一些乡村地区甚至城镇这些俗规观念仍然有不同程度的残留。

（九）陪嫁必备嫁妆——油纸伞

梅州客家乡村地区陪嫁品不少，种类多，并且讲究兆头。由于姑娘们一直遵循"三从四德"的封建伦理道德观念，嫁到男方后，勤俭节约、艰苦朴素、养儿育女，以求夫妻美满，家庭幸福。因而取兆头便成了客家人谋求吉祥的一种活动。油纸伞是用竹、纸和桐油为材料制作而成的一种美观又实用的工艺日用品。它的形状、功能与现代流行的雨伞一样，只是原材料不同而已。油纸伞用竹制成伞柄、张合架，糊上白砂纸，画上各式各样的图案，再涂上桐油。同时，油纸伞在客家风俗里是吉祥幸福的象征。"纸"与"子"为谐音，作为嫁妆有早生贵子之兆意；古写"伞"字有五个人字，在大"人"的下面有四个小"人"，兆意为多子多孙；油纸伞中间有轴，意取中空正直，无私无邪；伞张开后成圆形，有圆满之兆，一来象征婚姻循规蹈矩，将是圆满成就，二来可以蔽日防雨，以取驱恶避邪之意。因此，油纸伞就成了最具兆头的嫁妆，也是必备的嫁妆。今天，尽管油纸伞已经很少见了，但取而代之的现代花布伞仍然是不可缺少的嫁妆。

（十）结婚的规矩

结婚是一辈子的大事，客家人结婚有自己的一套规矩。不管中式、西式婚礼，都得按这个规矩办。规矩虽然多而复杂，但都是长辈、家人对新人婚后生活幸福的美好祝愿。

（1）提亲不马虎。正式结婚前不能少了提亲环节，提亲前，男方带上见面礼主动登门拜访女方家人；提亲时，邀请女方家人吃饭，还要备上彩礼钱；吃饭后，将女方家人送到家，有礼貌地告辞。提亲一事才算圆满完成了。

（2）接亲不含糊。终于盼到结婚这一天，规矩也就更多了！结婚当天，铺床、压床，放花生、红枣、龙眼干。发嫁妆和铺房，在嫁期前数日，将陪嫁发至男家，琳琅满目，敲锣打鼓招摇过市。迎亲和拜堂，吉日上午，新郎由伴郎相伴去女家迎亲，接亲车子一到，女家鸣炮相迎，并立即关门，经数次恳求方开门，并乘此索要开门红包。接亲的人进门后，女家待之以圆子、红枣、打鸡子，预祝团团圆圆、早生贵子、步步登高。新娘母亲要给女儿喂饭，有鱼有肉有连根菜。铺床，到了新人家里，新郎可以找一个生了男孩的亲友铺床，为早生儿子的吉兆。

（3）回门也隆重。在婚礼后的第三天，需要再次宴请女方的亲属，新人必须热情款待。这一系列流程下来，婚才算是结完了。

二、生育风俗

（一）分娩前准备工作

客家人视生儿育女为人生传宗接代的大喜事。产前两个月，要酿制糯米黄酒，供产妇"做月"时食用；砍来布惊树枝或山苍树枝叶晒干，扎成三十一扎，供"做月"时煮汤洗浴，每日用一扎，认为有祛风、散瘀的功效。还要准备好婴儿穿戴的衣帽等。

产妇分娩时，家人在其门框或门帘上结些葛藤，挂把刀剑或贴张神符，意在辟邪驱鬼，也告知外人，此是产妇房间，不能闯入或干扰。产房垂帘闭户，防止禽畜闯入；也不得钉墙撞壁和搬动家具，要保持产房安静，使产妇和婴儿不受惊扰。

（二）妇女"做月"

产妇自分娩之日起的三十天，称"做月"或"做月日"。产妇每天要吃姜酒鸡或姜酒蛋、肉进补。姜要炒成金黄色，因为中医认为"生姜解表，干姜燥湿，黑姜补虚"。产妇以咸菜干、苦脉菜或番薯叶做下饭菜，忌吃其他青菜，忌吃腥气，忌吃生、冷，忌喝生水。"做月"期间，产妇洗澡用的布惊树（或山苍树）水，应煮透之后自然降温才能使用。产妇只做些轻微之事，洗浴的"药汤"也由他人提到浴室里。如出房间，产妇还要戴头巾。凡此种种，一是防止产妇子宫垂脱或大出血，二是防湿防风，以免得了"月子病"。

（三）"胞衣迹"来由

婴儿呱呱坠地后，其"胞衣"（即胎盘）不能马上拿走，接生婆会把它放在产床底下的地板上，用大碗盖着，第二天才用草纸或旧布包着，秘密送到"竹头下"（意为竹林里竹子的根部）埋掉，象征这孩子会像竹子一样落地生根，竹茂松苞。床下放胞衣留下的湿迹就叫"胞衣迹"。它成为客家人对出生地的一种代称。

婴儿出生第三天，要用适温布惊汤（或用艾叶、柚叶、老姜等煮汤）洗澡，叫"洗三朝"（"朝"客家话的意思是"天"，"洗三朝"是指婴儿出生后的第三天给他洗澡，是客家地区的洗礼习俗）。有些地方，有请接生婆及长辈吃"三朝茶"或"三朝酒"的习惯。到十二朝，产妇的娘家要办鸡、肉、蛋、糯米、红糖等礼品致贺，俗称给女儿"补腹"。远亲近邻闻讯亦会陆续送礼祝贺，并在礼品上贴红色纸花，以示吉祥。生育家对送礼者均应回敬鸡腿一方、黄酒一壶。

（四）满月庆宴

"庆满月"又叫"做满月"，古称"汤饼之会"，也称"弥月"。一般都要宴请亲友。席上必有锡丸（甜汤丸），寓意和合团圆，甜蜜吉祥。外祖母要抱婴儿说好话、给婴儿试食等。还会进行象征性的理发，请理发师傅或有福气的婆娘操办。仪式是用整株有根的青葱挟住剃刀作剃头状，然后将青葱再种入菜园里，寓意孩子的头发将如葱韭一样葳蕤。

（五）周岁礼

婴儿一周岁时，家人为他踏粄、搓丸（糯米汤丸），要办三牲果品敬祖宗、拜神明，宴请亲朋。外婆家仍要办礼物致贺。此时，在小孩周围放置诸如笔、墨、砚、书本、算盘、小秤、刀枪、牛马之类的玩具，让小孩爬去自由抓取，名曰"抓周"，又叫"试儿"，看他喜欢什么，预示长大后从事的职业和喜好。

三、过继风俗

梅州客家地区，旧时传统的宗族社会里，有过继（俗称过嗣、过房）的风俗。直至当今，民间仍然存在过继现象。过继分两种情形：其一，是本身无子女为继者，从兄弟姊妹或姑舅表亲中过继一两个孩子作后嗣；其二，是本身人丁不旺或少男丁，所生的子女虚弱多病不好养育，或者子女命中"八字"与父母相冲相克，必须把孩子"过房"给亲人或熟人等，甚至有些"卖"给"神""佛"，借人家的旺运福气或神佛保佑，以保住自己的血脉得以延续。此种情形称"喊乖"，又称"卖乖""带乖"。

客家地区，过继有全嗣、半嗣之分。客家人把独生子全嗣过继给母舅做儿子的叫"母子归宗"，或称为"姑子归宗"；把一子过继一半给兄弟，叫"顶两房"，可以娶两个老婆，叫"两房嫂"，不分妻妾，所生子女则传承两房，不分嫡庶。自1950年国家颁布《婚姻法》后，此习俗已废止。

被过全嗣的人享有与受嗣人的子女同等的权利和义务。被过半嗣者可以随意些，享有的权利和义务也只有受嗣人子女权利义务的一半。因"喊乖""带乖""卖乖"而过嗣的可以约定只图形式和名义，俗称"卖贱骨头"，不享有任何权利与义务，只求孩子身体健康，长高长大。

过继仪式包括两项：一是写嗣贴。过继人生身父母，要用红纸写嗣

099

贴，嗣贴头版写上"百世其昌"或"奕世荣昌"四个字，里面的二、三版写内容，主要有被过嗣人的年庚（即出生年、月、日、时）、过嗣原因、过嗣后的权利义务约定及双方父母自愿等字样。双方父母必须在帖子上画押签字，郑重的还有族亲旁证、书写人签名。二是过嗣。按照选择的日子、时辰举行过嗣仪式，首先敬神，若继承香火的还要拜祖宗，然后生身父母将孩子由事先备好的一个穿底的米房（桶）中传过，受嗣的父母在另一头接住孩子，把封好的礼金（红包）用红心带系于孩子脖子上，表示已把他（她）"买"下来并带子带孙。

第五节　民间信仰习俗

一、"崇善恶恶"

在特殊的社会历史条件下，梅州客家人相信因果，崇拜天地，认为行善作恶都会有相应的报应。一直以来，在客家人的传统观念中普遍存在着"崇善恶恶"的纯朴善恶观，相信"善恶报应"，"善有善报，恶有恶报，不是不报，时辰未到，时辰一到，一定要报"，"善恶到头终有报，只争来早与来迟"，"命里有时终须有，命里无时莫强求"，等等。客家人视天为至高无上的神灵，以天神对善恶的态度劝诫人们要弃恶扬善，认为"人恶人怕天唔怕，人善人欺天唔欺"。意思是上天不会惧怕恶人，上天也不会欺负善人。

二、"行善积德"

老子说："道者，万物之奥。善人之宝，不善人之所保。"老子劝导世人向善，即"天道无亲，常与善人"。劝人为善，特别劝导有能力、有机会的人，在他们心中种下行善行的种子，就会得到更多的善行，可谓功德一件。行善积德是佛教提倡的行为规范，是讲做善事的，多做善事就功德无量了。

梅州客家人把行善积德作为立身处世的信条，把做善事视为修善积德的至诚行为。认为"行善"就是不要做损人害人之事，成就别人做成好事，即仁、义、礼、智、信；"积德"就是行善的结果，"德"者得也，通过行善积来的"德"与"福"会使你得到良好的生存环境，而且还能福泽子孙后代。梅州民间流传一句俗语叫"前世无修，欸子准心舅"（"心舅"

客家话的意思是媳妇），意思是说因为前世没行善积德，今世儿子没本事，只好把儿子当媳妇使用，而儿子没出息全是因为自己前世没有修为，只是今世才得报应。

三、祖先崇拜

祖先崇拜的风尚，是中国几千年来的传统。客家人来自中原地区，深受儒家思想影响，迁徙到南方山区后，较少接受其他思想的影响，独特的自然环境和社会历史条件，决定了客家人的宗族制度特别发达，与家族制度相适应的祖先崇拜观念也非常强烈。通过祭祖、崇祖等活动，强化宗族内部成员的血缘意识，在宗族内部形成一股凝聚力和向心力，并在此基础上实现宗族内部的团结。客家人的祖先崇拜观念，来源于汉文化、楚文化，并混杂有儒教、道教、佛教的思想。

在客家人眼里，祖先指已逝去的父母，乃至上祖英灵，为血缘性的家神，俗谓祖神。祖先崇拜主要体现为祖公牌位崇拜（祠祭）、祖先坟墓崇拜（墓祭）、祖先偶像崇拜三种形式。在日常生活中，人们在言语中都很敬重祖先，生怕言语不敬得罪了先人。认为骂对方的祖先其实就是在骂对方，挖别人家祖坟就是破坏风水，是一种要命的行为。

在梅州客家人的岁时习俗中，祖先崇拜的色彩极为浓厚，一年四季，高潮迭起。各姓各族固定叩拜祖公的时间是春节，除夕当天族人统一到祠堂拜祖。所以有"不拜祖公，不准过年"之说。拜祖的时间主要有年初一新年祭祖、正月十五前后"上灯"祭祖、二月二春社祭祖、清明祭祖、七月十五中元节祭祖、八月十五中秋节祭祖、九月九重阳节祭祖、冬至祭祖、除夕祭祖等。

乡俗对墓祭很重视，甚至比祠祭更隆重。墓祭也称"祭墓"，是指各族各姓到其祖的坟墓上举行的祭祀活动。光绪《嘉应州志》云："八月初一谓之大清明。或清明不祭，必祭于大清明。"不少宗族对墓祭有明文规定，并把它写进族谱，让族人遵循。如蕉岭县黄氏宗族《黄氏家训》有"修墓"条，曰："坟墓所以藏先人之魂骸，每年宜诣坟祭，扫剪其荆榛，去其泥秽。切勿挖掘抛露，致使祖宗之怨声载道。"蕉岭县徐姓三世祖，曾担心子孙后代忘记祖先之功德，便将有关祖先墓祭的规章条例写进族谱，文曰："窃惟人之有身，必本乎父祖，故父祖之终，必择地之美者葬之，则神灵安而子孙盛……既葬于地，当祭于墓。恐日后子孙繁庶，互相推故，墓祭缺失，今依房次编名，轮流祭扫。每年自清明日祭祖，创业守成之祖以次而祭，便不失序，则神灵安享矣。神既安，则人亦安；人既

安，则诸福毕获，信可必矣。敢有不遵，时至不祭，许合族罚其祀礼宴众，仍令赔祭，以警将来……"

祖先偶像崇拜的现象在粤东客家地区也比较普遍，认为善待祖先，祖先就能保佑子孙。如五华安流胡氏宗族的胡法旺公，胡法旺公为胡氏宗族安流创基祖，俗传他曾拜雪山仙师学法，学成后广为民众驱邪治病。族人虽说不清胡法旺公的来历，但能说许多有关胡法旺公法力高强的故事。每年农历八月中旬，安流胡氏宗族要公祭胡法旺公，并抬祖公偶像巡游，并有"神童""上刀山"和"坐刀床"的表演。

梅州客家拜祖观念既凸显在其民情风俗的表层事象上，更渗透于深层的心理意识中。如果说一年四季的崇祖活动只是彰显在民情风俗表层的话，那么"宁卖祖宗田，不忘祖宗言"的祖训，则将崇拜祖先思想不自觉地渗透在深层的心理意识之中。所以，在客家土楼里，基本每个楼中都有祖训，这些祖训被称为"祖公话"。

四、俗神崇拜

梅州客家人是多神崇拜者，有"举头三尺有神明"之说。梅州客家地区俗民历来信奉多神教，尤其虔信佛教，其他如道教、天主教、诸天神灵，甚至土地社官也同样受到人们的诚心信奉，他们不计较什么神宗教义，更多的是将其作为一种"修善积德"的信念和寄托平安幸福的期望。

（一）观音信仰

客家人对观音菩萨的崇拜，已经不纯粹是对佛教菩萨的信仰，而是客家民间信仰特有的一部分。在客家地区，观音菩萨是仅次于社官、伯公之后的重要神明，其地位往往等同于天公。因此，在客家人的岁时民俗活动中，观音祭祀、法会相当频繁，并且尤其隆重。在农历二月十九日诞辰日（即"转劫日"）、农历六月十九日成道日（即"披剃日"）、农历九月十九日涅槃日（即"正位日"）都举办各项庆祝祭典活动。客家地区，"观音诞"又称"观音圣诞""观音宝诞""观音神诞"，梅州及台湾客家还称其作"观音生"。

梅州地区兴宁市、五华县、大埔县、平远县、蕉岭县、丰顺县以及梅县区的松口镇、松源镇、隆文镇、白渡镇、丙村镇、雁洋镇等乡村，观音庙、观音庵、观音宫、观音堂等建筑非常普遍，形成了大小不一的观音菩萨祭祀圈。客家人习惯上将观音菩萨称作"观音娘娘"，作为客家人婚姻、生育的主要保护神。每到"观音诞"这日，客家妇女便老老少少纷纷赶往观音庙，在观音菩萨神像前供奉水果、清茶、寿桃、寿面等，秉烛烧香，并燃烧寿金，庆祝观音娘娘千秋宝诞。同时，出现了祝圣、求签、求子、补运、酬神等一系列活动。不过，在佛门之地推动"观音诞"祝圣、求签、求子、补运、酬神等一系列活动的力量显然主要来自民间，完全是群众自发的行为，俗民们均是观音娘娘的虔诚信众。

观音崇信在岭南地区是很普遍的现象，但在专奉祖宗神灵的神圣空间的民宅宗祠内，同时专建观音坛或观音庙祀观，则是梅州民间信仰有别于其他地方的最大特点。如梅县区松口下店"世德堂"、李姓"大围屋"、谢屋"荣禄第"、丙村仁厚温公祠及梅城张家围"留余堂"等客家民居建筑内，其血缘性的祖宗神与其他非血缘性的观音菩萨被供奉在祖堂或祠堂，有的地方还为之建立一个比祖宗神堂更大的神堂。

（二）公王、伯公信仰

在粤东梅州，除了对祖宗的崇拜和祭祀外，当属"公王"崇拜最盛。客家"公王"是"伯公"，即"社公""土地公"的客家化神祇（"伯公""社公"与"公王"这三个概念似乎没有很清楚的界分）。"公王"与"伯公""社公"在民间也俗称"福主"或"福主公王"。"福主"即主一方福祉之意，有学者认为，"公王"是北方中原的土地神与粤东、闽西地区土著山神的结合体，因为公王既有保家安民的土地神职能，又有管理山间林木和狩猎资源的职能。"公王"原形，出处不一，有说是祖宗神，有说是土地神、山神、社区神等，也有说是地方官宦、朝廷重臣，他们或德高望重，或功勋显赫，或清正廉明，或为民除害而遭受奸臣陷害，因此深受子民百姓的缅怀而被尊为神。

"公王"是粤东客家地区跨宗族或跨村落最主要的俗神。"公王"常被冠以当地地名，以区别于其他地方的"公王"。如梅县区松口镇"梅溪公王"、"山口村公王"、松源镇"龙源公王"等。公王崇拜（或伯公崇拜）及祭拜仪式是梅州客家地区最普遍、最有影响力的民间信仰和祭祀活动。在梅州城乡村落中，只要有人群居住的地方，几乎都设有公王庙或公王坛，有些地方多达几个、十几个。逢年过节，俗民都要去这些地方祭拜和迎送"公王"，这种情况在其他地方并不普遍甚至少见。"公王"崇拜随着粤东客家人的向外迁徙，陆续在中国港澳台及马来西亚、印度尼西亚、泰国等地的华人中流传。

"三山国王"实际上也是客家地区最大的公王。除了"三山国王"外，比较著名的公王还有"梅溪公王""五显公王"等。

"三山国王"通常被认为是客家地区的"守护神"。其祖庙在揭西县河婆镇，相传，"三山国王"本为隋代姓连、乔、赵的三个人，因救圣驾有功而封王，镇守粤东的巾山、明山、独山。揭西县河婆镇修建有三山祖庙，又称"霖田祖庙"，庙中祀奉"三山国王"。对"三山国王"的祭奉，一般在农历正月，俗民到三山国王庙进香，祈求风调雨顺，人畜平安。同时，要抬"三山国王"神像出游，俗谓"迎神送煞"。随着"三山国王"信仰在不同时期、不同地域传播，其传说不断丰富和发展，并且"三山国王"寿诞和祀奉仪式各地不尽相同。如"三山国王"的寿诞，揭西是正月二十五，丰顺县正月十五，大埔县为五月初四、初五，梅县区为九月初十等。梅州不少地区都有扛"三山国王"出游的习俗。旧时丰顺县留隍许姓每年正月十五，敲锣打鼓到三山国王庙请老爷出游，但出游的不是"三山国王"的神像，而是他的"童身"。当晚七点半左右，出游队伍的最前面以"鸟铳"开道，紧跟着的是几个大灯笼，上面写着"三山国王"等字样，再后面就是坐在钉船上的童身老爷，最后是潮州大锣鼓，人们围在童身周围或紧随其后面。"三山国王"游到许家祠堂时，场面最热闹；旧时大埔枫朗每年五月初四要将"三山国王"请出庙，供奉在各姓祠堂里，让村民们拜祭。初五午时，抬出神像游村一周，然后抬上龙船，直至下游上岸送神驾回宫。

"梅溪公王"又称"梅溪圣王"，在文献记述和民间传说中均有不少关于"公王显灵降雨"和"打公王出巡""接公王"的传说。旧时如遇久旱无雨，人们便把"梅溪公王"抬出去，设坛作法，在"梅溪公王"面前烧香跪拜，祈求其显灵降雨。"梅溪公王"在梅州客家人心目中地位很高，以往奉祀"梅溪公王"是很普遍的现象，"梅溪公王"信仰可谓梅州客家人广为流传的信仰。每逢节日，众多善信都会到寺庙祈求"梅溪公王"庇佑风调雨顺、平安消灾、福禄寿喜、五谷丰登、六畜兴旺。据乾隆《嘉应州志》记载，梅县有两座供奉"梅溪公王"的梅溪宫，一座在丙村新塘角北，一座在松口下店村。光绪《嘉应州志》载："今松口松源江合大河处，东岸有金盘宫祀梅溪神。"金盘宫又称梅溪宫，于清乾隆十七年（1752）修建，但始建于何时则无考。宫的正殿柱联："汉时功业清时福，当日威仪此日神。"宫内神牌上安放刻有"敕封梅溪助国安济侯之神位"的神牌。在梅县区松口，供奉"梅溪公王"的还有王明宫、王济宫等。

"五显公王"又称"五显大帝""五圣大帝""五通大帝""五显华光大帝""灵官大帝"等。"五显公王"信仰始自唐代，发源于古婺源（今属江西上饶），因其灵验而遍布江南，陆续发展至广西、福建、广东等地。

"五显大帝"于元、明之时，被纳入道教神仙信仰之列，同时还得到官方承认和册封的正祠。据说，向该神求男生男、求女得女，经商者获利，读书者金榜题名，农耕者五谷丰登。梅州客家民间流传着许多有求必应的灵验故事。因此，"五显公王"的祠庙与祭祀在客家乡村地区比较常见。农历九月二十八日为"五显公王神诞日"，各地五显庙都要举行庙会。农历的四月十六日至五月初四日为"五显公王出巡日"。期间，村民为祈盼"公王"保一方平安而形成了迎送公王习俗，俗称"接公王"，又称"扛公王"。

"伯公"文化源于中原文化，客家人从中原迁徙而来，自然而然将"伯公"信仰从中原带到了现在的客家地区。

客家人把"伯公"又称作"社官""社公""福主"，口语表达时还往往加上诸如"老爷""老太"等词语，以表示家人对土地神的尊崇。"社官"之说，名称种种俱各有别，有三种说法。一是古时的"社官"（或称"社坛"）是"社稷之神"。"社"古指"土地神"。古代帝王、诸侯所祭的土神和谷神，合称为"土谷神"，又称"社稷"，或称"社神""社公""社官"。二是认为"社官"是民间社会之"官"。"社"为古代地区单位之一。《管子·乘马》载："方六里，名之曰社。""社"的头目（官员），俗称"社官"。社官是基层社会之领袖，相当于后来之村主任、保甲长。社官为该社之民众服务，排难解纷。"社官"有好有坏，当得好的"社官"，人尊为"社官老"，其死之后，当地群众为了纪念他，便设坛安位，春秋祭祀，亦表示尊老敬贤之意。这类"社官"各地皆有。原来都有真名实姓，因年代久远，早已失传，故皆以"社官"称之。三是"社官"是民间神话传说中的"社官"。据传：古时有两位道教徒，同拜一个师父，同时功成下山，去就任一处"社官"。临行前，二人约定，谁先到便由谁任职。行到半路上，大徒弟沉思："官"只一位，人有两个，怎么办？于是，他想了个计，做了个"法"，是"缩地法"，此法可伸可缩。小徒弟不知师兄用计，老实快行，但不管他行得如何快，总是赶不上师兄。心急了，便想走捷径——泅渡大河而过，企图超越师兄。不料，不识水性，被水淹死。结果师兄（有人称"沙禾子"）先赶到，赴任为"社官"，坐了正坛。那位师弟却成了"水鬼"，但他冤魂不散，直下丰都，向阎王告状，阎王怜其冤情，准其赴任。但正坛已被师兄坐定了，只好在靠近正坛侧边树下安个神位。因他是"水鬼"还魂，故此种"社官"多设在河边树下，没有坛位。俗语常说"社官无坛位""水鬼升社官"。后来人们怜其冤情，或因其曾是"水鬼"之神，望其庇佑小孩免于溺灾，所以也世代相传，将其膜拜。

105

　　客家人对土地的崇拜，从客家民系诞生的时代开始，就已从自然崇拜转化为对保护神的崇拜。梅州客家地区，认为作为土地神的"伯公"什么都管，虽然"伯公"在神祇社会地位最低，但为人守土，乐善好施，所以在客家传统社会中却是个极有权威的神灵。民间流传"入山先问伯公""伯公唔开口，老虎敢食狗""宰牛杀羊，问过公王"等民谚足以证明。所以，客家人在从事生产或其他活动之前总要先敬"伯公"。如每年农事之始，首次下田时要备果品、香烛、茶水，在路边、树旁或石壁等处祭奉"伯公"；播种时要在田头烧纸，禀告土地"伯公"；上山打猎、建造新屋，都要敬"伯公"；每当逢年过节，家家户户也要去"伯公"处烧香敬奉；每年农历六月初六日的"伯公生日"，要给"伯公"上香、敬茶。总之，客家人用"三牲"、果品敬祀"伯公"，为的是祈求风调雨顺、五谷丰登、六畜兴旺、合家平安。

　　梅州客家村落地区，"伯公"无处不在，神庙、神坛、神位随处可见，有些宫、庙奉祀有"伯公"偶像，有些仅有块石碑或木牌，或一张红纸，或一块石头。在房屋内有镇宅土地"龙神伯公""灶头伯公""床头伯公"，在室外田野则有"塘头伯公""田头伯公""水口伯公"，路口有"大树伯公""石头伯公"等；即使在祖

图4-26　梅州城区东较场背"社官"
（图片来源：罗迎新摄）

坟旁也还专门建造"后土伯公"神位。在城区，"伯公"仍可见，如梅州城区东较场背"社官"，它属"土谷神"。据光绪《嘉应州志》载："'社官'古称'社稷坛'，原在西门社甸甲更衣亭，元迁至大觉寺南，明迁至东厢（即现址），每年春秋仲月上戊日致祭。"

五、其他信仰

　　梅州乡村民间认为巫术、占卜、算命、看相、梦兆、风水、符咒等，虽无一个具体化的神作信仰对象，但与神灵崇拜密切相连，总认为冥冥之中有一种神力在护卫或作祟于人，故至今还有许多人崇信。

（一）巫术

巫术就是以巫婆、觋公、乩童、托神之名，施超乎常人之术。它跟佛教不同，只为生者消灾祈福，不为死者消灾超度。每逢有人生病、新居落成、修建祖祠或地方发生天灾人祸等不测，人们都习惯请巫觋师为之请神驱鬼、祛邪、镇煞，祈保平安。巫术有其久远的传统和广泛的基础，内容十分繁杂，民间的"问童""求子"等，均属较为典型的巫术行为。

（1）"问童"，即"讲童"，又称"落童"。童身自称能代表某一位神（仙）为人驱鬼除病、寻人、寻物。童身皆以吟唱形式答复问童者，口齿未必清楚，传说曾闹出"花粉、知母、葛三钱"的笑话。

（2）客家人把生儿育女、传宗接代作为"孝道"的一大标准。若无子嗣，他们会千方百计地求子传代。或到寺庙中求菩萨，或找算命先生"求花缘"，或"问童求子"，还有求医、求佛、求巫同时并举的。求子的形式主要有：

①问童求花。"问童"者以妇女居多，"童身"会为前来"问童求子"者指点迷津。"童身"谓不育妇女身上"不带花"，能生子谓"有白花"，能生女谓"有红花"。不育妇女若去"问童"，则叫"求花"或"接花"。待生子后，该妇女要备办三牲礼仪去拜谢其所奉祀神灵，并付给一定金钱。

②求神送子。有些妇女婚后久不生育，主要去求"吉祥菩萨"或"送子观音"。观音菩萨一般寺庙都有祀，可说是家喻户晓；而吉祥菩萨则多祀于其他菩萨座侧，其神像一般不大，状如小儿，下身有生殖器。求子妇女默默祷告，表明求子心愿，再按摩吉祥菩萨的生殖器。求子者在祷告时用念经的腔调低声吟唱："求子求孙求富贵，子嗣成才中状元；财丁富贵齐求到，子孙满堂万万年。"求子嗣者得子之后，务必遵诺还愿谢神。

③求花缘。婚后妇女久不生育，找算命先生算命。算命先生根据其生辰八字，结合菩萨下降的时间，拣定日子时辰，命其到某个地点，找一棵枝繁叶茂、结子多的树木进行"求花缘"，亦即请花木之神赐子或赐女。

（二）占卜

占卜，又叫卜卦。古人利用龟背、蓍草等，后人用铜钱、牙牌等工具推论吉凶祸福。占卜师以阴阳五行说为基础，以龟背、铜钱为工具，通过打卦、算卦、起课等程序，以此对人或事的吉凶祸福做出推论。占卜原则只能卜运气，不能卜命。事实上占卜毫无科学依据。

107

（三）算命

算命，是以人之出生年月日时，天干、地支组合成的四柱八字，按天干地支相冲、相克、相生、相扶等规定来推算人生之命运。俗语云："穷人好算命，丑女好照镜。"

（四）看相

看相、摸骨，是看人的面目、五官、手足、骨骼或手掌的纹络等，以推断命运好坏，俗称相命、算命。

（五）梦兆

凡在世之人睡觉时皆会做梦，有些人信梦兆，以为做了噩梦，不吉利的事就要发生，醒来诚惶诚恐，便用红纸写着："昨夜梦不详，今朝来题墙，来往君子看，当化大吉昌。"趁天亮前贴到凉亭里或村外厕所墙上等显眼处。梦兆作为一种民俗信仰，我们的祖先早在几千年以前就有了对梦的研究和解释，《周公解梦》就是其中专门的论著之一。

（六）符咒

符咒指符篆与咒语两项，各有其作用，其用途可分可合。符篆产生于人们对文字法力的信仰。符篆的作用主要是镇邪、驱鬼、禳灾、治病。

从上述民俗行为可以看到，梅州客家人对崇拜信仰并无严格的区分，人们从实用功利出发，只要能为我所用，对我有利就行。有人说，做一场法事，往往是佛教的经文，道教的班子，巫教的做法，可谓典型的"三教合流"现象，充满了浓厚的功利色彩。

第六节　丧葬礼仪习俗

一、丧俗沿袭古制

旧时丧葬礼仪，俗民沿袭古制，源于《礼记》。人死皆以木棺盛殓，择地而葬，谓"人死归土"。丧礼过程庄重、悲戚、肃穆，礼俗烦琐，忌讳很多，服丧期长，耗费颇多，百弊丛生。近30多年来，火葬的推广，丧事简办渐成风气，旧俗日少。梅州客家丧葬旧俗，在此做扼要阐述。

（一）老死

无论老人寿终正寝还是病殁，子女等晚辈要守候床前等其过世。未断气之前，不能放声大哭。父母死，子女即使出门在外，也得想尽办法赶在"大殓"之前回家见上最后一面。

当老人出现弥留状态时，即移卧厅堂，也有断气后才移尸厅堂的（主要是女性），男左女右，头外脚内摆放，断气后则相反摆放，即头朝里脚朝外。死后，家属在死者身边置一陶钵，不时烧些纸钱给死者。为长子者，头戴雨笠或将帽子反戴，手执火把，袒臂到溪边或井边焚香烧纸，丢数枚铜钱于溪中、井里，然后背手以一陶瓶顺溪流方向，舀一瓶净水，俗称"买水"。用一块新布醮上舀回的清水，擦拭死者的头、面、身、双手、双腿，象征性地擦七下，谓给死者"沐浴"。然后换寿衣，为死者穿衣的人口里念颂："你要衫，我要生；你要裤，我要富；你要袜，我要发。"儿孙要在死者贴身的衣袋内放些钱币，给亡人"黄泉路上"作买路钱。打扮完了，在死者胸前要放置一个饭团，给亡灵"过狗岗"时喂狗。死者左手握桃条（桃树枝），右手执白纸扇，手旁放纸、笔、墨、砚文房四宝（女性则放手帕、线、顶针等女日用品）。迷信者认为桃条可用来在阴间路上驱赶厉鬼和恶犬。拿一张小竹椅置于死者脚下，再用2米长竹竿斜靠在墙上。这些事做完了，掷盛水的陶坛于地，砰声碎裂，亲属始为之哭泣，谓之"开孝门"。拣日入殓成服、还山要请仵作（俗称"土工"）料理收棺入殓、挖窿安葬等事宜。

（二）治丧与报丧

亲人死后，孝子们要跪请族中有身份、有治丧经验的人去料理丧事。孝家把钱交足给理事人，由他们去操办。乡俗"爷死听屋家，娭死听外家"，即父死由族内主权治丧，母死则要听从母亲娘家的意见治丧。随后治丧理事人雇请地理先生，根据死者年龄（俗谓"仙命"）开出"日课"，公开贴于"孝堂"，俗称"用祀"时辰。雇请家礼先生，具体负责整套治丧礼仪，家礼先生一般都由本族本姓人担任。家礼先生根据地理先生择定的"用祀"时辰，用书面形式写成"讣闻"，告知死者的亲戚朋友。报丧有两种方式：一是口头报告；二是写讣告（俗称"出讣言"），写明死者的姓名、出生及死亡的年、月、日，享年多少，入殓及出殡（还山）时间，俗民给亲友送讣告叫"报生"。送讣帖的人，不管天晴下雨，都要带一把伞，到亲戚家门口不入屋，将伞倒倚门外，这样做是因为迷信者认为死者

阴魂在伞内。受帖人要给报丧人一碗开水喝，不留吃，不留住，但要给送讣帖的人红包及一些大米。受帖人若不在家，则将讣帖放置于其大门门槛外。

（三）设孝堂

打开正堂大门，贴丧联。丧联用纸颜色有别，男青女黄，青色代表青天，男为天；黄色代表地，女为地。大门板上用同颜色的纸书写"严制"或"慈制"，是谓父或母亡。死者头顶点燃一盏"照头灯"，给死者在阴间照路；厅前放方桌一张，桌上放置一只熟鸡，叫"倒头鸡"，还须用二盘六条"明灯板"，也有人称"人丁板"。厅前要挂大幅白布帐帏摆香案，放灵位牌（或死者遗像）。大门前挂一面铜锣，凡是亲朋好友前来吊唁，司锣工分别以男单女双响锣，孝子孝女聚在灵前哭丧，待吊唁者焚香致礼后，才将孝子孝女牵起扶出灵堂，哭泣才停止。未入殓成服者曰"探生"，亲朋吊唁不用拜，只需在灵前就位，举哀哀止，两揖而已。既成服者，吊唁者举哀哀止，上香鞠躬拜四拜。

（四）成服告天地

成服，指给死者亲属正式穿上孝服的仪式。孝服分两种：一般人穿白衣，腰系一条白带；孝子孝孙穿麻衣、戴麻帽，腰系草（麻）绳，旧时还要穿稻秆做的草鞋。若百岁寿星逝世应贴红对联当作喜事来办，其子孙不必哭丧，也不必披麻戴孝。成服时辰到，击鼓鸣锣，主人祭告说："今天成服，敢告麻衣。"然后拿起一杯酒和茶往麻衣洒去即礼成。行告天地仪式后由主服者赐服时，用一把无秤砣的秤杆，钩起一件衣服，秤尾翘起来，赐一件唱一句。主服人唱："秤尾翘上天，子孙万万千。"赐冠唱："皇天赐你冠，你官上又加官。"赐带云："皇天赐你带，俾（给）你带子又带孙。"赐杖礼，由年长而德高者赐杖，男请本族，女请外家。孝杖长二尺七寸与心齐，取孝从心起之意。父死用竹杖，取其节在外之意；母死用桐木杖，取其节在内之含义。孝杖削成上圆下方，取天圆地方之象。赐杖者双手捧杖对天地拜四拜，交与孝男前作两揖，说好话："竹（桐）杖上圆下四方，天经地义孝思长，从今执此行丧礼，子报亲恩大吉昌。"也有俗民如是说："皇天赐你杖，俾你高楼千万丈。"念毕交杖。

（五）入殓出谥

移尸入棺叫作"小殓"，盖棺钉封称"大殓"。盖棺前在堂下设席，男请族长上坐，女请外家上坐，让他们鉴定死者是否"正常死亡"，以免日后官讼。大验盖棺，仵作会要求所有亲戚回避，孝子孝孙要远离棺材面壁而立，不可观看。尤其地理先生交代凡与"仙命"生肖相冲的人，应离开孝堂，否则有"犯煞"的可能。所有人应在仵作盖棺之后，钉子孙钉之时方可回归跪于尸棺周围，等待仵作说好话，"撒粮米"。古时有心人静观殓仪，发现无良仵作，利用俗民畏"煞"不敢正视，而乘机偷窃死者随葬的贵重物品。为防范有人"犯煞"，仵作会在棺木底部，用镰刀削些边角木屑，一旦有人被"煞"打，即用木屑煎水服用可愈。

入殓后家奠大祭，行孝家三献礼。这时要将纸制灵屋放于灵桌上，将死者的神主牌移于灵屋前（此前灵屋须放孝堂外或天井下，不能与死者相望，谓"灵（屋）不见尸"），左右放金童、玉女各一个。晚间，请梓叔或请外家依死者生前事迹给死者赠名，谓"封谥""出谥"。所谓"封谥"，就是给死者"封棺定论"，褒封一个神名。谥有"官谥"与"私谥"之分。乡俗私谥叫出"谥法"，男死由族中有威望的人（女死由外家代表）当众提出。其仪式是在上堂前摆放一桌酒点，先款待赐"谥法"的宗亲（外戚），席间孝子将放有白贴、笔墨等的托盘顶在头上，跪请出"谥法"者题写。大凡"谥号"，通常男可以从 42 字中选用，组合成两字或四字谥号"文、刚、毅、忠、敏、烈、介、明、端、直、静、温、淳、厚、诚、武、勇、孝、恭、慎、庄、勤、俭、善、惠、良、谨、朴、仁、笃、侃、创、雅、博、敦、义、友、廉、颖、睦、裕、正"；女可从 12 字中选用，组合成两字"谥号"："宜、节、顺、慈、婉、贞、淑、操、柔、孝、娴、懿"。"出谥"，是对死者生平事业、性格、为人的高度概括。"谥法"拟定后要写上铭旌，以后还要嵌上碑文。男性"谥号"及生前名字（叫讳号）同时写进"神主"牌上；女性"谥号"及其姓氏写进"神主"牌上。神主牌皆由和尚或礼生制作，"谥法"正文和神主牌的正文字数要合小黄道的"生、老"，然后把牌摆在死者灵前，以待"点主"。点主仪式：由孝子用红布条背起"神主"牌，跪在厅堂中间，面向正门，"神主"牌则面向内厅，"点主"人一边执笔点主，一边用官话（即今普通话）高唱："天地开张，日吉辰良，点王为主，世代永昌。""点主"后标志死者从人变成了神。

家奠。家奠是死者第一次受祭，行三跪九叩礼。死者之长子（长子不在，由长孙即承重孙顶替）必为主祭，其余子孙均应参祭。子孙参祭完毕后，可退跪一旁，让旁系血亲参祭。大殓后，亲戚朋友要送挽额、挽轴、挽联及牲礼祭品前往祭吊。大殓时，丧家须请礼生为死者题"铭旌"。"铭

旌"内容包括年、月、日、姓氏、职衔、谥号、字、号。铭旌总字数既要合小黄道"生老病苦"的"生"或"老",又要合大黄道"道远几时通达,路遥何日还乡"中带"辶"部首的字,方为迪吉。

(六)做佛事

做佛事,俗称"做斋"。成服之后,请和尚或斋姑超度亡灵(有的有钱人还在世时就先做斋,叫"做生斋")。做佛事,也有和尚、斋姑一起做的。佛曲的内容是劝人从善,勿作恶,要孝顺,勿忤逆。一般人家做"半夜光",也有较宽裕的人家做"一日一夜"。旧时,梅县松口曾有人做过"七日七夜"的佛事。做佛事时,和尚或斋姑要先当朝"起坛"。做"半夜光"是在当天下午选吉时起坛至凌晨4时左右,"一日一夜"则要在当天早上起坛至第二天凌晨4时左右,起坛后才吃早餐。起坛是把神佛请到孝堂后才开始做佛事超度亡魂。如果不是在家中过世的人,起坛前要先在三岔路口招魂入屋,半夜光的佛事,包括:起坛、下关、奠饭、三辰苦、二简忏、开光、过十王大勘、打关灯(女人则打莲池、拜血盆)、拜弥陀、拜洪福、忏井、送神。"一日一夜"的佛事,除上述的活动,还有席狮舞、佛子过桥、七星忏、鲤鱼穿花等。

(七)送葬还山

出殡安葬,俗称"还山"。村俗中要先请"八仙",即抬棺柩的人。同时,孝子身披重孝,背着十六双草鞋,随主理人到被请的"八仙"对象家门口跪请,同时给每人奉上草鞋两双,被请者除非有十分特殊情况,否则不得拒绝。当"八仙"者一般都是青壮年男性。出殡时,孝子孝孙以及直系亲属跪灵柩前。送葬途中,送葬队伍大铜锣开道,鸣锣的锣点有严格规定,普通庶民敲"七步锣",即先敲一响,稍做停顿后连敲七响,其内涵是"官民人等企(站)开开"。如果是五品以上官员逝世,则响"九步锣",敲一下稍停,然后连敲九响,其内涵是"一切官民人等企开开"。在封建等级社会,神是至高无上的,其次是"鬼",即死人。因此,送殡队伍,比所有出巡官员的仪仗队都大,无论官职大小,偶然遇之,都须回避。送葬期间,击鼓鸣锣开路,燃放爆竹,撒纸钱。长女婿擎铭旌为前导,魂幡随后,高灯、联轴续之。"八仙"抬棺柩稍后,接着是孝子持孝杖、捧神主牌,其余孝子、孝孙及直系亲属皆哭泣相随,最后是亲戚朋友。如有路祭者,祭毕,孝子、孝孙在路旁跪谢,是为"哀谢"。到了墓地,棺柩入窿后,孝家再用牲礼祭奠称为"逻坟"。祭毕用一堆黄土虚掩窿门，百日之内筑坟纪念。送葬子孙在回家的路边采折些四季常青的树枝，到家时丢到屋瓦上，示意"死去生回"。孝家在门口预先备两桶"红粬水"和面盆、梳子，让参加葬礼的人回来时用曲水洗面、梳子梳头，意思是洗掉邪气、梳去烦恼，从此红红赤赤、"春春车车"。葬礼毕，孝家要设宴"谢客"，答谢参加葬礼之亲戚、"抬轿之仙"及为丧事服务之人员，给他们每人派发"利是"。早饭后，僧尼到灵屋前，对着"金童玉女"诵一段经文，大意是嘱其好好服侍主人，一路西去。诵经将毕，在"金童玉女"耳朵上用香火燃个小洞，要其牢记所嘱。至此丧礼全部结束。

（八）"走七"和"应七"

还山后，将神主牌捧入"灵屋"内，称"入灵"，放置在厅堂中，设香案（男左女右），一日三餐奉饭食，烧香纸，早晚鸣锣三通，孝子、孝孙齐集灵屋前痛哭，称为"做孝"。"做孝"，每七天（男性六天）为一个"七"，须以牲仪祭奠，称为"做七"或"筛七"（筛即筛酒祭奠的意思）。满七个"七"时，方可将"灵屋"焚烧，此谓"化灵"也称"除灵"。在梅州客俗中，还有"走七"和"应七"之俗。旧时，死者的第一个"七"，如果恰逢农历的初七日、十七日、二十七日，就是"撞头七"。逢此，丧家及共屋邻居都要外出回避或请符制化。如果做七个"七"都不能逢七的话，俗民认为不吉利，则必定要选其中一个"七"接近农历"七"的日子，提前或推后使其相逢。此俗叫"应七"。再后，还有"做百日"和"做周年""做三年"。民谚有云："周年前，百日够，三年随来凑。"俗民如是解释："做周年"可提前一两日甚至数日；"做百日"则一定要做足百日；"做三年"可随意些。

二、超度"席狮舞"

"席狮舞"也称"打席狮"。"席狮舞"的原生形态是由梅州"香花"佛教僧尼创造的。梅州乡村民间，在给逝者做超度亡灵的"香花佛事"中，由"香花"佛教僧尼表演。舞"席狮舞"时，用锣、鼓、钹、客家大锣鼓等乐器伴奏，由一个和尚就地卷起草席扮作狮子，另一个和尚拿"青"（多用长命草作"青"）持扇伴舞，模仿狮的行走跳跃形态，在似狮非狮中求其神似，表演程式有出狮、引狮、舞狮、种青、偷青、藏青、抢青、逗狮、入狮等环节，形同"南狮"表演，整个表演需 20 分钟左右。虽然"席狮舞"的道具和伴奏都很简朴，但有一种特有的质朴、亲和美，显现出诙谐风趣的表演风格和鲜明独特的客家特色，颇有"鼓盆而歌，长

歌当哭"的意境,并有祝愿和保佑在世之人安康祥和之意。

"席狮舞"习俗的形成、流传与梅州客家人生产、生活的特殊人文地理环境有关,古时生活水平极低,不少家庭因没钱买不起棺木只能以草席包裹逝者。在客家人的丧葬习俗中,给逝者超度亡灵是必不可少的重要环节。所以,在给逝者做超度亡灵的"香花佛事"中,一些家庭因没钱请不起舞狮队,便以草席代替。因"席狮舞"能展示诙谐风趣的表演风格和鲜明独特的客家特色,因此成了深受人们欢迎的消闲项目。同时,狮子是汉民族的辟邪兽,梅州客家人是中原汉民族的后裔,深信狮子能驱邪,能给人们带来吉祥安康,因此特别喜欢狮子和舞狮表演。

"席狮舞"是佛教传入梅州后结合客家习俗形成的传统民间舞蹈,有近1 000年历史,可以考证的也有100多年。据梅城城郊碧峰寺僧人("席狮舞"二代传承人)释彰龙法师回忆,从清末至20世纪50年代期间,"席狮舞"在梅州民众做"香花佛事"中发展兴旺,十分盛行。目前,由于"席狮舞"赖以生存、发展的社会基础发生了变革,部分传统民俗日益淡化,特别是殡葬制度的改革,丧事从简,加上舞者(即僧尼)采用嫡传师傅带徒弟的方式,口传心授,习艺周期长,难度较大,所以"席狮舞"在乡间民俗中的展示平台日益缩小。2008年"席狮舞"被列入国家级非物质文化遗产名录。为传承和保护"席狮舞",梅江区制订了"席狮舞"保护计划,采取了普查、理论研究等静态保护方法,同时采取动态保护方法,力争让拥有千年历史的"席狮舞"重新焕发光彩。

三、葬俗"二次葬"

"二次葬"是一种非常古老的葬俗,其历史由来已久。据考古发现,早在5 000年前新石器时代的仰韶文化时期就有了"二次葬"的坟茔。但是,在汉民族礼制思想的统治下,挖祖坟、拾骸骨,一而再再而三的丧葬习俗显然与其所宣扬的孝道是格格不入的。因此,殷周以后,在中原地区"二次葬"即已绝迹。

旧时梅州客家地区"二次葬"现象十分普遍,是客家人特有的丧葬习俗。"二次葬"又叫"二次捡骨葬"或"二次洗骨葬",就是人死后,先用木棺埋葬,但不建坟,不立碑,葬后少则三年,多则八年、十年,请"风水师"选择风水宝地,挑选黄道吉日,再重新迁葬建坟立碑。"二次葬"的程序大体如下:先请风水先生选择新墓地,选择开棺、捡骨、安葬(又称"开光")时间。开棺捡骨前,要在旧坟前焚香祭奠。祭奠之后,张开大伞,在伞下开棺、捡骨。捡出来的骸骨,用炭火烘干其潮气,再用白酒或茶油洗净骸骨，然后按人体结构，头在上，脚在下，以屈体坐姿，装入特制的陶罐（又称"金盎"）里，盖上盖，并在盖上贴着写有世系、姓名、时间的封条，陈放在一处，等待开光。在开棺、捡骨的同时，着手建坟墓。墓碑刻写上墓主世系、姓名、立碑人及立碑时间。按老规矩，立碑人只写男性不写女性。坟墓建好后，就按风水先生选定的日子进行"开光"。所谓"开光"，就是把装入骸骨的陶罐（又称"金盎"）放入墓穴，然后加盖封土。此时，烧香放炮，亲朋好友也前来敬香。中午宴请风水先生、建坟师、亲朋好友。此次重葬为永久性的，以后每年清明、七月半等时节就要按时去墓地铲草、上坟、祭拜。

客家人把"二次葬"当成喜事操办，红红火火，热热闹闹。这样，离世的亲人就会像佛像、神像经过开光后具有灵力一样，庇佑后人人财两旺，家庭幸福，事业有成。"二次葬"习俗的形成与当时的社会历史背景有关。具体为：

第一，它与客家人的长期迁徙历程有关。客家人本为中原居民，后因战乱、灾荒，被迫南迁。中原传统文化要求人们"视死如生"，以及"丢什么都不能丢祖先"。所以，在客家先民第一次背井离乡的时候，清晰地认识到此去不知何日是归期，可能永远都无法回到故地，他们不愿让自己祖先、亲人的骸骨遗落异乡。为了能与祖先永远在一起，也为了便于日后的祭祀，更是为了让祖先在迁移的过程中能给他们生存的鼓励与力量，给他们精神上的支撑，他们冒着中原传统文化中安葬祖先骨殖的坟茔不可挖，挖之上对不起祖宗，下对不起子孙，且要遭受灾难，甚至是灭顶之灾的天下之大不韪，不惜掘开祖先坟墓，由家族中的长子或其他男子掘开祖先的坟墓，拾起残留的骸骨，装在准备随身携带的陶罐里，担挑肩背随身而行，待到达新居地后再择地安葬骸骨，进行隆重的"二次葬"，以便日后祭拜祖先、亲人。

第二，与客家人的生存环境有关。梅州客家人地处山地丘陵地带，山地多，平地少，可耕种之地更少，人多地贫的人地矛盾突出。面对恶劣的生存环境，客家人与当地畲族、瑶族等土著人以及客家人内部不同宗族之间，产生对土地、水源、山林等生存资源的争夺，有时还愈演愈烈。客家人在处理资源开发的方式上，遵循中原祖先祖训的教导，并不一味地采用武力，认为风水也是一种有力而且相对文明的争夺方式，可以达到谋求生存与发展空间的目的。在当时风水风气盛行的时代，风水文化已经深深渗透并影响到客家人生活的方方面面。当家中出现不吉利的事情时，总是要请风水先生来看看，其中祖坟也就理所当然地成为重要的考察对象。风水

先生也总能从中挑出某个或某些祖坟存在的风水问题，然后建议主人对祖坟里的祖先进行再次安葬。由此可看出，风水使得崇尚丧葬礼仪的客家人的"二次葬"观念，无论是在选址还是在择时乃至在方式上都得到了极致的发挥，让"二次葬"习俗得以长久不衰。

客家人"二次葬"的葬礼形式，一方面是告慰先灵，让先辈的血脉通过子孙辈的繁衍得以传承；另一方面，也是借机加强宗族的凝聚力，彰显尊宗敬祖的传统美德。总之，"二次葬"从其形成、发展等方面表明了客家人对祖先的无上崇敬以及对中原故土的深深眷恋，这种崇敬和眷恋其实就是"慎终追远"的具体体现。当然，"二次葬"会导致砍伐森林，造成水土流失，破坏生态环境。现在，这种"二次葬"习俗除了能够帮助人们了解、研究客家人的历史、风俗外，已经没有任何积极的社会意义。

四、墓碑称谓"某某孺人"

梅州客家地区的葬礼习俗除了有不同于外地的"二次葬"外，还有两个方面，其中一个就是妇女丧后墓碑上的称谓。

客家人对已故的祖母、母亲，在墓碑上称呼为"某某孺人"，而在封建社会中，只有对当朝七品及以上官吏的母亲和诰命夫人，才能称"孺人"。客家妇女丧后均通称为"孺人"，而且可以穿戴诰命夫人的服饰殡葬，则是外地所罕见的。据民间传说，南宋末年，宋帝赵昺一行被元兵追赶南下，到现梅县区松口镇的燕赖村渡口时被梅江所阻，正当危急之际，文相国发现山上走来一大队口唱山歌、肩挑柴草的妇女。文相国大喜道"圣上，救星来了！"立即驱马迎上前去，用客家话向樵妇们说明原委，请求援救。樵妇们见义勇为撩下柴草堵住路口，手执两头尖尖的挑柴"担杆"和柴刀，分头把住渡口山隘，并组织船只护送宋帝赵昺一行渡江。元兵追至，发现前面路口被堵，沿河、山口都有人把守，不明虚实，疑有伏兵，便不战而退。此后，宋帝赵昺为报答这支"救驾"有功的樵妇义军，赠予金银珠宝，樵妇们不受。宋帝赵昺感于樵妇的忠义，诏命封赠全体樵妇以"孺人"称呼。此后，客家妇女丧后，墓碑上均尊称为"孺人"。

五、坟墓建筑"穹隆式"

梅州客家地区有别于外地的葬礼习俗还包括坟墓建筑形式。客家人迷信地理风水，对坟墓的建筑十分讲究，大多秉承古制，墓地的选择也郑重其事，选择依山（或依坡地）而建，墓穴大都采取"穹隆式"，较少用"仰天葬"。"穹隆式"坟墓构筑跟人们居住的围龙屋布局结构相似，整体布局采用后高前低，左右像靠椅扶手；前后合围，墓前还要修造半月形的旱池，叫"墓坟塘"。也有采用"墓亭式"墓穴的，坟墓建在亭内或亭后，亭建在路边的可以供路人避风雨，当然，墓主家修亭多有纪念、炫耀之意。

六、祠祭和墓祭

（一）祠祭

祠祭是指在氏族宗祠或分祠奉祀本族列祖列宗的牌位。祠堂是客家人聚族而居、守望相助、祭拜祖先的重要活动场所，又是思亲溯源观念的主要物质载体。祠祭的时间各地有所不同，一般是在逢年过节、元宵月半。其中，最为隆重热烈的祠祭是祠堂"升龙转火"。

按照客家人的习俗，一个宗祠凡六十年"转火"一次，新建（修）的祖祠在安放祖宗牌位前，都必须举行"升龙转火"的隆重祭典仪式。"升龙"，即把龙从宗族的"龙脉"经围龙屋的龙厅，请入祖公厅神龛下安顿，又叫"安龙"；"转火"，指宗族繁衍若干年后，觉得龙势不旺，就要将祠堂重新修缮，进行"转火"，为家族转势。通常祠堂修缮完工后会举行盛大的祭奠仪式：一来重新安放了祖宗牌位，二来也举行盛大的仪式。目前，"升龙转火"民俗活动被列入梅州客家传统非遗项目名录。

在客家地区，姓氏祠堂随处可见，但三姓合一的祖祠却非常罕见。在梅城百岁山后山八里外的金丰村，就有一座三姓合一祖祠。300多年前，张、黄两姓祖先为躲避战乱，从中原迁徙至福建石壁，沿汀江来到梅县槐岗（黄姓）和官岃下（张姓）开基繁衍。张、黄两姓旧时曾是舞龙舞狮好手，常因一些小事相互打斗并结下怨仇，后来被彼此高超的武艺和坦荡的性格所感染，终于握手言和，成了好兄弟。一日，六世祖张朝政公、十世祖黄俞公相商共建祖祠，经堪舆师勘查后，双方在金丰村建起了两姓祖祠，并与当地余姓合用该祠堂。此后三百年间，张、黄、余三姓安居乐业，后裔繁衍至今。经过三百多年的风吹日晒，久未维修，祖祠破烂不堪。2017年12月，张、黄、余三姓后裔在原址上兴建了新祠堂。12月23日（农历十一月初六），遍布海内外的三姓裔孙欢聚一堂，隆重举行了"升龙转火"庆典仪式。"升龙转火"仪式有请龙神、祖牌升座和祭祀祖先三部分。之所以请龙神，是因为每座客家围龙屋都会供奉木、火、土、金、水"五方龙神"，维修或重建会惊动到祖屋内供奉的龙神，因此在维修或重建完成之后，都必须要重新请回龙神供奉。初五当晚十点，经三天

的斋戒沐浴后，请龙神队伍集结在祖祠后山龙脉"挖子顶"上，三姓裔孙们在"挖子顶"山坡上摆上三牲茶酒，面向苍天，上香恭拜，举行敬天仪式。拜祭完后，辈分最高的男丁从祭坛上拔出一支最粗的燃香，擎着下山，一对雌雄龙神在喧天的锣鼓声中紧随其后，全体人员围簇下山。山下接龙的队伍开始敲锣打鼓，舞动瑞狮，他们认为声音越大，越是热闹，越会引起龙神的注意。龙神停放在围龙屋化胎的上面，一左一右侧对着祖祠上厅后小门（五方龙神位），此时完成了由"龙脉"到"人脉"的接转。凌晨一点，祭祖活动正式开始。祭祖仪式首先由司仪颂念祭祀文，完毕后，张、黄、余三姓裔孙恭恭敬敬地为"祖牌升座"。此后，簇拥在三姓祖祠里面的裔孙们向祖先上香朝拜。

（二）墓祭

又称"祭墓"或"挂纸"，是指某姓某房到其祖先的坟上举行祭祀的活动。一般春秋二祭，春祭在清明，秋祭在八月。客家俗人对墓祭时限有句俗谚："新地（坟）不过社，老地祭到年下。"就是说新筑的坟墓，墓祭上半年不超过春社社日，下半年不超过秋社社日；满年以上的老地（坟），可以一直祭到农历十二月晦日之前。祭祀时摆上供品，先在"后土"神位点烛、焚香、敬茶，请"土地神"到本家祖先的"家"里一同享受祭祀，然后才在祖坟上点烛、焚香、跪拜、祷告、敬茶、敬酒。

第七节　衣着出行习俗

一、服饰"大襟衫""交头裤"

一个民族服饰习俗的形成和变化，受社会经济、自然环境、历史变迁、宗教信仰等因素的影响。梅州客家人来自中原，其服饰沿袭中原汉人的唐装，既保留着中原汉族衣饰的传统风格，又不自觉地受到当地畲族、瑶族等土著服饰风格的影响，最后形成了别具一格的传统服饰风格——"大襟衫"与"交头裤"。

"大襟衫"在客家历史中，是典型的文化符号和图腾象征，又称"长衫""士林衫"。客家成年人的服装基本上以蓝、靛青和黑色为主色调，故也有人称之为"客家蓝衫"。

"大襟衫"指的是衣服开襟的方式，早期传统客家服饰的开襟形式主要有"大襟""琵琶襟""对襟"三种。所谓"大襟"是衣襟弯曲向右开口一直延伸至右腋下，然后顺着肋边与小襟重叠扣合，是早年汉族妇女服装的主要开襟形式。女子穿"大襟衫"衣襟宽大绕腰身，便于哺乳时盖住婴儿，母亲的胸襟像温柔的被窝。"对襟"就像古建筑的大门两片对开的形式，通常为男性的外衣或大褂的开襟样式。男子穿"对襟衫"半打开时，像打开的大门一样，堂堂正正。"琵琶襟"大多用于背心类的服装或者冬装，男、女、老、幼均有使用。和"大襟衫"相配套的大裆裤又叫"斗头裤"（或叫"交头裤"）。长期以来，客家男子大都着对襟衫、袍褂和大裆裤，女子都着大襟衫、大裆裤，这已经成为客家人的常服。

　　客家人向来注重仪表，爱面子，正式场合更加注意穿戴，有"锅里无米煮，出门衣官样"之说。在逢年过节走亲访友之时，大家都穿上整齐清洁的衣衫，以免被人瞧不起。《程乡县志》卷一《风俗》记载："齐民无事不衣冠。"客家地区一般有圩日，如同北方的赶集日，每到圩日，旧时所看到的都是清一色的服饰即"大襟衫"与"交头裤"。客家妇女以勤劳、俭朴、吃苦耐劳著称于世，不崇尚时髦，朴实无华，对衣服十分爱惜，平日穿打补丁的衣服，新衣服除过年或走亲戚偶尔穿一两回外，总舍不得穿。"在家唔怕旧，出屋唔怕新"，这些俗语很能说明客家人的穿戴观念。

　　客家人做衫裤的布大部分是用自己纺织的棉纱、苎麻，俗称"家机布"。这种颜色"家机布"耐脏耐洗又不张扬，是客家人长年劳作、出入山野田园的最好选择，也是客家人外柔内刚，勤劳节俭性格特征的外在表现。保留中原汉人的"唐装"服饰风格，也体现了客家人时时不忘历史，同时也对祖辈们缅怀和敬仰的心理。

　　中华人民共和国成立后，梅州客家妇女的服装有了很大变化，传统的服饰偶见于山区农村，而大多数青年穿戴都时尚新潮，甚至在外出劳动时也穿着鲜艳漂亮的衣服，这也是其他农村比较少见的。

二、客家妇女"裹额凉帽"

　　在梅州客家地区可以看到，客家妇女都戴着一种独特而别致的斗笠，它是用薄薄的篾片或麦秆编织的。这种斗笠的顶部缝有布，有的还绣着梅花等纹饰，边沿周围垂挂约五寸长的折叠均匀的布，有黑色、红色、白色的，还有花色的……白色花穗代表未婚少女，红色花穗代表已婚少妇，黑色花穗代表中老年妇女。有的年轻未婚姑娘们还在垂布的两端编织了两条五颜六色的彩带，人们一看就知道这姑娘是没有婆家的。由于这种斗笠还特别能遮阳光，垂布随着身体的摆动飘舞摇摆，招来悠悠微风，凉爽宜

人。所以，客家人都习惯称它为"凉帽"。现在，粤东、惠阳西一带上了年纪的妇女仍喜欢戴四周垂挂折叠着轻飘黑纱的"凉帽"。

据当地老人世代相传的说法，客家妇女的"凉帽"已有 1 000 多年的历史了。相传，西晋末年"五胡乱华"，中原汉人不堪蹂躏，纷纷南迁，他们来到南方的江西、福建以至广东一带荒无人烟的山区，改变了在北方时男耕女织、女子很少抛头露面的习俗，女子和男子一样，为了生存，为了与恶劣的环境做斗争，开荒种地。但是，那种认为妇女抛头露面伤风败俗的陈腐意识，促使人们在斗笠上做文章，想出了在男人们戴的斗笠上罩上一块黑布，成为女子专用斗笠，以遮住面孔的办法。后来，大家感到不太方便，便把罩着的布揭下，改成缝在斗笠边沿四周垂挂，再到后来，就干脆剪去面前垂挂的部分，留下左右和背面的部分。这就是客家妇女"凉帽"的来历。

同时，民间还流传着客家妇女裹额的传说。相传，很久以前，在客家地区有一对年轻的夫妻正在田间劳动，一个得了半仙法力的罗隐秀才经过田间，故意探问道："喂，你们看见一个棕包人由此经过吗？"那年轻的妻子反应灵敏，不加思索即答道："棕包人没看见，只见了一个穿蓑衣的。"罗隐见她聪明伶俐，对答如流，有意再刁难，又继续问道："上丘水嘈，下丘水嘈嘈，问你一日莳了多少头禾？"这年轻女子一听，便知这完全是有意刁难她的，也急中生智，反问罗隐："你骑的马，马耳捷捷，马尾法法，行了一日，问你有多少足迹？"这一问，把罗隐问得哑口无言，准备上马溜走。女子追问他还敢不敢再来，罗隐被她一激，倒激出了一道难题，说道："如果要我继续再来，你得用禾秆烧灰，磨成绳子来牵我的马。"聪明伶俐的女子沉思片刻，胸有成竹地答应下来。第二天，她就把禾秆扭成绳索，放在路旁，用火燃烧，随即将烧好的秆绳灰索叫罗隐去拿，罗隐见状，惊叹万分，深信这年轻女子智力超人，非比寻常。然而，存心不善的罗隐假意以赠礼为名，从他的长袍上撕下一角绫罗，唆使其忠厚老实的丈夫，嘱他包在其妻额头上，美其名曰奖赏他智力过人的妻子，实则是想用来束缚这女子的智力发展。但是这位女子裹着包额以后，并未感到智力衰退，反而觉得好处不少，既能防尘、防晒，又可防寒保暖。村民见之，竞相仿效，在此过程中包头布也不断被美化装饰，主体多为黑色，前额部分加一寸白边修饰，有的还绣上花边或在布角两头嵌入铜钱，极为好看。

三、客家妇女盘发插银簪

梅州客家乡村地区，凡是上了年纪梳盆头髻的妇女，在脑后盘结的发髻上，至今仍保留着插一支银簪的习俗。这样的银簪一般都是由白银制成，长约10厘米，中间较窄，两头稍大，末端尖利，雕有花纹，精巧玲珑，其形状类似现在的"耳挖子"。以往，客家人尤其是客家妇女经常遭受流寇、土匪或地方邪恶势力（包括流氓、地痞、无赖汉等）的欺凌，为了防身自卫，便开始随身携带一些短小锋利的铁器，以便在突然遭到袭击又无法脱身时给对方以致命的一击。这种簪子在过去很长一段时间内，是用铁或钢制成，其实对客家妇女来说，这是一种防身自卫的武器。后来才演变为用白银制作，成为现在客家妇女插在脑后盘头上的"银簪"。

四、日常出行穿戴用品

梅州客家人出行办事、做客十分讲究穿戴整齐，探亲访友要穿上最漂亮、最时尚的衣服。

旧时，一般男人出行戴竹笠，教书先生、商人擎油纸伞，富庶家女眷则擎乌布伞。过去，妇女抛头露面被视为有失体统，聪明的客家妇女便在头上戴一顶小竹笠，也叫"笠嫲"，罩上一块乌布或蓝布，即遮阳又遮面，被称为"裹额凉帽"。姑娘、妇女、婆婆赴"圩日"做买卖多穿草鞋或布鞋。

客家人旧时出圩上市多带担杆、络索、畚箕或箩筐，走亲戚用盒篮；若远行携带衣服，平民用包袱，有钱人用藤匣、皮箱。中华人民共和国成立后，随着社会经济的发展，出行穿戴也趋于多样化，出行携带用品花样不断翻新，通常人们喜欢用背包、皮包等。

五、日常出行随身"等路"

梅州客家地区的客家话有"等路"一词。顾名思义，"等路"就是在路途中等候亲友的意思。学者郭真义认为"等路"的含义就是：客家人，尤其是客家男人，总是走在外面的路上，而另一方，总有相对应的父母、妻子、儿女在家乡的路上，苦苦等候他的归来。

梅州客家人历来崇尚好客，在农村更是讲究出门迎客。凡有客人要来，或亲人远行归来，或赴圩，或走完亲戚回家，主人一家老少会到路口等候，帮客人（或亲人）提行李，接进厅堂以茶招待，这时客人或亲人要拿出随身带着的糖果糕点之类的小食，分给老人和小孩，每人一份。于是，"等路"的词义就演变成糖果糕饼之类的"小礼品"了，也就有了"买等路""带等路""分等路"等说法。这也许是"等路"含义的真正由来。当外出将归的客家人在买"等路"时，心中想到家里的亲人一直盼着

他归来，等在路上；当要去走访亲友的人们在买"等路"时，心中想到亲朋热忱欢迎他的到来，在路上张望迎候；当一直等在路上的家人或友人接过"等路"时，他们能感到一种对亲情、友情的回报和感恩。

客家人多礼好客，走亲访友总要带些小礼物，农村最常送的礼物是鸡蛋和长寿面，"鸡"与"吉"同音，象征万事吉祥，长寿面象征亲情地久天长。此外，还会送些糖果、糕点、水果、土特产品、自制小吃、儿童玩具等。客家人出门回家，不管远近，同样不会让那些满脸欢悦的小孩失望，哪怕是赴圩、走亲戚回家，也会为老人和小孩带点零食。客家人将这些礼物统称为"等路"。梅州是著名的"华侨之乡"，以前，每当有"番客"从南洋回桑梓探亲，其亲人都会在村口、路口等客。茶过三杯时，"番客"叫家人拿出"等路"，分给大家，又称"分番糖子"，这些"等路"，有红包、毛巾或国内稀少的小用品及糖果饼干等，送给同族或同乡、邻里，以表示敦睦乡谊。过去，很多做父母的，肚子再饿自己也不吃"等路"，忍饥挨饿把"等路"留给年迈的老人和年幼的儿女。同时，"等路"分给自己的儿女时，也分给在场的邻居的小孩，这在无形中也增进了邻里之间的友情。"等路"习俗的流行，体现了客家人尊老爱幼的传统美德。

"等路"的历史不短，哪怕是一粒糖或一块饼干都有很大吸引力，只要是在客家地区长大的人，都有过"买等路""带等路""分等路"或做"等路虫"的经历。

时至今日，梅州客家地区"买等路""带等路""分等路"习俗依旧流行。每当人们准备启程回家时，一定忘不了要给家乡的小孩们、老人们买些东西作为"等路"。

第八节　家居常礼习俗

一、借鉴古礼

礼是指社会生活中基于风俗习惯形成的为大家共同遵守的行为准则和道德规范。礼是建立在道德基础上的心灵活动和语言行动的民俗规范，它融合整个社会的每个领域，包含思想、生活、言行举止，贯穿在国礼和家礼之中，它是中华民族凝聚力的巨大基石。客家人把"有礼走遍天下，无礼寸步难行"作为日常行为准则，在处理人与人之间的关系时，做到以礼相待，见贤思齐，忍让宽恕，言行一致。

五华吴氏堂联："继前微钦承三让；志于道慎守九思"，这副堂联明确地告诉吴氏后人，要继承祖德，牢记为人处世必须"三让""九思"的教诲。"三让"语出《礼记·礼器》："三辞三让而至。""九思"语出《论语·季氏》："君子有九思：视思明，听思聪，色思温，貌思恭，言思忠，事思敬，疑思问，忿思难，见得思义。"这些都是吴氏后裔的家训和行为准则。

在历代传承中，梅州朱氏始终延续古训，把朱子文化作为宗祠文化、家风教育的一部分。朱氏宗亲每当祭祀、聚会，或举行大型宗族活动时，《朱子治家格言》的朗诵都是重要的流程。在梅州朱氏中，《朱子家训》流传至今，成为家庭教育不可或缺的一部分。

梅州地区的《朱子家训》主要分为朱熹所作《朱子家训》和朱柏庐作《朱子治家格言》两个不同的版本。

朱熹《朱子家训》曰：

君之所贵者，仁也。臣之所贵者，忠也。父之所贵者，慈也。子之所贵者，孝也。兄之所贵者，友也。弟之所贵者，恭也。夫之所贵者，和也。妇之所贵者，柔也。事师长贵乎礼也，交朋友贵乎信也。见老者，敬之；见幼者，爱之。有德者，年虽下于我，我必尊之；不肖者，年虽高于我，我必远之。慎勿谈人之短，切莫矜己之长。仇者以义解之，怨者以直报之，随所遇而安之。人有小过，含容而忍之；人有大过，以理而谕之。勿以善小而不为，勿以恶小而为之。人有恶，则掩之；人有善，则扬之。处世无私仇，治家无私法。勿损人而利己，勿妒贤而嫉能。勿称忿而报横逆，勿非礼而害物命。见不义之财勿取，遇合理之事则从。诗书不可不读，礼义不可不知。子孙不可不教，童仆不可不恤。斯文不可不敬，患难不可不扶。守我之分者，礼也；听我之命者，天也。人能如是，天必相之。此乃日用常行之道，若衣服之于身体，饮食之于口腹，不可一日无也，可不慎哉！

朱柏庐《朱子治家格言》曰：

黎明即起，洒扫庭除，要内外整洁。既昏便息，关锁门户，必亲自检点。一粥一饭，当思来处不易；半丝半缕，恒念物力维艰。宜未雨而绸缪，毋临渴而掘井。自奉必须俭约，宴客切勿流连。器具质而洁，瓦缶胜金玉；饮食约而精，园蔬愈珍馐。勿营华屋，勿谋良田。三姑六婆，实淫

123

盗之媒；婢美妾娇，非闺房之福。童仆勿用俊美，妻妾切忌艳妆。祖宗虽远，祭祀不可不诚；子孙虽愚，经书不可不读。居身务期质朴，教子要有义方。勿贪意外之财，勿饮过量之酒。与肩挑贸易，毋占便宜；见穷苦亲邻，须加温恤。刻薄成家，理无久享；伦常乖舛，立见消亡。兄弟叔侄，须分多润寡；长幼内外，宜法肃辞严。听妇言，乖骨肉，岂是丈夫；重资财，薄父母，不成人子。嫁女择佳婿，毋索重聘；娶媳求淑女，勿计厚奁。见富贵而生谄容者，最可耻；遇贫穷而作骄态者，贱莫甚。居家戒争讼，讼则终凶；处世戒多言，言多必失。勿恃势力而凌逼孤寡；毋贪口腹而恣杀生禽。乖僻自是，悔误必多；颓惰自甘，家道难成。狎昵恶少，久必受其累；屈志老成，急则可相依。轻听发言，安知非人之谮诉，当忍耐三思；因事相争，焉知非我之不是，须平心暗想。施惠无念，受恩莫忘。凡事当留余地，得意不宜再往。人有喜庆，不可生妒忌心；人有祸患，不可生喜幸心。善欲人见，不是真善，恶恐人知，便是大恶。见色而起淫心，报在妻女；匿怨而用暗箭，祸延子孙。家门和顺，虽饔飧不济，亦有余欢；国课早完，即囊橐无余，自得至乐。读书志在圣贤，非徒科第；为官心存君国，岂计身家。安分天命，顺时听天。为人若此，庶乎近焉。

朱熹所作《朱子家训》原题为《紫阳朱子家训》，其中所言多为大道，更多秉持了理学"格物致知"，注重提高个人修养的方面。朱柏庐所作《朱子治家格言》原名为《治家格言》，其思想实则延续朱熹之说。

《朱子家训》《朱子治家格言》问世以来，成为后代家喻户晓、脍炙人口的教子治家的经典家训。今日的《朱子家训》影响的不只是朱氏后人，还有其他姓氏，因为它继承了中国传统文化的优秀特点，比如尊敬师长、勤俭持家、邻里和睦等，在今天仍有现实意义。

二、热诚待客

梅州客家人热情好客，这与崇礼风尚相关。旧时人们在路上遇到熟人，都会主动打招呼问好，今人已多用"你好"或关心的询问；旧时路遇尊长，打招呼时行拱手礼，或举手致意，今用握手，表示礼貌；坐船搭车，碰见年迈长辈，不管是否认识，一般都会主动让座；有客人到来，主人要上前或出门迎接，寒暄致意，先请上坐，再敬茶或留餐、留宿。给客人端茶，当依长幼先后敬奉，这是最普通的待客礼；对于初次登门的生客，主人要向家人介绍客人身份、称谓，表示欢迎，远道来客还有打水递毛巾洗凉之礼；与客人交谈时思想和注意力要集中，不可不耐烦。如恰逢自己有事不能相陪，要说明情况道声"失陪"并委托家中其他人陪客；宴席间，主人应举杯向客人敬酒，斟酒时要用双手捧壶，切忌背手斟酒；替客人盛饭，应恭敬地用双手送上。席间，主人要自始至终陪客，切忌提前离席。凡客人带礼品来者，主人只收其部分，另送礼物回敬，遵循古训"礼尚往来""来而不往非礼也"。送客必须送到大门口或村外大路上，并目送客人走远后再返回家中。

客家人礼节周到，生活再困难，经济再拮据，也不能失了亲朋交往中送往迎来的礼节，宁愿自己节衣缩食也要表示出好客，他们自认为不能降低客家人的文明程度，这是儒学崇尚礼仪风尚浸染的结果。有一首童谣《客家姑娘》唱道："人客来到，细声商量；鸭卵炒粉，咸菜煮汤；若有酒肉，让客先尝；热情款待，面上有光。"这首童谣道出了客家人热情待客的高尚品质。

客家人对那些离开家乡或失去家园的"客人"，都能给予将心比心的抚慰和体贴，这也许与客家人有着苦难的漂泊历史有关。客家人知道自己曾经是"外来人"，客家先民当年颠沛流离，背井离乡，在从中原南迁的悲惨生活中，或许，行乞就曾是他们生存的重要手段之一。

第九节　其他行为习俗

一、客家妇女独特的洗衣姿态

在梅州客家地区到处都可以看到一种外地少见的奇特现象，就是妇女们在池塘或河边洗衣服时一般都是挽起裤腿，双脚站到水里，脸朝向岸上，而不像其他地区的人们那样蹲在岸上洗衣服。这是客家人在历史的迁徙传统中留下来的一种独特的习惯。客家人的祖先为避战乱，长期过着流徙的生活，经常是刚来到一处新地方还未站住脚，追兵来了，马上又要转移；或到了新居地，大多是荒山野岭，野兽出没之地，经常要防备野兽和当地土著人的袭击，因此，妇女们也养成了随时保持警戒的习惯。这种站到水里脸朝向岸上的洗衣姿态，有利于防备突然袭击并迅速采取应变的措施。洗衣时脸朝向岸上，妇女们可以趁搓一下衣服抬起一下头之际，用眼睛的余光快速观察岸上出现的人或野兽，同时用耳朵听身后人或野兽涉水时发出的响声，当看见岸上有人或野兽出没，听到身后人或野兽触水发出的响声，即可做出应对措施。直至今日，梅州客家妇女还保留着这种独特

的洗衣习惯。

二、客家妇女不从缠脚

旧时中国妇女有缠足陋习，而客家妇女却一直保持"天足"。所谓"天足"是相对缠足而言的，指天然未经缠裹的足。"天足"成旧时客家妇女的最大特色之一。黄遵宪也曾引用一位外国传教士的话赞扬说："西人束腰，华人缠足，唯州人无此弊，于世界女人最完全无憾云。"清末太平天国起义队伍中，有一队女兵，全是客家妇女，打起仗来英勇异常，就连镇压太平军的清军统帅曾国藩也难以对付她们，只好大骂她们"大脚蛮婆"。

缠足起源于何时目前尚无定论，但到北宋时已十分流行，不管是官家或百姓，凡女孩子长到五六岁时，其父母、家人即用专制的布帛缠裹其双足，以压制其肌骨成长，使双脚变得纤细短小，觉得唯有这样才凸显双足之美，而且认为双足缠得越小越美，即人们常说的"三寸金莲"。这种陋俗流行，直到清末才开始明令禁止。但是，民间少女缠足的现象时有出现。中华人民共和国成立后，民间少女完全不缠足才最终实现。

缠足是在中国封建社会男权主义制度中，男性视女性为玩物的心态下推行的。男人把妇女缠足引起的身体变化看作美，这是一种违反生理、摧残妇女身心健康的陋习。

梅州客家妇女从来不缠足，这与客家民系的形成和客家社会某些特有的风俗有关。客家先民早在晋代五胡乱华之时即开始南迁，当时缠足风气尚未在中原一带盛行，妇女们得以用天足跋山涉水，与男人们一起长途迁徙。当宋代中国妇女缠足风气盛行时，客家人已在南方闽粤赣交界的山区定居，开始了刀耕火种的艰苦生活。由于当时定居地的山区自然环境极其恶劣，林菁深密，瘴气熏人，土地贫瘠，生存环境极为艰苦，为谋生计，客家男人大多外出找工做，以补贴家用，致使家中本该由男人做的农活如种地、砍柴、耕田和肩挑等全部由妇女承担；同时，客家人尤其是客家妇女经常遭受流寇、土匪或地方邪恶势力（包括流氓、地痞、无赖汉等）的欺凌；另外，闽粤赣交界的山区野兽经常出没，野兽袭击伤人时有发生。所有这些因素，无形中导致客家妇女的双足就不能用布帛缠裹而只能任其发展。当然，也有一些客家研究学者认为，客家妇女的不缠足，也与受南方山区蛮獠风俗的影响息息相关。吴永章教授指出："此俗当是接受本地'蛮风'所致。"

客家妇女除不缠足外，亦不束胸。祖籍梅县的世界著名女作家韩素音在其《客家人的起源及其迁徙经过》一文中曾做过这样的描述："客家妇女不缠脚，也不扎胸……一般是体壮高大，缺少仪容较好的名声……但她们却解放了胸部和脚……客家妇女虽然不是迷人的，但由于她们的节俭、勤劳、洁净的生活和生动的辩才而受到称赞。她们用自己的奶喂孩子，轻视虚饰的美，必要时像男人一般地战斗……"正因为客家女不缠足，1965年，郭沫若在梅县视察时有感于客家女子的勤劳，写下了"健妇把犁同铁汉，山歌入夜唱丰收"的诗句，对客家妇女大加赞赏。

三、祛邪崇拜"石敢当"

梅州客家村庄或城镇的民居群中，屋后巷口的墙壁上每每嵌着一块片石，上刻"石敢当"或"泰山石敢当"的字样。这样的石碑不仅粤东客家地区有，还数见于岭南和国内许多汉族聚居地带。客家地区"石敢当"意即用巨石镇鬼压灾，保佑人间安康。在梅县区松源镇，村民喜欢在桥头、树下等地方竖立一块大石头作为伯公进行祭拜。兴宁市民间对"石古大王"这种石头有着特殊的崇拜。

"石敢当"三字始见于汉元帝时黄门令史游所著《急就篇》，著者当它是以石为氏的古之名人。唐代颜师古曰："'敢当，言所当无敌也。'颜谓《急就》之例，首陈诸姓，其名字或是新构义理，非实相配属，真有其人。"意思是说这是虚构。《继古丛编》载："吴民庐舍，遇街衢直冲，必设石人，或植片石，携'石敢当'以镇之。"近代编订的《辞源》对"石敢当"的注释："立石于里巷之口，以禁压不祥者。"这与民间立石的真意相符。

梅州客家石崇拜有着深远的历史渊源。从远古时代传下来的"万物有灵"的观念，对后世的信仰民俗有着非常顽强的影响。在早期人类社会，我国就有了奇伟瑰丽的女娲炼五色石以补天的神话。《艺文类聚》卷一引《三五历记》载："天地开辟，阳清为天，阴浊为地。"为什么清而轻的天，却要用地上重而坚的石头去弥补裂缺呢？神话曲折地反映出古代人们头脑中不自觉的唯物意识，由此对石的偏爱也就势所必然。《吕氏春秋》言殷人以石为社；古人征战用石，即使在金属武器出现后，兵家也惯于用石当作武器以杀伤敌方；秦始皇巡泰山，臣下为之刻石歌颂，开纪功石之先河。可见，石头在人与自然的斗争中所起的特殊而重要的作用。还有，小说家笔下的孔明，在鱼腹布下石阵，致使东吴大将陆逊几陷阵中；《水浒传》中"忠义堂石碣受天文"更是借石以传天命，把石神化了。这些把石块作镇物的做法都是巫术、宗教思想的继续和演变，其来源离不开远古人

127

类的石崇拜。

乡村中山川自然形势被赋予主宰人间祸福的作用，为营造住宅要讲"龙脉"，居室"直冲街衢"或对临山窠水口则被认为受"煞气"。村中谁家里发生祸殃或有人病死，常归因于这种"煞气"。旧时客家人的生活多是苦与不幸，防御天灾人祸的能力又薄弱，这时客家人心中的"石敢当"同原始社会的岩石性质与含义已有所不同。普通平民百姓勒石纪功是非分之想，出钱雕个石人也不易，于是刻片石以驱邪的做法，就如同贴灵符、送厉鬼一样，成为力所能及的行为方式。因此，乞灵于石头"禁压不祥"的思想得以延续。另外，有些人家依风水先生的指点，在屋顶安上一只泥塑雄鸡以御"煞气"，也应是"石敢当"这一避邪方法的运用与变种。

四、"龙抬头"与"二月二"

客家人认为"二月二"是"龙抬头"的日子。"龙抬头"一词最早见于明刘侗的《帝京景物略》卷二："二月二日曰龙抬头。"明代沈榜《宛署杂记》云："都人呼二月二日为龙抬头。"民间有"龙不抬头不下雨"的谚语，即"龙抬头"是下雨的征兆，从下雨联想到天地交泰是合乎逻辑的。古代中国把龙视作虫之精，龙出则百虫伏藏。"龙"在中国人的心目中有着崇高地位，龙为"四灵"之首，是祥瑞之物，更是和风化雨的主宰。因此，梅州客家乡村俗民在二月初二举行敬"土地神""社官"的活动。二月初二是过完春节，春耕开始的时刻，农民希望风调雨顺，便通过二月二祭祀土地爷，盼望"龙抬头"下场春雨，由此龙出而百虫蛰伏的愿望成了习俗，世代相传。

第五章　梅州传统客家风情风采与欣赏

第一节　饮食特产传说

一、"三台山茶"得名

"三台山茶"的传说流行于梅县乡村地区。"三台山茶"产自梅县大坪三其山长窝排。"三台山茶"原名为"三其山茶"。为什么"三其山茶"要改为"三台山茶"呢？据说在乾隆年间，当地有一姓张的人家。他家祖先的坟地与瑶上陈姓人的屋相邻。陈姓人依仗自己宗族有势力，把张姓人的坟地毁掉。张姓人向当地官员告状无果，准备了自己采摘的十瓶细茶上京再告。第二天，张姓人挑着十瓶茶叶从汕头搭船起程，他们一路上闷闷不乐，三餐以后以喝茶解闷。恰好同船有位在京城做官的人，张姓人便招他共饮，并把上京告状的事告诉了他。官人十分同情，表示愿助一臂之力。到京城后，官人对张姓人说要去朝见皇上，张姓人就把仅存的六瓶茶叶交给官人，四瓶送给皇上，二瓶作为对官人的酬谢。第二日，官人拿了一瓶茶叶去见乾隆皇帝，适逢那天乾隆拉肚子，官人立即将茶泡给乾隆喝。第二日，官人再去见乾隆皇帝时，乾隆精神奕奕地对他说："你的茶很好，昨天喝了就不再拉肚子了，是哪里出产的？"官人答道："是嘉应州大坪三其山出产的。"然后把张姓人告状的事告诉了乾隆。乾隆听后说："我明天召见他们。"第二日，那位官人与张家人一道携带剩存的三瓶茶叶去朝见乾隆皇帝。乾隆见后，问张姓人："你们的茶园有多少亩？要继续种茶，'三其山茶'应改为'三台山茶'，台则贵也。"然后把张姓人的事情妥当处理好。张姓人十分满意。同时，乾隆叫那位官人做了一块碑，碑上刻着"天下奇味，极品名茶"，碑上还署了乾隆的名字。（讲述人：邓三元）

二、酿豆腐的由来

酿豆腐是梅州客家地区最经典的客家招牌菜之一。酿豆腐是怎样制作的？梅州客家地区广泛流行着酿豆腐由来的各种传说。

传说一。明末清初，有个卖豆腐的后生张小华，是一人吃饱全家不饿的单身汉。他每日挑着半夜起来做好的豆腐，走村串街去售卖。一日，他到老主顾李员外家卖完豆腐，行走在李家阔气的庭院里，不远处传来呼救声，张小华跑过去看到池塘里有个红衣人在挣扎，池塘边有个穿绿衣的丫鬟正在焦急地求救。张小华忙丢下担子，跳进池塘中把落水者抱上岸来。闻讯赶来的李员外看到眼前情景，脸色大变，喝道："蠢货，还不把人放下。"张小华这才知道，自己怀抱着的是李家小姐。李家的几个女仆很快把小姐护送回屋去了。张小华要走时，李员外塞给他一两银子，警告他不能把这事传出去。张小华谢绝了银子，走了。谁知张小华此后就忘不了李小姐了。他天天到李家卖豆腐，渴望能再见她一面。一日天晚了，李家大院灯火通明，他又失望地要离开，突然，绿衣丫鬟从侧门跑过来，把一包东西塞进他怀里，说是小姐私下给他的银子和金簪，让他回去找人上门说媒求亲。张小华认出她就是上次那个绿衣丫鬟，欣喜若狂，原来小姐也对自己有情意。

回家后，张小华揣着小姐馈赠的银子，找到古媒婆求他做媒。古媒婆惊诧地说："孩子，你是不是烧坏脑子了？敢想这种好事？东门外王寡妇有个女儿，她才跟你般配着哩。"后来禁不住张小华再三哀求，古媒婆才勉强答应了他。不久，古媒婆回来了，劈头就骂张小华不知天高地厚，还说李员外说了，想娶他的女儿，除非他做的豆腐能长出肉来！说完气冲冲地走了。

古媒婆走后，张小华一直琢磨李员外的话，想豆腐怎么能长出肉来呢？看来，李员外是铁定要让自己死了这份心。此后，张小华出门卖豆腐，逢人就问有没有会长肉的豆腐。大家都笑他痴，他也不管。终于有一天，他遇到了路边垒石坎的师傅，那师傅告诉他："我不知道豆腐能不能长肉，但知道石头上能长草。"因为有些石头有缝隙，自然能长草。张小华突然开窍了，大叫："我知道怎样让豆腐长肉了。"便高兴地回去了。

不久，绿衣丫鬟送来个消息，过几天是李员外母亲的生日，张小华可以利用这个机会博取老太太的欢心，还叮嘱他千万不要辜负小姐的期望。张小华一一记在心中。李家老太太生日那天，张小华来到张灯结彩的李家，老太太听说有人来祝寿，说是李家广结善缘的结果，传话让张小华进来。张小华端着一块四方豆腐屉，里面整整齐齐地摆着红曲染红的豆腐，上面一层是用金黄色的小方块拼接成的"寿"字，当中有一根金杆竖着一颗年橘——这便是他精心准备的贺礼。他用金簪挑着年橘献给老太太，高声道："小华祝老人家健康长寿！"声音清爽，让老太太听得十分舒心，摘下金橘看了看金簪，惊诧地看了身边的孙女一眼。张小华告诉老太太："这是长了肉的豆腐，是专门为老太太的生日做的一道美食。"老太太叫孙女夹来尝，尝后连连说好，连吃了不少。李员外想阻止都来不及。老太太十分高兴，问张小华是怎么想出这道菜来的。张小华说，自己是受石匠师傅的启发，把五花猪肉剁碎后，加入调料，再植入豆腐中，在油锅里炸成金黄色。老太太说："多么聪明的孩子啊，发明了一道又脆又酥又香又嫩的菜肴，将来一定有出息。"张小华趁机跪在老太太面前，把自己爱慕小姐及李员外如何放狠话的事讲了，最后他说："员外的话我做到了，求老太太准许我与小姐的婚事。"

老太太早就看出孙女与这小伙子眉目传情，连金簪这样的定情物都送了，又看到张小华长得机灵清秀，加上不想在众多宾客前丢面子，就准许了。李员外见事已至此，也只好接受了这个事实。

张小华与小姐成婚后，在小姐的帮助下，开了一间饭馆，主要菜肴就是"长了肉的豆腐"。这道美食得到了越来越多人的喜爱，在客家地区逐渐流传开了。后来，这道菜被统一称作"酿豆腐"，成为客家人的一道传统美食。

传说二。从前，有一位兴宁人和一位五华人，两人秉性相投，非常要好，结成同年。一天，他俩在兴宁县城相遇，相邀到饭馆吃饭。在商议吃什么菜时，兴宁人说要吃豆腐，五华人说要吃猪肉。两人互不相让，竟争吵起来。店老板怕他们吵了脸，丢了生意，便想出一条妙计。店老板把捣碎的猪肉拌上鲜美的佐料，然后酿进豆腐里，先煎后煮，弄得又香又甜，两人吃起来，觉得比单独一样食材煮出来不知要好吃多少倍。从此，酿豆腐便成了客家地区的名菜。（讲述人：林鑫章）

三、"喉风散"的由来

目前，梅州市有一知名的中成药生产企业。该企业生产的双料喉风散产品，在咽喉科用药中具有较高的知名度和美誉度，深受消费者欢迎。双料喉风散是根据清朝民间原"喉风散"秘方不断改进研制而成的，已有近三百年历史。

"喉风散"是怎样来的？梅县地区广泛流行着喉风散由来的典故。

清雍正十年（1732），梅县石扇人郑兰甫赴任湖南省昌明县县令。任职期间，他突患喉症，百药无效，生命垂危。就在这紧要关头，该县一名叫黄怀就的在押犯人，闻知郑县令的病况后，自告奋勇愿以家传的喉科秘方为他治疗。郑县令用药后病情好转，不久便痊愈了。郑县令感激黄怀就救命之恩，便调阅他的案卷。不看则罢，一看大惊，黄怀就原来是等待秋后处死的罪犯。郑县令从此耿耿于怀，深感报答无门。

一个月后，郑县令传黄怀就到后堂问话，得知黄怀就被判死刑是因当地一个豪绅想抢他的老婆为妻，黄怀就在忍无可忍的情况下持刀砍杀了那个豪绅。这是上一任县令定下的案子，郑县令一时不知如何是好，最后决定弃官不做以报答黄怀就的救命之恩，与黄怀就深夜向粤北山区逃跑。分别时，郑县令赠给黄怀就银子，黄怀就则感激郑县令相救，将祖传喉科秘方赠给他。

郑兰甫回到家乡后，根据黄怀就的秘方，结合梅县实际情况，悉心研究，经过反复实践，终于研制出一种疗效更好的喉科名药。自此之后，远近慕名前来求医的人越来越多，而且累治累效。郑兰甫辞世前，将秘方传给他的儿子郑玉元，并留下遗言，说秘方只传嫡系，不传他人。传至第五代郑世隆时，由于业务日益扩展，在梅县城区珠条街开设"安济堂"，他一边行医，一边兼制"鹏标喉风散"。"安济堂"药店堂联写道："安宁福寿之源，维持调和溢补；济世教民之术，全凭秘诀良方"。当时在梅县的诸多中成药中，以郑世隆的喉风散最好，有喉科"圣药"之称。

时至今日，"双料喉风散"仍深受消费者欢迎，畅销海内外。（讲述人：郑景生）

四、"盐焗鸡"的由来

西晋年间开始，为加强广东与江西、福建的联系，梅州辟有多条古驿道，方便官员往来。其后，梅州古驿道进一步延伸发展，多为官道。直至清代末期，驿道主要功能转为贸易通道。长期以来，梅州与江西的商品经贸往来受到大山阻隔，没有水路，只能依靠人力肩挑走山路来运输。旧时江西缺盐多粮，梅州依托韩江水运，能从潮州获得海盐，但山多田少的梅州地区，缺的刚好是江西盛产的米粮。由此一来，梅州产生了挑盐担北上江西，再由江西挑米担南下梅州的副业。通常一拨几十人结伴的队伍，由各盐仓地出发，途经现在的梅江区、梅县区、平远县等地，进入江西境内，最终到达目的地会昌，换来米粮踏入返程，一趟肩挑脚行来回达数百千米。

132

从前，嘉应州有一位挑担盐夫，从事挑担帮人贩运盐米，每次挑盐50千克左右，从嘉应州出发，北上途经梅江区玉水村，梅县区大坪，平远县石正、中行、八尺等地，进入江西境内，最终到达江西的寻乌县城，然后，再由寻乌挑米担南下到达嘉应州。冬去春来，年复一年，由于这位挑担盐夫十分讲究诚信，从来没有耽误事情，因此得到商家的赞誉。有一次，挑担盐夫在挑担盐的路途中，突然下起大雨，无法及时保护好食盐，有一部分食盐融化了。到了寻乌县城之后，盐夫向商家说明了缘由并表示愿意赔偿损失。商家对盐夫做事向来都很满意，认为盐夫为人憨厚老实，吃苦耐劳，盐米贩运的挑担活赚的是血汗钱，所以，没有让盐夫赔偿损失，并告诉盐夫不要把此事当一回事。盐夫对商家的宽宏大量十分感谢。此后，盐夫对商家一直心存感激。半年后的一天，盐夫准备把家里养的鸡送给商家，以此报答商家的恩情。但世事难料，因天气炎热，鸡在路途中死了。盐夫想：难得养了只鸡，即使家庭困难自己都舍不得吃，想来答谢商家而鸡又死了，怎么办？最后还是把鸡宰了，然后拿出袋子里的食盐包住鸡，以防鸡变味。盐夫到了寻乌县城之后，拿出鸡答谢商家并说明了缘由。商家对盐夫的答谢十分感动。再后来，盐夫继续从事盐米贩运的挑担活。终于有一次，商家对盐夫说：你做盐米贩运挑担活，风吹雨淋既辛苦又赚不了几个钱，而你上次送给我的鸡我把它煮了吃，感觉鸡的味道很不一般，你是否可以按照这种方法做一道菜并开一家饭馆。盐夫回家后琢磨商家所说的话，开始研究盐焗鸡的制作方法，把鸡清洗、晾干后用草纸包紧，再用粗盐裹住鸡放在锅里用柴火慢慢地焗，结果发现用这种方法制作的鸡，口感滑嫩、酥香。后来，盐夫慢慢地不断改进制作方法，并把这道菜称为"盐焗鸡"。这样，"盐焗鸡"成为远近知名的客家特色菜。直至今日，梅州客家招牌菜——"盐焗鸡"仍然深受消费者的喜爱与好评。

第二节　民间风俗传说

一、除夕的传说

梅州各地普遍流行两种除夕由来的传说：

传说一：古时有头叫"夕"的恶兽，专门在年末那天出来作恶。人们恨之入骨，却又奈何不得。这一年，到了年末那天，"夕"又出来到处乱窜，窜入人家里残害生灵，人们再也忍不住了，只好向苍天祷告，终于感

动了玉皇大帝，玉皇大帝派了叫"年"的天神下到人间除害。

一天，天神"年"赶到人间，看到"夕"正在作恶，马上飞舞起红腰带，一步步迫近"夕"，弄得"夕"眼花缭乱，只好束手就擒。人们听到消息，成群结队，燃放爆竹，敲锣打鼓，互相庆贺。从此之后，每逢这一天，人们都要燃放鞭炮，为了纪念"年"，还仿照他除"夕"时用的武器——红带子，写成对联，贴在门旁，以示惩恶避邪。久而久之，大家便习惯地称每年最末一天为"除夕"，正月初一及以后几天作"过年"。放鞭炮、贴对联等也成为风俗相沿至今。（讲述人：黄新）

传说二：古时候，有一种非常凶猛的野兽叫"年"。它每年都要在农历十二月二十五日至下一年正月初五这段时间出来，窜入农家吃人吃牲口，特别是大年三十至初一这两天更加凶残。所以，人们在这十天左右的时间里都不敢出屋去做农活。一听到"年"的吼声都关门闭户。

一次，有个人端着大瓦盆去屋外打水，突然来了一头"年"，吓得他手中的大瓦盆掉在地上，"啪啦"一声打碎了；同时，他被吓呆了，像木头人一样无力走动，但并没有被"年"吃掉。因为，"年"被突然的"啪啦"声吓跑了。从此，人们懂得了"年"也怕响声，所以，每次听到"年"吼叫时，大家便拿起瓦盆、瓦缸或竹、木响器敲打起来。后来，有了铜锣爆竹，人们便打起锣鼓放起爆竹来。不管"年"有没有来都这样。于是，"年"就不敢进村了。

因为当时"年"吃人十分厉害，所以，过"年"的关就被称为"过年"。久而久之，"年"虽然没有了，但"过年"及敲锣打鼓、放鞭炮的习俗却一直流传了下来。（讲述人：曾亚茂）

二、大年初一吃素的来历

旧时，梅州各地流行年初一吃素的习俗。至今，有些地方还保留这习俗。

相传，从前客家某地有一位老人，膝下子孙满堂。儿孙们长大后，都各自成家立业了。有一年除夕，一个儿子说要请他老人家去吃团圆饭，另一个儿子也说要请他老人家去吃团圆饭。后来，哥哥以为弟弟请他去吃了，弟弟又以为哥哥请他去吃了。结果老人左等右等也没人来请，直到吃饱饭的儿孙们都陆续出来玩了，还饥肠辘辘。后来，老人问他的儿孙们："你们都吃饭了吗？"儿孙们说："连狗都吃饱了。"老人听了十分伤心。大年初一起来，儿孙们去喊老人吃饭。推门一看，老人不见了，只见桌上留下一张字条，上面写的是："多子多孙枉自多，不敬不孝又如何，除夕挨饿不如狗，新年出家念弥陀。"

儿孙们四处寻找，仍不知老人的去向，十分悔很。为了记住这个教训，此后，每年的大年初一就吃素。直至现在，有些地方还保留年初一吃素的习俗。（讲述人：杨世珍）

三、年初三"不点灯"

在粤东地区的兴宁、五华等地一直流传着有关"老鼠嫁女"的有趣传说。说是每年正月初三是老鼠行嫁的日子。老人们说，这天晚上不要点灯，点灯会打扰老鼠的婚礼；又有说，别点灯，好让老鼠行嫁时看不到路，摔死老鼠，叫它绝子绝孙；也有说要在楼棚上点亮灯，让老鼠嫁女时好走路。这些都是古老的民俗传说，至于正月初三为什么不要点灯，又是怎么跟老鼠嫁女联系起来的？究其缘由，不得而知。（讲述人：南山）

四、"送穷鬼"的由来

每逢除夕当天，客家地区家家户户都要把屋里屋外打扫得干干净净，直到年初三早晨才再次打扫屋子，并把打扫来的垃圾送到村头路口去焚烧，有的还插上几支香，放几个煎堆（糯米制作的圆形糕点），这叫"送穷鬼"。一直以来，梅州各地普遍流行"送穷鬼"的习俗。那么，这种"送穷鬼"的习俗是怎么来的？

传说，很久以前，有个吴秀才，只生了一个儿子，名叫吴知福。他从小娇生惯养，好吃懒做，挥金如土。他十八岁时，父亲见自己辛苦积下的钱财快被他花光了，便给他娶了妻子，盼望儿媳妇能让他变好。吴知福的妻子叫刘阿秀，她聪明贤惠，勤劳俭朴。但吴知福的坏习惯一点没改，经常到赌场中鬼混，输了便偷老婆的衫裤、物件去抵债，不论阿秀如何劝告，他总是不听，不到两年，家中所有值钱的东西都给他卖光了，而且还向财主吴有财借了二百银圆。后来，吴有财天天上门逼债，吴知福无奈，只得将仅剩的一亩田和一间房屋也卖了，但仍然还不清借款，只得将老婆也卖了。此后，吴知福只得沿村乞讨，流浪他乡。

春去秋来，过了两年，正是端午节。吴知福不知不觉来到阿秀家门口乞讨。阿秀见他骨瘦如柴，有心帮他一把。她左思右想后，叫吴知福先到别家讨食，然后再回来。阿秀趁这机会，把五十个银圆包在五十个米粄（米粉制作的扁圆形糕点）里头，交给了再次来到门前的吴知福。

吴知福回家时要过一个渡口。当时他身无分文，只得拿出五个米粄交给船工作为过渡费。船工拿过米粄往嘴里一咬，"咔嚓"一声，发现里面

有个银圆，再咬第二、第三个时，里面同样也有银圆，便把米粄放进口袋里。船工估计吴知福布袋里还有米粄，便出三两银子将吴知福的米粄全部买了下来。这年的年三十日，吴知福又一次来到阿秀的家门口。阿秀觉得奇怪，便问吴知福："端午节给你这么多银圆，怎么一下子就用完了？"吴知福说："你哪里给了我银圆？"阿秀恼火地说："银圆全包在米粄里面，难道连银圆也给你吃了？"吴知福听了，悔恨莫及，把米粄作过渡费的事一五一十地告诉了阿秀。阿秀听后，伸出右手食指在吴知福额头上一点："你真是穷鬼！"谁知用力过猛，吴知福一个跄倒在地上，两脚一直，便断了气。吴知福死后，阿秀非常悲痛。她想如果这事被人知道，是要坐牢的。眼下正是新春佳节，如果偷偷去埋掉也不吉利。于是和丈夫商量，把吴知福的尸体放在砻间里，到了年初三，眼看不埋不行了，他们便把吴知福的尸体放在一个大竹筐里，上面放上藤渣、纸屑、垃圾等杂物，沿路放着鞭炮，抬到村后埋掉。村里人不知内情，便问"送垃圾，放炮是何缘故？"阿秀夫妇敷衍说："送穷鬼，送走穷鬼，才能富裕。"村里人看到阿秀家富裕，也就信以为真。因此，村民们也学着阿秀家的样，每年年初三的早晨，便把家里屋外打扫出来的藤渣、纸屑、垃圾等杂物，放着鞭炮送到村外边去。年初三"送穷鬼"的习俗，就这样一直流传了下来。（讲述人：李田氏）

五、过年舞狮子的传说

一直以来，梅州各地普遍流行过年舞狮子的习俗。

相传，很久很久以前，长乐县（今五华县）有一个李懒子。他名叫懒子，其实不懒。李懒子上无父母，下无兄弟姐妹，自己耕作，自己食用，生活过得不错，只是已二十五岁了还没有娶妻。

恰好月亮上的嫦娥思念人间，常常站在云端上观看人间美景，她看见李懒子长得一表人才，晚上还常常孤孤单单地在田里干活，便产生了同情爱慕之心。于是，她便下凡来到李懒子家中。李懒子从来没见过这样美丽的姑娘，心里十分喜欢她。这样，两人便结成了夫妻。此后，李懒子每天出门干活，嫦娥则在家中料理家务，空闲时还挑绣花朵，卖些零钱，帮贴家用。因李懒子十分喜爱妻子，在田里干了个把时辰，便要回家看看。嫦娥问他："你为什么老往家里跑呢？"李懒子说："你生得十分美丽，我一时不见你，干活就没有力气。"嫦娥听了虽然十分欢喜，但想这样下去，不是要误了耕作吗？于是问："你看见了我就很有力气吗？"李懒子说："当然！"嫦娥说："那么，画一张我的画像放在田头，不就好了？"李懒子大喜道："当然啰，快画一张吧！"于是，嫦娥画了一张自己的画像，糊在竹框上，又扎上一支竹竿，给李懒子带去插在田头。

一天，忽然吹来一阵大风，把嫦娥的画像吹倒了。李懒子一见，忙去把像扶起来。不料又刮来一阵旋风，把画像卷到天上去了。李懒子急得哭叫起来，回到家中，还大哭不止。嫦娥问清情由，笑着安慰他说："画像吹走了，人没走呢，我们是永远不分离的。"李懒子这才止了哭。

那一阵旋风真厉害，吹过千山万水，把嫦娥的画像吹到京城去了，恰好被一个官员拾起。他看见画像上的女子像天仙一般美丽，呆了半晌才想起：若把这样的美人送给皇帝，还不升官晋爵吗？于是赶紧入朝去见皇帝，把拾来的画像呈上。皇帝是个好色之徒，见了画像，立时被迷得神魂颠倒，叫人传来画师，照画像画下许多嫦娥的图像，并派出钦差大臣到各省去，要所有州官、县官照着画像查访美人，查到立即护送入宫。

钦差来到长乐县，挨家挨户查对，结果，嫦娥被发现了。眼看恩爱夫妻要被拆散，李懒子哭得死去活来。还是嫦娥聪明，她赶紧提起画笔，连画数画便画好了一头狮子，叫李懒子不要悲伤，照着画造出一只狮子来，并告诉他每年过了年就到京城来舞狮，这样，夫妻便可团圆了。

嫦娥入了皇宫，每日哭哭啼啼，不梳妆，不打扮，不理皇帝，还装傻诈癫，弄得皇帝没有办法。转眼之间就过年了，李懒子来到京城舞狮。他舞的狮子从来没人看过，惹得京城百姓和官员都出来观看。消息很快传入皇宫，嫦娥知道丈夫来了，便吵着要去看舞狮子。皇帝见嫦娥突然高兴起来，以为她已回心转意，便叫人传李懒子入宫舞狮。这时嫦娥又吵着要晚上到房里来舞，只准皇帝和她两人观看。皇帝听了更是满心欢喜，答应了她。等大门关好后，李懒子便舞了起来。嫦娥趁皇帝看得出神之时，用刀把皇帝杀了。等房里收拾干净，已到五更早朝时刻。嫦娥生怕大臣们不见皇帝上朝，发现真相，便将皇帝的龙袍叫李懒子穿上，冒充皇帝去上朝。李懒子坐在殿上浑身颤抖，幸得朝臣们低头伏地朝拜，没有人发现坐在龙椅上的不是真皇帝。李懒子坐朝两天以后对嫦娥说："我这皇帝不敢当下去了，浑身总是颤抖。"嫦娥说："好吧，颤也三日，不颤也三日，明天上完朝，我们化装走吧。"这样，李懒子当了三日皇帝以后，夫妻便化装走了。从此以后，每逢过年，梅州客家民间便流行舞狮子的风俗。（讲述人：曾宗茂）

六、元宵"烧火龙"传说

两百多年来，每逢农历元宵节，丰顺县埔寨镇五个自然村的张姓人，

都要"烧火龙"。为什么会有"烧火龙"这个风俗呢？

相传古时候，东海龙王的第二十一个孙儿浊龙，生得俊美、聪明。东海龙王有心把他当作自己的继承者来栽培。可是，他得到老龙王的宠爱后，不求上进，终日和一些乌龟王八们厮混，而且谁也不敢逆他的意，他要怎么样就怎么样。他长大以后，更是无法无天，每日酒足饭饱后，就带着几个鳌鱼，到处招惹是非，甚至多次奸淫宫娥美人鱼。老龙王曾经召他去训斥，可是他当作耳边风。

有一年，东海龙王出游海南。路过莲花山一带，看见那里因多年风雨失调，庄稼十有九不收，各村各寨的成年男子多数逃荒外地，剩下的老弱妇孺个个衣衫褴褛，面黄肌瘦，东海龙王觉得十分痛心，便派浊龙去调节风雨，也好让他磨炼磨炼，以便将来能继承王位。但是，浊龙十分恼火，认为老龙王有意作践他。于是，他到任以后，到处敲诈勒索，奸淫民妇，无恶不作。遇上天旱，如乡民求雨，敬奉的猪羊酒肉稍微少一点，他不但不行云布雨，反而有意堵塞河道，使饿死的人更多。乡民们忍无可忍纷纷上诉东海龙王。东海龙王只好叫小公主青凤携带屠龙宝剑，到莲花山查处浊龙。

青凤公主腾云驾雾来到莲花山，查实浊龙确实冒犯天条，罪恶累累，便决心大义灭亲，趁浊龙还躺在山洞里的时候抽出宝剑，将他杀死。随后又立即取出罗帕行云布雨，滋润了久旱的土地，使草木、庄稼蓬勃生长，大河、小溪川流不息。从此，莲花山一带的百姓安居乐业，繁衍生息。

此后，丰顺县埔寨镇的人们，为了纪念青凤公主为民除害的功绩，祈求风调雨顺，五谷丰登，每年元宵节，都扎一条"火龙"来烧，这就是"烧火龙"风俗的由来。（讲述人：张贤助）

七、端午节挂葛藤的由来

长期以来，梅州各地乡村普遍流行端午节挂葛藤的习俗。端午节挂葛藤的缘由有不同说法。

缘由一：传说唐朝末年，朝廷腐败，民不聊生，黄巢发动农民起义。一年的端午节，黄巢正率领部下追击唐军，却见一拨老百姓四处逃窜，黄巢感到十分奇怪，赶忙勒住缰绳下马问道："我们为民除害，诸位父老为何如避虎狼？"一位白发长者颤巍巍地回答："将军难道不知？黄大将军有一宝剑，只要往空一挥，便能隔山落头，在这混乱的时刻，难免玉石不分，哪有不逃之理？"黄巢听罢面有愧色，随即用马鞭一指，说道："诸位父老不必惊慌，请到对面山谷里躲一躲，并在山谷前挂起葛藤，即可保平安。"百姓听后，立即涌向山谷，并把一条条葛藤挂在山谷前。后来，每到端午节，人们就在门前挂上葛藤，以求祛除灾祸。（讲述人：龚菊风）

缘由二：传说很久很久以前，五月初一这天，黄巢义军要去攻打一个州府。途中，黄巢在逃难的人群中发现一位大嫂子带着两个孩子。她手牵一个，身背一个，牵的是小的，背的却是大的。黄巢特意下马询问。那妇人回答说："背着的是自己的侄子，他一家都遭难死了，剩下一根独苗；手牵的是亲生儿，纵有三长两短，我夫妻还在，可以再生。"黄巢听后告诉她："黄巢的兵是保护穷人的，你到了新的地方以后，记住在门上插个青枝做个记号就可以得到保护。"后来大嫂子照着做了，并暗暗告诉亲邻，于是，一传十、十传百，传到了南方各地。从此，端午节插青的习俗就在客家地区流传了下来。（讲述人：王森良）

八、皇帝给新娘子让道

梅州兴宁乡村流行"皇帝给新娘让道"的婚嫁风俗。究其缘由，有其流传典故。

从前有个新娘出嫁，上轿后，送嫁队伍吹吹打打，好不热闹。谁知，半路上遇到一列官方的队伍耀武扬威而来。他们谁都不想让道。可是脚下的路狭小，两顶轿子无法同时通过，这时，官方队里的为首者喝道："何方贱民，还不赶快下轿让路！"新娘子马上回敬过去："今天是新娘出嫁，天王老子也该让我一回。"刚巧，轿中坐的正是皇帝，他听新娘子这般大胆的言语，便问道："新娘子，你这话从何说来？"新娘子不紧不慢地把当地新娘子上轿后不准下轿的婚嫁风俗说了一遍。皇帝听后说："皇帝是一国之主，难道要让一个小小的新娘不成？"新娘子镇静地回答道："皇帝爷难道就不是女人生的？难道让一回娘，不成？"皇帝见新娘子说得有理，便下轿给她让了道。（讲述人：郭清云）

九、八月初一"起坟"的由来

客家人对死去的先人有重葬的风俗，即死者入土三五年后，他的亲属要把他的骸骨取出来，另选一个地方埋葬。梅州兴宁乡村人们把农历八月初一定为起骸骨的日子。八月初一起坟的习俗是怎么定下来的呢？

传说很久以前，有一个王员外，已年过半百，仍无子孙，后来他娶了一个十八岁的姓刘的女子做小老婆，该女子很快就怀孕了。王员外十分高兴，不料那妇人不知什么原因突然患上急病，还没有分娩便死去了，死后葬于村外的竹篙山。

一年之后，圩上的肉店老板忽然上门来讨账，说王员外的夫人欠了他的猪肉款。王员外莫名其妙，问道："她已死去一年了，怎么会欠你的肉款呢？"老板答道："你的夫人我认得，她每圩都来我店里买肉，并要我把账记在你名下，如你不信，明天又是圩期，请你清早到我店里来看看。"

第二天天刚亮，王员外便来到肉店，果然看见死去的夫人来买肉。王员外大吃一惊，忙上前拉住，哭道："贤妻已死周年，今日还阳割肉，究竟是人还是鬼？"那妇人背转身，答道："今日不能对你说，待到八月初一，太阳出山时，你可来起坟，带我母子回家。"说罢，飘然而去。

八月初一这天，王员外带人挖开夫人的坟墓，果然看见夫人正抱着孩子喂奶。王员外大喜，伸手抱过孩子，却忘了把夫人拉起。他的夫人长叹一声，王员外再去拉时，只见她双目一闭，竟然起不来了。这就是八月初一起坟的由来。（讲述人：黄汉尧）

十、做客夹菜的来历

梅州客家乡村，每逢有人请酒，妇女便自备一个盛具，一边吃，一边将鱼肉等好菜夹到盛具里。散席之后，她们将夹来的菜，全部带回家中。如今，人们到别人家吃喜宴时，已经很少有人会打包回家了，但客家人那些古而有之的尊老爱幼的传统美德在客家地区流传至今。客家人做客夹菜的风俗，是怎样来的呢？这里有一古老的传说：

传说，古时候有个很孝顺的媳妇，名叫小凤。她生下一个儿子后，丈夫死了，不久公公也死了。从此，她跟着婆婆，带着儿子勤劳耕种，苦度生涯。

一次，村里有个长者做寿，请小凤家去吃酒。小凤要婆婆去，婆婆却要小凤去，两人推推让让，直至婆婆装出生气的样子，小凤才决定自己去。酒席上，小凤凡是好菜都不吃，一件一件夹到向主家借来的碗里，一位老人问她为何这样做？小凤说带回去给婆婆吃。大家看她这么贤惠，都让出不少好菜给她。饭后，小凤急忙端起那满满的一碗菜，趁热送回家去。不料，由于心急，脚趾踢到石头，人向前打个趔趄，一碗菜全倒在污水沟旁。小凤心如刀割，拾起沾满污泥的菜，回到家中，不禁放声痛哭。婆婆问了情由，安慰她说："不要紧，把它洗净再煮，还是可以吃的。你有这份孝心，我就十分高兴了。"小凤照着婆婆的话，加些油盐去煮。煮好后，自己先尝尝，觉得味道还好，才敢端给婆婆吃。婆婆吃得十分满意，但小凤总觉得自己做错了事。

半个月之后的一日，天降大雨，小凤觉得雷声总是在自己屋周围轰响。她害怕了。她曾听人说过："媳妇虐待婆婆，是要遭雷劈的。"莫非是上次把掉在污水沟边的菜煮给婆婆吃了也算虐待，雷公要打我不成？她想，在家里遭雷打，会吓坏婆婆和儿子，不如到外面去。她把自己的想法告诉婆婆。婆婆不愿意让孝顺的媳妇一个人遭雷打，说要死就死在一块。两人不禁抱头痛哭。突然，一声炸雷响起，小凤不愿连累婆婆，推开婆婆赶忙跑到半里外的一棵古树下，靠着树干，等待雷劈。而此时，又一声炸雷响起，震得小凤昏倒在地。

再说婆婆见小凤跑了，赶紧四处寻找，往古树方向一看，只见小凤倒在一堆白花花的银子上，像是睡着的样子。婆婆扑上去，摸摸小凤的鼻孔，还有气，赶忙掐她的人中穴位，把小凤救醒过来。小凤醒来后发觉自己像做了一场梦，还看见身旁古树的树干裂开一个大窟窿，里面还有一大堆亮闪闪的银子。

小凤孝敬婆婆得到了好报之事，很快被人传了开来。此后，有些妇女到亲戚家做客吃酒的时候，也学小凤的样，把菜夹回去给老人吃。久而久之，做客夹菜便成了一种风俗并流传下来。现在有些地方，改用"回菜"的方式，让客人带回家去。（讲述人：李海员）

十一、不过"鬼节"

农历"七月半"是客家人一年中重要的节日之一。农历"七月半"俗称"鬼节"。那一天，几乎每家人都要办三牲敬神，晚上还要到屋外去焚香点烛、烧衣纸、丢斋团（米粉团子），目的是让那些孤魂野鬼不到人间来作怪。但是，梅县等地方，有很大一部分人不过这个"鬼节"。这是怎么回事呢？

相传很久以前，有个叶大伯，他一向虔信鬼神。有一年农历七月十五当天，他很早便起来，领着家人把谷子挑到禾坪里晒好，叫一个小孙儿看着，然后，全家人便分头筹办过"鬼节"的东西，宰鸡杀鸭、打酒买肉、煎芋丸、蒸米糕、糊纸衣、备香烛等等。时辰到了，叶大伯在门口摆了一张八仙桌，将敬神的祭品放在上面，然后穿上一件长衫带着全家老小，点烛烧香，三跪九叩。完了，全家人便忙着焖、炖、蒸、炒，准备打一次牙祭。全家人正跟着叶大伯举起酒杯要喝酒时，突然"轰隆"一声炸雷，把叶大伯手中的酒杯"咣啷"一声震落在地上。他如梦初醒，说声"快"，便三步并作两步跳出屋门，带着家人到禾坪里抢收谷子。这时，大雨哗啦哗啦地迎头泼了下来。尽管叶大伯全家人用尽九牛二虎之力，也无法将满禾坪的谷子收回，几百斤谷子被大水冲到坑洼里去了。

叶大伯垂头丧气地回到屋里。一看，桌上十二大碗的佳肴，已被三条别人家的黄狗吃得精光，碗盘掉落满地。叶大伯一时火气爆发，拿起一条板凳，猛向黄狗砸去，不料却砸中了自家的那条狗，那条狗当场就死了。

叶大伯呆坐在房里，心想自己一生奉祀神鬼，钱没少花，地没少跪，头没少叩，为什么神鬼却这样不讲情义？就连龙王爷也没少受过他叶家的香火呵，为什么要下这么大的雨来害他？他想来想去，生起鬼神的气来，把那些准备晚上"度孤"用的东西，撕的撕，丢的丢，弄得整个房子好像刚遭过贼劫似的。他对家里人说："从今以后，我家子孙不许过'鬼节'，你们要记住我的话，要一代一代传下去！"不少人知道后，都赞成叶大伯的意见，也跟着不过"鬼节"了。（讲述人：黄祝英）

十二、"太阳生日"的传说

梅县乡村俗民把农历三月十九日定为"太阳生日"。每年这一天，家家户户都设供焚香，烧太阳衣帽，祭祀太阳。有的还念《太阳经》："太阳三月十九日生，家家户户点红灯……"这一古老的传说是怎么产生的呢？

据传，崇祯皇帝的太子朱慈烺随东宫侍读李二何（士淳）南逃到嘉应州松口堡（李二何的家乡），伺机东山再起，反清复明。后见大势已去，隐遁至阴那山灵光寺，削发为僧。三月十九日是崇祯皇帝在北京景山自缢的日子。朱慈烺太子为了悼念先皇，每年这一天，便在灵光寺内设供祭奠。但这祭奠活动，十分危险，一旦被清廷发现，不仅自己性命难保，还不知要株连多少人。因此，他们便诡称三月十九日是太阳生日，还撰写了一篇《太阳经》出来，借以掩人耳目。为了扩大影响，他们又宣传祭祀太阳可以祈求上天赐福，消灾除难，风调雨顺，年年丰收。乡民本来有敬神习惯，加上这一活动又由灵光寺传出，很快便流传开了。长年累月，便成为客家人的一种风俗。（讲述人：朱二叔）

十三、"泮坑公王保外乡"

梅县民间有句俗话，叫"泮坑公王保外乡"。传说以前，有个久居潮州的梅县泮坑外村人熊氏，一次梦见一位左握帅印、右执宝剑、童颜鹤发、神采奕奕的大将。他自称是受皇上之命，来嘉应州庇佑百姓的。熊氏一觉醒来，惊喜异常，便于第二天早晨，一面派人回家乡泮坑村建造庙宇，一面请人雕神像、贴真金。一个月过后，熊氏请了八抬大轿，铜鼓乐班，吹吹打打，将神像抬到河边，坐上彩船，运至梅县头塘上岸，再抬进泮坑，安放在新建的庙中。这就是"泮坑公王"。从此，熊氏便财丁兴旺，大展宏图。因熊氏系泮坑外村人，因而，"泮坑公王保外乡"之说，也就很快传遍远近。

泮坑内村乡民，为争财丁兴旺，每逢农历初一、十五都进庙烧香祈祷，尤其是农历九月初十的"公王老爷生日"，烧香祈祷场面更加热闹。可是，内村总不见富贵，而外村人却越来越发达。久而久之，邻近人便知道梅县有个专保外乡的"泮坑公王"了。（讲述人：程金全）

十四、"泰山石敢当"

"泰山石敢当"这五个字，在客家地区常常可以看到。它到底是怎么来的呢？

传说西晋时候，刘智远做了都押衙官。一天，晋高祖应邀去和憨王会面。刘智远知道憨王不怀好意，便派一名叫石敢的勇士随身护卫。石敢愉快地接受了任务，挟起大铁锤便跟随晋高祖起身。他们走到半路，果然遇上憨王的武士埋伏，要劫持晋高祖。石敢奋勇拼搏，终使晋高祖脱险。但因寡不敌众，石敢在与憨王武士的搏斗中战死。为了纪念石敢的功绩，晋高祖便命部下在皇宫门口立一块石碑，刻上晋高祖写的"泰山石敢当"五大个字，意思是：死者重于泰山。后人为了纪念这位英雄，也把这五个字刻在石上，或书写在墙上。

西晋建都于河南洛阳。客家先祖是从河南、山西一带迁来的，故这五个字也在客家地区流传。（讲述人：陈国光）

第三节　民间生活故事

一、唱山歌选郎

传说，古时候，梅县松口石盘桥有一位聪明貌美的女子。这女子很会唱山歌，人家叫她"山歌妹"。俗话说：男大当婚，女大当嫁。山歌妹的父母看到女儿长大了，背着女儿各自寻了一个姓叶的和姓胡的男人作自己的女婿，山歌妹的姐姐也为妹妹定了一个姓梁的后生作妹夫，而山歌妹本人，却早已和一位姓秦的男子订下了终身。

一日，他们选定的四位男子不约而同走上门来。山歌妹招呼茶烟以后，要他们各唱山歌以通姓名，表达胸怀。

首先，姓叶的男子唱道："本和花果同根生，童子摘来戏作钱，敢学

君子逑淑女，舍得门前一段田。"

接着，姓胡的青年唱道："讲论家财盖三乡，诗书吟过百十箱；千年玉兔系我姓，今日登门凤求凰。"

第三轮到姓梁的后生，他唱道："要说家财财接财，金作山来银作堆；小姐若问我何姓，肩挑高楼作大材。"

最后是山歌妹私下认识的情郎唱道："婚姻难得自做主，相爱何必论有无；情深情爱谐我姓，不是有心不来求。"

山歌妹心中有数，随即唱了一首山歌许下婚事："竹篙晒衫叶要除，落托（散乱）纸牌吾想胡（指牌清）；穿底米升量唔得，只爱秦郎嬲一晡（一晚的意思）。"

四人一听，其中三个人扯脚（拔腿）就走，留下的是谁当然不用说了。

从此以后，"唱山歌选郎"的故事在梅州客家地区民间广为流传。（讲述人：洪耀华）

二、万事不求人

从前，有一个人姓石名二，人称石二叔公。他因心计胜人，经营有方，不到五十便成了当地富翁。他有四个儿子，已娶了三个儿媳妇，真是财丁两旺，百事顺心。石二叔公一时高兴，便在大门上挂了一块横匾，写着"万事不求人"。这一挂不要紧，却惹下了一场烦恼。

原来，有一个解元上京赴考路过这里，见了石二的匾很不服气，便对石二说："我说三件事你能办到，就真正是'万事不求人'了。如果做不到，待我高中回来时便要将你的匾拿下来烧掉。"石二问："先生，要办什么事？"解元说："一要你把布织到路那么长；二要你把猪养到山那么大；三要你把酒酿到海水那么多。等我考试回来便要你交出。"石二叔公好几天都想不出办法来，弄得他好酒好肉都尝不出滋味。

一天，他的三个儿媳都说要回娘家。石二叔公突然心生一计，叫齐三个儿媳吩咐道："大儿媳回娘家住半个月，带着纸去，包回一把火来；二儿媳回娘家住七八天，拿一张纸去，包回一包风来；三儿媳回娘家住三五天，拿一丈布去，带回一张被来。还说同日去同日回，办不到就不要回来。"

三个儿媳听了，都面面相觑，但又不敢不答应，只好起身了。她们走呀走呀，走了一程又一程，眼看前面就要分路了，三人坐下来商量，但都想不出什么好办法。她们想起家官（意为公公）的刁难，都不禁痛哭流涕。这时，恰巧有一个放鸭的姑娘走来，问她们出了什么事。她们将家官出的难题一五一十讲给姑娘听。姑娘听后，交代大儿媳拿纸做一个灯笼，点着火回去；叫二儿媳拿纸糊好一把扇子带回去；叫三儿媳将布做好一件长衫。对于同日回去，姑娘说，住半个月回去就可以了。她们不明白地说："一个住半个月，一个住七八天，一个住三五天，怎能同日回去呢？"姑娘笑了笑道："这其实是一样啊，半个月是十五日，七加八也是十五日，三个五还是十五日，这不是可以同日回去吗？"

半个月过去了，三个儿媳都欢欢喜喜回到家里，各自向家官交出所办的东西。石二叔公见了，觉得奇怪，问道："是谁教你们这样做的呢？"她们照实讲了。石二听了大喜，心想若能将那个放鸭姑娘娶来当第四个儿媳妇，家中什么事都可由她出主意了，还怕那个解元来烧我的横匾吗？

第二天，石二叔公就去找那个姑娘。姑娘问："大伯叫什么名字？"石二叔公说道："我名是一斗半、二斗半、三斗半、四斗半。"姑娘一听便说："啊！原来是石二伯来了。"这样，石二叔公就更觉得姑娘可爱了，于是便托人到她家说媒。姑娘家早闻石二叔公的名声，便满口应允了。

姑娘成了石二叔公的四儿媳后，石二叔公便将解元说的三件事讲给她听。四儿媳听后笑道："阿爹不用愁，这事交给我办好了。"等到圩日，四儿媳到街上买了一支竹尺、一把大秤和一只米斗。

过了不久，那位解元果然高中进士，并任了本县知县。上任后第三天，便派衙役去问石二叔公那三件事办得怎样。四儿媳便将尺、秤、斗交给衙役，说："三件事都已办好，但先请县太爷量一量路有几长，称一称山冈有几重，量一量海水有几斗，我才好将三件东西交给他。"衙役听罢，只好收起尺、秤、斗回到县衙，并将四儿媳的话向县太爷说了。县太爷听了，不禁佩服四儿媳聪明，也不敢去拆石二叔公的横匾了。

从此以后，"万事不求人"的故事在梅州市各地民间广为流传。（讲述人：高文运。）

三、韩十五与肖六娘

从前，有个呆子，娶了一个聪明貌美的老婆，叫肖六娘。一天，肖六娘叫呆子去卖布。呆子老是问她卖给谁，肖六娘生气地说："卖给鼻孔向上天的！"呆子走进城里，找了半天，终于在城门口看到一位穿长衫的先生在昂着头看告示，呆子连忙上前去拉住他说："先生，这匹布卖给你！"先生莫名其妙地问："为什么卖给我？"呆子说："我老婆叫我把布卖给鼻孔向上天的人，刚才我见你鼻孔向上天。"先生一听，晓得他是呆子，便

写了一张条子交给他说："好，布我买了。但我身上没带钱，你把这条子带回去，叫你老婆到我家来取。"

呆子回到家里，把纸条交给肖六娘，只见上面写着："九冬十月是我姓，七七八八是我名。千节桥上过，圆当树头下，汪汪哇哇是我家。"肖六娘看后吩咐呆子说："你沿着河堤走去，先过一座棕树桥，再从一棵柚树下面过去，有个学堂，你进里面去找韩十五先生，把布钱取回来。"呆子奇怪地问："你怎么晓得他就是买布的人？"肖六娘说："这是他字条上写的，我解出来了，如果都像你这么笨，那匹布不是白送给他了？"说得呆子无话可答。

呆子依照老婆的话，找到韩十五，便说："我老婆叫我来取布钱。"韩十五想，他老婆能把字条解透，真是个聪明女子，可惜嫁了个呆子。他给了布钱后，往竹篮里放上一堆牛屎，牛屎上插一朵鲜花，然后交给呆子说："这堆牛屎，你顺便带回去肥田吧。"呆子高高兴兴把它带回去了。

肖六娘一看丈夫手里的竹篮，问："牛屎是哪里来的？"呆子答道："先生送的。"肖六娘气死了，觉得嫁了呆子，受人耻笑，活着还有什么意思，不如一死了之。于是，她等丈夫出门割草后，换上一身新衣服，把自己装扮得光光鲜鲜，到河边去了。不料河边有一个人，拿着畚箕，在水里打捞。肖六娘觉得奇怪，向前问道："你在河里捞什么？"那人一本正经地说："我老婆早晨在这里洗衫，不小心把一枚绣花针掉到河里去了，我想把它捞回来。"肖六娘一听觉得这人比自己的丈夫还呆，天下嫁了呆子的岂止我一人，我为什么要寻短见呢？她这样自宽自慰，终于打消了投水的念头。她从髻子上取下一枚绣花针，交给那人说："不要捞了，大河里捞针枉费心机，把这拿回去给你老婆吧！"那人接了针，两眼痴痴地望着肖六娘。肖六娘被他看得不好意思，连忙转身走了。

这个捞针的人，原来就是韩十五。他送了牛屎后，怕肖六娘经不起刺激要来投河，便装作呆子到河边来了。

从此以后，"韩十五与肖六娘"的故事在梅州市兴宁地区民间广为流传。（讲述人：张旺泉）

四、亚古嫂巧治双尾蝎

旧时，有个财主，心肠歹毒，横行乡里，无恶不作。人们恨死他，给他起了个外号叫"双尾蝎"。

有一回，"双尾蝎"外出，路见一个如花似玉的妇人，一打听，原来是邻村李亚古的妻子。"双尾蝎"起了邪心，要把她霸占为妾。

一天下午，李亚古在"双尾蝎"屋旁的地里莳田，"双尾蝎"便将自己的花猫打死，暗自藏到李亚古的畚箕里，然后，硬说李亚古打死了他的猫，要李亚古赔偿。李亚古被逼得没法，只得问道"要赔多少钱?""双尾蝎"说："我的猫是宝猫，地下叫一声，老鼠躲上棚，棚上叫一声，老鼠就入罂，番人来取宝，出银三千三，明天我就到你家端银子，如你无钱，将妻抵债。"李亚古回到家里，把事情告诉妻子。妻子一听，很是气愤，想了想说："你放心，明天他来，你先躲一躲，一切由我对付。"

第二天上午，"双尾蝎"果然带着家丁上门来，一进门见到亚古嫂就问："李亚古在吗?""他刚出去，有点事找人商量。他说要下午才能回来，又说如果有人找他，可在这里吃午饭。""双尾蝎"便耐心等待。等呀等呀，一点钟过去了，饥肠辘辘，还不见饭菜上桌，两点钟过去了，只听见隔壁碗筷叮当响，就不见饭菜上桌，三点钟光景，饭菜上来了。亚古嫂给他们每人装了一碗饭放在桌上说："穷人家道，没有好吃的，怠慢了，今天男人不在家，我是妇道人家，失陪了，你们慢慢吃吧!"说完走了出去。

"双尾蝎"实在饿得慌，一碗饭很快便吃完了，转身去装第二碗。由于饭勺已被亚古嫂做了手脚，"双尾蝎"一用力，柄断了。

亚古嫂一看，大惊道："啊呀! 我的饭勺柄给你弄断，不得了呀!""双尾蝎"说："嫂子，一个饭杓柄也值得大惊小怪，我照价双倍赔偿给你总可以了吧!"

亚古嫂说："我的饭勺是宝勺，下锅碌一碌（搅拌搅拌），出饭又出粥;上锅碌一碌，出鱼又出肉，番人来取宝，足足出银三万六。明天我到你府上取，你若不赔，我与你官府见。"结果，"双尾蝎"不但没占到李亚古的妻子，还赔了钱。

从此以后，"亚古嫂巧治双尾蝎"的故事在梅州市兴宁地区民间广为流传。（讲述人：刁卓权）

五、自古山歌松口出

传说清朝时期，松口上坝头刘屋有个爱唱山歌的姑娘，排行第三，左邻右舍都叫她刘三妹。

刘三妹家境贫寒，没有念过书，但生得聪明，能随口编唱山歌，远近都知道她的名字。当时，邻县有个姓刁的秀才，自称是天下无敌的"山歌精"。有一天，他特地邀了一帮闲人，雇了两只木船，逆流而上到了松口，要找三妹对歌。当船停靠在松口上坝码头时，刚好刘三妹正到河唇挑水。由于被刁秀才的船头阻碍，三妹无法汲水，便唱出一首山歌："两只大船

一字排，霸占码头理唔该，相公莫误𠊎挑水，请把船头'傲'（让开的意思）开来。"那秀才见唱歌的是一个衣着朴素的村姑，便手摇白扇，开口唱道："妹子要𠊎船'傲'开，山歌唱出道理来，船到码头爱靠岸，时到春天花爱开。"

三妹毫不客气地驳道："相公讲话十分差，强龙不压地头蛇。手摇白扇斯文样，像只老蟹横横伽（横着走路的意思）。"

刁秀才仍不罢休，唱道："妹子唔好咁（这么的意思）无情，𠊎系有名山歌精，雇船上来会三妹，山歌一定驳赢人。"

三妹跟他对驳起来："敢同三妹驳山歌，问你山歌有几多？一条唱出一条驳，惊怕歌精败阵逃。"

刁秀才显出满不在乎的样子唱道："𠊎个山歌真系多，大船载来几十箩，拿出一箩同你驳，驳到明年割早禾。"

三妹听后，暗自好笑，不紧不慢唱道："相公唔使逞强才，比得咁差爱认衰，自古山歌松（从）口出，哪有山歌船载来？"

秀才被三妹驳得哑口无言，向旁人打听，才知道跟自己对歌的村姑就是鼎鼎有名的歌仙刘三妹。他自知不是对手，便调转船头走了。

从此以后，"自古山歌松口出"的故事在梅州市各地民间广为流传。
（讲述人：饶金星）

六、"山歌仙子"张六满

"脚踏长潭爱唱歌，只因肚里忧郁多；唱条山歌当米煮，唱条山歌慰情哥。莫说阿妹唔敢唱，妹子开口似长河；山歌专唱郎搭妹，大郎叔公奈我何！"这首山歌，相传是长潭上合村张六满唱的。张六满一生喜爱唱山歌，被人称为"山歌仙子"。她的丈夫是个种田汉。夫妻上山也好，种地也好，总是歌来歌去。有一天，夫妻俩到长潭割草打柴，丈夫在这面山，妻子在那个坳。到了中午，人们听到张六满用山歌招呼丈夫："噢啊，噫溜呀亲哥哩，来去转哪来去归，打柴辛苦𠊎也知，妹子炊有糯米饭，烧酒三杯体贴你。"她丈夫也用山歌回答道："听你山歌知你情，哥也唔系贪食人，夹心夹肝茶当酒，言语惜人最入心。"

当他俩挑起柴草，来到人们日常歇脚的地方"滴水岩"时，那里已聚集了很多人。大家高兴地邀"山歌仙子"对歌。一时间，歌来歌去，好不热闹。忽然来了几个乡绅，领头的是张六满的近房叔公赖以潜。他一看张六满与人唱山歌，便火冒三丈，决定待她回到家后治她一下。午后，当张六满夫妇回到家门口时，赖以潜早已手执烟筒等在那里了，不待他们把柴草放下，便指着张六满的额头骂道："你这不知羞耻的臭婆娘，竟敢在大庭广众之下与人唱山歌，败了我赖家门风，坏了我赖族家规，不教训一番那还了得！"说罢举起烟筒要打。张六满把草担一撂，拖出竹扛一挡，说道："叔公且慢！"接着唱道："说声叔公你爱知，唱歌哪会坏家规？嫂子心似长潭水，说我败坏家风不近理！"这一下更把赖以潜气坏了，挥起烟筒赶着要打。张六满又唱道："自古斜篾织斜箩，百劳生来系嘴多，㑽兜（我们的意思）唱歌心底正，真过叔公念弥陀！"惹得来看热闹的乡亲哄堂大笑，拍手叫好，弄得赖以潜威风扫地。从此，他再也不敢干涉张六满唱山歌了。

从此以后，"山歌仙子"张六满的故事在梅州市蕉岭地区民间广为流传。（讲述人：赖士汝）

七、榄子树下的故事

清朝嘉应州某地有位年轻貌美的女歌手。一天，她挑着柴草担从山上回家，行到村口时，见村里一位小伙子在榄子树上摘甘榄，便放下柴草担，向那小伙子喊道："喂，阿哥子，送几个榄解解渴，好吗？"后生向下一看，原来是有名的女歌手，便微笑着答道："要吃甘榄可以，但要唱一条能打动人的山歌。"女歌手一想，随口唱道："榄子打花花榄花，郎在榄上妹榄下，掀起衫尾等郎榄，等郎一榄就归家。"

这山歌用语双关。在客家话里"榄"与"揽"同音。那树上的小伙子听罢，邪心顿生，竟失手从两丈多高的树上掉下来，一命呜呼了。这惹来一场官司，那小伙子的父亲控告女歌手害死他的儿子。衙门升堂审判时，女歌手申明原委，并当堂念了那首山歌。县官一听，判决道："歌手多才，后生多事；唱者无心，听者有意。真心讨榄，并无歪意；自家心邪，该死该死！"

从此以后，"榄子树下"的故事在梅州市各地民间广为流传。（讲述人：巫圩妹）

八、"尖尾剪"的故事

梅州大埔民间流传着"尖尾剪"这么一个故事。

清朝道光年间，梅州大埔银江镇坑口村玉尺坑出了一个著名的山歌妹，叫何好娘。由于她善于对歌，把对手驳得哑口无言，所以人家送她个花名"尖尾剪"。有一次，"尖尾剪"在河边割草，拉船的纤夫唱过去一首山歌："半山冈上一丘田，无陂无圳无泉源，阿哥有条竹水筒，借给老妹

灌口田。""尖尾剪"一听，毫不客气地唱道："阿哥讲话好虚玄，手掷竹缆绷绷狠，自家背后晒毕坼（裂缝），哪有水来润妹田。"

又有一次，她去赴大麻圩，遇上下雨，路很滑，一不小心跌了一跤，两旁的人看了大笑，她心里很不好受，索性坐在地上唱了起来："天上落雨没收留，落得地下滑溜溜，阿妹唔知失一脚，笑死两边大水牛。"

再有一次，有三个后生想试她的歌才，特地请她上酒楼吃饭。席间，一个说菜不够出去了，另一个说酒不够跑了，第三个等了一会，说去找他们也走了，只留下"尖尾剪"。结果这席酒钱只得由"尖尾剪"付。她气愤地追出酒店，一出门即碰见那三个后生，他们笑嘻嘻地说："你能立即唱首山歌的话，酒钱由我们付。""尖尾剪"马上唱道："新打剪刀开两丫，剪哥唔到剪自家，千日老鸦吃死佬，今日死佬食老鸦。"这三个后生被骂得狗血淋头，乖乖地把酒钱还给了她。（讲述人：余耀南）

九、山歌一条谷一担

相传，兴宁北部山区有个妇女叫杨四娣，她性格开朗，好唱山歌，方圆几十里的群众都熟悉她的名字。一年中秋节，当地的财主罗金发，准备了一些糖果、细茶，特地请杨四娣来唱歌，同时还请了乡中豪绅来陪听，其中有张玉光、刘行、刘子良，还有大阔佬刘久咸（又名瀹三）。当杨四娣来的时候，罗金发即叫家人"黄蜂头"捧茶。杨四娣在桌边的竹椅上坐下，看到桌上放满茶果之类的食品，随即唱道："金发大哥主意多，想拿糖果换山歌，风车放谷爱装好，样般（怎么的意思）用得你烂箩（罗）。"罗金发一听觉得不是滋味，马上叫"黄蜂头"过去对她说："杨四娣，大公好意叫你来唱歌，要唱使人舒畅的，可你一开口就叫人扫兴。"听了这话，杨四娣随即把矛头对准黄蜂头，唱道："深山蜂子求数求，手拿蜂帽就来收，咁多火烟熏唔走，其中定有老蜂头。"黄蜂头一听，全身火辣辣地退到后堂去。张玉光、刘行、刘子良三人出来质问："杨四娣，你真是不看脸色的人，如果你唱出好山歌，罗大公定有奖赏，何必唱这般没趣的呢？如果你真有本事，能不能把我们三个人的名字连起来唱？"杨四娣横眼扫了一下他们，思索片刻便唱道："水杓舀水装（张）入（玉）缸（光），白纸写字爱留（刘）行，九冬十月霜雪大，日夜缅等偓子凉（良）。"他们一听，都很满意，特别是刘子良心里更是甜滋滋的，说要赏银子给杨四娣，却不知这山歌已把他说成是杨四娣的儿子了。

最后，刘久咸站起来说道："杨四娣，你若能打我的景致，我付一担谷子给你。"杨四娣站起来，喝了一口水，唱道："山歌一条谷一担，盐腌酸梅留（刘）久含（咸），出门挑担日子久，虱麻（虱子）上身爱漓衫（三）。"刘久咸只好付一担谷子给杨四娣。从此之后，刘久咸一出门，人家就笑他"虱麻上身"，输了一担谷子，还成了大家的笑料。

"山歌一条谷一担"的故事便在梅州兴宁民间广为流传。（讲述人：巫慈谦）

十、"刁嫂子"山歌调的由来

"啊嗨，阿妹你过来！"这种"刁嫂子"山歌腔调是梅州兴宁民间广为流传的一种山歌腔调。关于"刁嫂子"山歌腔调的形成，梅州地区流传着一个故事。

刁嫂子是兴宁石马人。她长得漂亮，伶俐泼辣，能出口成歌。刁嫂子十四岁的时候，就嫁给了一个贫穷人家。没多久，她丈夫患病死了。迫于生计，她只好到王财主家去做婢女。王财主是个奸刁嚚恶的人。刁嫂子吃尽苦头，忍气吞声。在困苦的日子里，她唯一的精神寄托就是唱山歌。

一次，王财主趁刁嫂子倒痰盂之际，对她进行调戏。刁嫂子气得瞪起双眼，当场唱山歌斥他："蛇窿窟里蛇哥多，泥鳅滑子（塘虱鱼）共一窝，一桶鱼藤倒下去，看你有命出窿么？"王财主生怕被人听见，随手拿起床前的手杖恐吓道："你敢唱！"刁嫂子面无惧色，随口又唱道："我嘴生来系唱歌，天王老子奈唔何，阎王面前都敢唱，难道怕你死孤摸（骂人绝后代）。"唱完一溜烟跑了。

刁嫂子被王财主赶出家门后，转嫁到罗岗袁屋。她改嫁后，家乡的人们都十分怀念她。她以前的一些歌友多是到江西挑长担的穷苦人，他们每逢挑担从刁嫂子屋前的大路经过时，都要吊起嗓门大声地唱道："啊嗨——刁嫂子，阿妹你过来！"久而久之，"刁嫂子"便成了当地流行的一种山歌腔调。（讲述人：何子善）

十一、山歌醒酒

"你的山歌使我酒醒了。"这个"山歌醒酒"的故事在梅州五华民间广为流传。

从前，客家地区有个十分嗜酒的人，不管什么时候，别人问他"要不要酒"，他都说"最不要"。不知道的人还以为他真的不喝酒呢。其实，"最"与"醉"谐音，他的意思是喝醉了才不要。他常常上街饮酒，饮得大醉而归。有好多人劝过他，但他都不听。一次，他赴圩喝醉了，回来时口里哼着山歌，摇摇晃晃地走着，不料被石子一绊，跌倒在地。正巧此

时，有个女子扶他起来，他便随口编出一首山歌答道："喝酒喝得醉连连，失脚跌倒大路边；无情阿妹借眼看，有情阿妹双手牵。"

那个女子也立即以山歌答道："喝酒太多发酒癫，幸得跌倒妹身边，今次跌到妹牵起，下次跌倒哪人牵。"

他睁眼一看，竟是自己的妻子。原来她是来寻找丈夫的。他顿时感到惭愧得很，对妻子说："你的山歌使我酒醒了。"从此，他便改了嗜酒的习惯。（讲述人：万成德）

十二、儿媳妇驳家翁

梅州兴宁民间广为流传"儿媳妇驳家翁"的故事。

从前，有一老头子早就想抱孙子了，儿子刚成年便给他娶了媳妇。媳妇过门三年后，还没有生育，老头子十分苦恼。

一天早晨，老头子洗漱完后，在门前淋花，恰好儿媳妇出来，他便唱了首山歌，暗示儿媳妇去改嫁："门前种条'月月红'，朝朝洗面朝朝淋，只晓开花唔结果，你莫把等我门风！"

儿媳妇听出了他的意思，大胆地回敬了一首山歌。她唱道："门前有块大丘麻，细细牛仔冇力耙，犁头入土冇两寸，禾苗样般生得下？"

老头子被驳得哑口无言，再也不敢埋怨儿媳妇了。（讲述人：刘茂彬）

十三、清和桥斗诗

在梅州大埔乡村，民间广为流传着道士、秀才、村姑三人为买一把菠菜在清和桥头上斗诗的精彩故事。

传说，从前嘉应州某地有座清和桥，桥头上经常有很多做买卖的人。一日，有道士、秀才、村姑三人围着一个老汉争买菠菜。这时，老汉的菜箩里只剩一小把菠菜，应卖给哪位呢？他一抬头，看见桥上"清和桥"三个字，便请他们三人以"清""和""桥"三字各做一首诗，要求涉及"菠菜"和讲明各自的身份，谁做得好，就把菠菜送给谁。道士首先以"清"字作诗道："有水读作清，没水也系青，除去清边水，加米便成精，精心修炼人人爱，豆腐煮菠菜。"接着，秀才以"和"字为题吟道："有口是读和，没口也读禾，除去和边口，加斗便成科，新科状元人人爱，瘦肉煮菠菜。"最后，轮到村姑，只见她形态自然，开口念道："有木是读桥，无木也是乔，除去桥边木，加女便成娇，娇嫩闺秀人人爱，清水煮菠菜。"

老头一听村姑念的诗，就把菜送到她手中，并且有趣地说："有豆腐的请吃豆腐去吧，有瘦肉的请吃肉好了，这村姑一无瘦肉，二无豆腐，那

就请两位成全她清水煮菠菜吧！"（讲述人：杨宗仰）

十四、看图解意

梅州是华侨之乡。在大埔侨乡地区有一个广为流传的夫妻间配合默契的"看图解意"民间故事。

从前，有一位番客（华侨）请一位水客（早期水客的职业是专为旅外侨民带银信回国，按规定收取佣金）搭一百两银子给他唐山（唐山为华侨对祖国的称呼）的妻子。因不识字，他便画了一张画一同带去。画面上画有四条狗、八只龟和一段竹。这水客贪心，只交了五十两银子。番客的妻子说数目不对，说她丈夫搭了一百两银子。水客问她怎么知道？她摊开图画说："你看这四狗（九）是三十六，八龟（王八）是六十四，加起来不是一百吗？"水客又问："那竹又是什么意思？"番客的妻子说："他说过了节就会回来。"水客没法，只好将银子如数交给她。（讲述人：余训芳）

十五、富翁择婿

梅州五华乡村地区广为流传着富翁将女儿许配给塾师、长工、看牛娃三人的"富翁择婿"故事。

从前，有个富翁，请了个塾师教他的两个儿子和一个女儿读书。富翁对塾师说："先生教我两个儿子考上秀才的话，我的女儿就嫁给你。"中年丧偶的塾师听了很高兴，到处搜寻考上秀才、举人的人的文章来认真教他们。果然，富翁的两个儿子都中了秀才，在贺客盈门时，塾师便催富翁履行诺言。

殊不知，富翁也曾对长工说过："如果这一造稻谷收成能顶两造，我的女儿就许配给你。"长工勤劳耕作，又恰好风调雨顺，结果，一造收成比两造还多。长工也催富翁要将女儿嫁给他。

没料到，富翁也曾对有点长短脚的看牛娃说过："如果我的公牛添了小牛，我的女儿就送你做妻。"二十来岁的看牛娃认为这是开玩笑，没有把富翁的话放在心上。一日他在山上睡过了时辰，很晚才牵牛回家，路上碰见一头小水牛叫着找母牛，找不到就跟着他的公牛回了家，直到半年过去了也没有人来找。这样，就算是公牛生了小牛了。这时，他也催富翁将女儿配给他。

富翁三喜临门，当然很高兴。但想起对三个人讲过的话，却吃不香睡不好，每天愁眉不展。他女儿见了，问是为什么。富翁只好把原委告诉她。她听完，说她自有办法，只需如何如何即可。

一天，富翁叫齐塾师、长工、看牛娃，对他们说："你们三个都做到我的要求，理应将女儿许配你们。但我只有一个女儿，所以只好由我女儿出题考试，她在屏风后听着，谁考中了，她就擂鼓三声。"长工、看牛娃认为自己不懂文墨，考不过塾师，不同意。富翁说："这点我们考虑到了，出的是通俗易做的题，你一样能做。"这样便开考了。题目是把"糊糊涂涂、清清楚楚，千难万难、千容万易"连成通顺而切合实际的四句诗。

先是塾师念道："磨好墨，糊糊涂涂；写了字，清清楚楚，初考秀才千难万难，今考秀才千容万易。"等了许久，鼓声都没响。

这时，长工想好了念道："田里起来，糊糊涂涂；洗净手脚，清清楚楚；前割万斤千难万难，今割万斤千容万易。"等了许久，鼓声也没有响。

轮到看牛娃。他念道："小姐起来，糊糊涂涂；梳洗好了，清清楚楚；我想小姐千难万难，小姐要我千容万易。"这时鼓声"咚咚咚"地响了起来。

本来，这下算解决问题了，但塾师、长工不服，要求再考。小姐只好再出题目。她这次出的是把"一点红、一把弓、当当滴、暗蒙蒙"连成四句诗。

还是塾师先念道："日出东边一点红，月儿弯弯一把弓；星在天空当当滴，乌云遮住暗蒙蒙。"过了片刻，鼓声没响。

长工念道："桃树开花一点红，桃枝弯弯一把弓；桃子结果当当滴，桃叶遮住暗蒙蒙。"他也没有听见鼓声响。

这时，看牛娃很有信心地念道："小姐嘴唇一点红，眉毛弯弯一把弓；两个乳头当当滴，罗衣遮住暗蒙蒙。"鼓声"咚咚咚"地响了。

这时，塾师、长工还是不服，大闹了一场。其实塾师、长工都快50岁了，哪比得上虽有点脚跛，却年轻、英俊的放牛娃呢？小姐只好再想法子说："我先走两刻钟，然后你们三人同时跑来，谁先追上我，我就跟谁成亲，这次再不许反悔了。"三人只好点头同意。小姐先直线走了一段路，然后藏在路旁茅草丛里。眼看着先是长工飞快地向前追，然后，塾师也跑过去了。最后只见看牛娃一边走一边念道："一坎一凿，你我婚姻就定着；一坎一跳，你我婚姻就会到。"小姐听了忍不住哈哈大笑起来，走出草丛，拉着看牛娃的手回到家里，在摆设好了的堂上拜天地成亲。（讲述人：刘先）

十六、"子归鸟"的故事

梅州民间流传着人们熟悉而又凄惨的"子归鸟"故事。

传说，很久以前，有个农夫娶了个妻子。他妻子生下一个儿子后不久，就死了。随后，农夫续了弦，也生下一个儿子。谁知小孩刚生下不久，农夫便病死了，家里就剩下母子三人。随着岁月流逝，两个孩子慢慢长大了。但是，后妈总认为大孩子不是自己亲生的，便不断歧视和虐待他，甚至巴不得他早点死去。

一天，后妈拿了两小袋豆种和一些干粮，吩咐兄弟俩去山坑地里下种，并叮嘱他俩要等种子长出来后才能回家，如谁的没长出来谁就不得回家。小弟弟知道平日妈妈对哥哥不好，断定妈妈这次的使唤有鬼。于是，出于对哥哥的同情，去到地里时，他便偷偷地将自己的豆种跟哥哥的那袋换了。豆种种下去了，一天、两天、三天……果然不出弟弟所料，哥哥下的种出来了，而自己下的却没有长出来。原来，妈妈交给哥哥的那袋豆种是炒熟的。然而，哥哥哪里知道其中的奥秘呢？他决定等弟弟种下的种子长出豆芽再一同回家。可是等啊等，豆芽儿还是没长出来。

后妈满以为这次的妙计一定成功，只盼着亲生儿子回来。谁知兄弟俩早已饿死在地里，给野兽吃掉了。后妈后悔莫及，心如刀割，最后自己也悬梁自尽了。后妈死后变成了一只鸟，它为找到自己的孩子，成天飞，昼夜不停地呼唤着："子归来！子归来……"（讲述人：谢治安）

十七、"掘花边"的故事

梅州市大埔县民间流传着一位老农夫采用"掘花边"方式教育儿子成长的故事。

从前，客家某地有个老农，生了一个儿子，由于过分娇生惯养，儿子长大后百事不理，一味贪图烟酒色，气得老父一病不起。临终前，老汉叫妻子把儿子带到床边说道："仔呀，父亲辛苦一世，只得到半饱生活，本指望你成家立业，可你偏偏不争气，父亲死后，看你母子怎么过日。唉！幸得我一生省吃俭用，积蓄有百多块'花边'（即银圆）……"儿子听到"花边"，便抢着问道："'花边'放在哪里？"老汉有气无力地接着说："'花边'就埋在自家的那块地里。"儿子正想再问，老汉却一命归天了。

老汉死后，儿子一心想着"花边"，好不容易等父亲的丧事办完，便一锄一锄地翻土，劲头一来，竟不吃饭，不休息，也不觉得困倦。可是，辛苦了几天，就是没有发现一块"花边"。

时间过得很快，不觉到了春种季节。母亲对儿子说："'花边'反正埋在自家地里，眼下正值耕种时节，不如先种下作物，待夏收后，再挖不迟。"儿子想想也有道理，便照母亲说的播下稻种。转眼到了夏天，稻子得到丰收，母子俩高兴得不得了。这时，母亲才对儿子说："仔呀，你父

亲说的'花边',总算挖到了,今天收获这么多的谷子,不是比'花边'还贵重吗?今后,只要勤劳耕种,还愁没有更多的'花边'吗?"

儿子这才恍然大悟。从此,他勤劳过日,创家立业,日子也就越过越春光(好的意思)了。(讲述人:余恰屏)

十八、田百畴禁山

在梅州市大埔县民间,流传着田百畴采用故意支使其媳妇进入禁山区打柴伐木而接受惩罚的方式,来教育村民执行禁山山规的故事。

清朝时期,大埔县银潭村有个武举人,名叫田百畴。他平时说话算数,一是一,二是二,人人都很敬佩他。

一年,有几个村民只顾谋取私利,不管水源林,还是风景林、老幼林,统统乱砍。村民们非常气愤,纷纷请求田百畴设法制止。田百畴应大家的要求,特邀全村父老,共同规划了山林禁区,并立下山规,告诉全体村民共同遵守。山规写道:"兹立山规,维护山林;禁区林木,刀下留情。初犯罚戏一合,效尤罚以重金。凡我上下村民,护林务必同心。人人遵规守法,代代繁衍昌盛。"

告示公布的第二天,田百畴故意支使其媳妇进入禁山区打柴伐木。她一进去便被人发现了,可是那人一看她是田百畴的媳妇,便不知如何是好,最后他竟卖了个人情,装着没看见。但事情终归包不住,人们议论纷纷。

有些人认为应当处罚;有些人则认为是初犯,教育教育就算了。正当大家争论不休时,田百畴出来讲话了,他说:"王子犯法,与庶民同罪。我家媳妇犯了禁山规定,当然应受到处罚,就罚两台戏吧!不罚不顺民意,不罚山规难行,不罚不足以儆效尤。"接着,他便请来一位秀才撰写戏台柱联,以教育大家。秀才性本诙谐,信手写下:"银潭做戏,因为惩处偷砍林木。"田百畴一看,觉得如此对联有失文雅,便提醒道:"兄弟,莫乱搞呀!"谁知秀才随即把他这句话写入下联:"兄弟莫搞,如若拿获重罚金银。"田百畴连声赞好。

从此,那些企图偷伐树木的人,再也不敢违犯山规了。(讲述人:田力耕)

十九、五只"花边"

在梅州市兴宁地区,民间流传着吕应当医生在行医过程中出现的关于五只"花边"的故事。

从前，有一位名叫吕应当的医生，开了一间小药店。他医术高明，为人随和，请他看病的人很多。

一天，有个穷苦老妇，请他到家里看病。把脉开药后，吕医生便走了。后来，老妇拿钱买药时，发觉借来的五只"花边"不见了。她想，我房内只有吕医生来过，莫非是被他偷去了？心中闷闷不乐。

第二天，吕医生来给老妇复诊，老妇待他开好药方后，问："先生，我昨天借来买药的五只'花边'不见了，昨天除你以外，没有别的人到过我房里，请问你是否拿了？"吕医生想了一下，答道："是我拿了。"说完马上从口袋里拿出五只"花边"，双手交给老妇。

几天以后，老妇的病好了。她整理被席时，在席底下的床秆里面，找到了那五只"花边"。她感到诬赖了吕医生，十分难过。但是吕医生为什么要承认呢？她想来想去都想不通。

第二天，老妇买了些礼物，并带上那五只"花边"去拜谢吕医生。到了药店，老妇对吕医生说："先生，我的病是你治好的，这一点薄礼，请你收下；还有那五只'花边'，我寻回来了，你的钱我还给你，我是个老糊涂，请你不要见怪！"吕医生笑着说："那是过去的事了，我不怪你老人家。这些东西你带回去加点营养，钱就给你买补品吧！"老妇问道："先生，你没有拿我的钱，为什么要承认，赔钱给我呢？"吕医生答道："当时你正在病中，如果我不承认赔钱给你，你一定非常痛苦，加重病情。而且没有钱买药治疗，会误了性命。"

老妇听了吕医生的话，十分感激，后来，她逢人便讲此事。吕医生的名声由此四处传扬，请他看病的人越来越多，药店的生意也越做越旺。（讲述人：邓灵发）

二十、梅江桥的故事

梅江桥是梅州市地标性建筑物之一，也是梅州特色文化名片之一。梅江桥的建造得到了国内商家和海外侨胞的热心资助。梅州市梅县地区流传着梅江桥建设过程中南洋华侨募捐的故事。

1934 年，建造梅江桥需要光洋十三万，还差一半经费没有着落。乡绅父老推选曾汉南出南洋募捐。曾汉南途经汕头，有幸遇见了大企业家胡文虎，便在汕头以梅县同乡会名义宴请他。席间，曾汉南请胡文虎捐助，胡文虎当下没有答应。第二天，胡文虎想了一条妙计，他深知梅县人很有钱，却不愿掏钱包，便以设答谢宴为名，提出如下条件：梅江桥仍需的一切费用由胡文虎出，不过，南北桥头要树立永安堂万金油商标，并要塑造

开牙的虎、豹各一头。梅县同乡认为这是丢了梅县人的面子，便坚决谢绝。结果，梅县人的钱被胡文虎"激"出来了，梅江桥也就建成了。（讲述人：张玉南）

二十一、"三斤九"的故事

梅州市各地民间流传"三斤九"的故事。

从前，有一个人叫阿三。他老婆病死了，儿子去流浪了，剩下自己孤苦伶仃，生活难过，只好沿门乞讨。很多人瞧不起他，把他看成狗，加上他身体瘦小，据说出世时才三斤重。所以，男女老少都不叫他阿三，而叫他"三斤狗"（客家话中"九"与"狗"同音）。阿三只好忍声吞气，随叫随应。

有一年的年三十晡（即除夕；晡，指晚上），家家宰鸡杀鸭，踏粄打糍。"三斤狗"却一碗干饭也吃不上，他叹道："人家有钱好过年，自家冇（无）钱难过年；冇钱人家人看贱，当今世道人敬钱。"他越想越苦，哪里也懒得去，躺在床上打盹。正迷迷糊糊时，忽然一阵"咚咚咚"的敲门声，把他惊醒过来。他无意间问了一声："谁呀？""我呀，阿爸，我回来了。"他一听儿子回来，心头一阵欢喜。他想"无钱百子千孙也闲情"，便又问："你有冇赚到钱呀？冇钱我就不打（开）门了。"儿子道："爸爸，打开门来呀。"阿三无奈，只好去开门。他开门一看，儿子衣着光光鲜鲜，还有几个人担着沉重的担子跟着。原来儿子在南洋发了大财。

第二天，天刚蒙蒙亮，家家户户祭拜祖先的猪首、金鸡、鲜鱼等便摆满了厅。"三斤狗"父子备办不及，儿子出了个主意，用箩筐装下白银担进厅里。这一做法惊动了村中男女老少。大家一见"三斤狗"都急忙改了口，声声"三伯公"叫个不绝。

这时，只听"三斤狗"的儿子大声说道："乡亲父老，堂兄伯弟，我在外多年，家父蒙大家关照，我万分多谢，现在我用这担白银报答关照过我爸的乡亲……"这话一出，满堂惊愕，谁也不敢说给过"三斤狗"关照。后来得知族中一个伯父时不时给"三斤狗"一些食物，他便给了他许多白银。（讲述人：黄裕均）

二十二、有良心的小偷

梅州市兴宁地区民间流传一对夫妇与小偷之间发生的情感故事。

从前有个贼，深夜偷了一袋银子。这时他已经很饿了，便又想找些东西来吃。刚好路旁有一户人家，他把银子藏好，便轻手轻脚摸进那家的厨房，只见炉火正旺，煲钵里热气腾腾，不知蒸的是什么好东西。他急忙将盖揭开，一股香味冲进鼻孔，借着柴火光一看，原来是一只鸡，他很快便把那只鸡吃个精光。

吃完以后，正想出去，忽然听见隔壁房里传来哭哭啼啼的声音。他又摸到窗子前，踮起脚一望，只见一对年轻夫妻，偎依在一起，哭得悲悲切切。他仔细一听，原来是丈夫在娶妻时借了财主不少银子，限期还清，到期不还，以妻抵债。现在期限已满，丈夫无法还贷，眼看明天就要送妻子去抵债。临别之时丈夫觉得该煮点好吃的东西给妻子吃，便把家中仅有的一只母鸡杀了。这时，夫妻话别，句句割心痛肠。

小偷听后，十分同情，觉得偷吃了他们的鸡，问心有愧，便将那袋偷来的银子，全部倒在煲钵里，然后悄悄离去。

到了五更时分，丈夫进厨房端鸡，揭开盖子一看，鸡不见了，只见一煲白花花的银子。他莫名其妙，忙叫来妻子，说："真是老天爷开眼，搭救我们。"夫妻俩万分高兴，天亮，丈夫便拿上银子去还债。

债还清后，还剩下不少银子，夫妻俩便做起生意来，由于他们为人诚信，又经营有方，生意渐渐兴隆起来，十多年后竟变成了大老板。

一天，有个小孩拿着布袋来到店里。他将布袋往柜台上一放，说："老板，我阿公叫我来跟你借点米下锅。"老板一听，觉得好奇怪，便问："你阿公是谁？"那小孩即按阿公叮嘱的话说："银子换蒸鸡的便是我阿公。"那夫妻一听，猛地明白过来，原来是自己救命恩人的孙子。夫妻俩马上请来轿子，亲自上门去把他接回来供养。后来，讲起往事，那小孩的阿公才道出真相，并说自从银子换蒸鸡后，再没有去偷，改邪归正了。
（讲述人：温均和）

二十三、范丹的故事

梅州市五华地区民间流传乞丐范丹为人做事的故事。

故事一：巧计戏歹徒。从前，有个人叫范丹，靠乞讨生活，却每天在自己住的天帝庙里向天帝老爷焚香祷告："但愿天下人人富贵，唯有范丹一人穷。"

有一天，天还没有大亮，睡在神龛后面的范丹，听见庙门外传来"轰"的一声，接着又看见个姓胡的医药先生，进来向天帝老爷祷告："天老爷呀，你坐得高，望得远，知道我门庭冷落，少人求医，今求你大显威灵，使多人发病，前来求医，到那时我会重重地酬谢你老人家……"

胡医生走后不久，来了一个专做棺材生意的何老板，他也在天帝老爷

159

面前祷告说："天帝老爷，近来很少人死，棺材卖不出去，求你降法多死人，使我店中棺材日日好卖，我会酬谢你的。"

接着进来祷告的是一个专卖"灵屋"的魏老头，他也希望多多死人，使店中扎的"灵屋"有好销路，并说日后备办三牲祭品酬谢。

范丹听到他们的祷告后非常生气，深恨他们心肠太坏，盘算着要想出一个办法来治治他们。于是，他将平日讨来的铜钱，包了三个红包，按想好的办法，首先假做魏家人去请胡医生，说是魏老头急病求医；接着又扮作何家人去请魏老头，说是何母去世，要他送去"灵屋"一座，随即又扮作胡家人去请何老板，说是胡家父亲昨晚去世，叫他立即送去一副上好的棺材。就这样使用连环计，使胡医生去到魏家，看不见魏老板的人影，其家人说是送货上门到何老板家去了，结果赶到何家只见"灵屋"一座，也不见何老板的人影，说是送棺材到胡医生家去了。

正当他们三个人照着范丹的调引，在胡家碰到一起的时候，一个个看着刚送到的棺材，想到何家的"灵屋"和求医的"病人"，都莫名其妙，面面相觑。（讲述人：吴锡雍）

故事二：先人后己。一天夜里，范丹在床上久久不能入睡，苦思苦想着：自己一生就这样靠乞讨过日子吗？自己能不能像他人一样成家立业，娶上老婆，养育孩子呢？猛然间，他想起南海观音慈悲灵验，普救众生，何不去求问求问？

第二天，天还蒙蒙亮他就上了路。经过的村寨，人人都认识他。大家见他行色匆匆，都问他到哪里去。他说去找南海观音娘娘问事。一个老大娘得知后，便叫他代问：她家女儿今年十八岁了还不会讲话，是怎么回事。范丹答应了。又走过一个村寨，一个汉子托他问一问：他家门前那棵梨树只开花不结果，是什么原因。范丹也答应了。又走了一段路，他感到口渴，向一老汉讨了水喝。老汉也叮嘱他：他家屋后有一棵桃树，不知为什么只结果不开花。范丹照样答应了。

范丹到了南海观音那里，只见求问的人熙熙攘攘，轮到他问时，已是日落西山了。他想：是先问自己的还是先问别人的呢？犹豫了一会，他决定先问别人的，后问自己的。不料，刚问完别人的，观音娘娘就不见了。范丹只好返回。当他回到老汉家门前时，老汉便问他问了没有。他照观音娘娘说的告诉他："大伯，树下有罐银。"说完便走了。老汉听了，叫来儿子，亲自去挖，高兴地捧出一个罐子，谁知开罐一看却是一罐子毒蛇。他忙把盖子盖上，怒气冲天道："范丹你小子，一下换了心肠，起歪意，待天黑了，非把蛇放进你屋里咬死你不可。"说梨树开花不结果的汉子，看见范丹来了，走上前去。范丹告诉他："观音娘娘说，树下一罐金。"范丹走后。汉子就在梨树下锄起来，果然找到一个罐子，他小心地打开一看，吓得全身肌肉痉挛，说："范丹你这穷鬼，竟敢骗人，把蛇说成是金。待天黑了，你试试看吧！"

"娘，娘……"一个坐在门前的哑巴姑娘突然开口对母亲说，"范丹哥哥回来啦！"老妇出来把范丹迎进屋里。坐下后，范丹笑吟吟地说："大婶，观音娘娘说：'老妹一见亲哥就开口。'""见鬼去，你这寒酸鬼，身上尽是寒酸味，快走！"老妇说着就把他赶出家门。

当夜，范丹因疲劳便早早睡了，睡得很熟，发了梦呓："我要天财，不要地宝。"正在这时，种桃树的老汉、种梨树的汉子带着装着蛇的罐子来了，他们看见范丹的门闩着，便爬上屋顶拨开瓦片，把两罐蛇全倒下去说："让他上西天去吧！"随即，屋里"当啷、当啷"声音响个不停。

第二天，范丹起来见满地金银财宝，想起昨夜的梦话，变成了今天的现实，高兴得跳起几尺高。后来，他娶了那个哑巴姑娘为妻子，建立了家室，生活过得美满幸福。（讲述人：徐安胜）

二十四、酒后吐真言

梅州市五华地区人们流传着赖皮酒后把自己行凶杀人真言吐出来的民间故事。

从前，有个人叫张八，靠乞讨到了南洋，在一家工厂里做苦工，一直做了五年，积累了一点钱。张八拿这些钱做起了小生意。又经过十几年的辛苦经营，渐渐发了财，便想找个同伴回家乡安居。

一日，他走在街头，一个汉子向他哀求道："大哥，行行好吧！"张八听他的口音是家乡人，又见他衣衫褴褛，不禁起了同情心，便将他带回店中，好酒好肉待他。

原来这个汉子叫赖皮，也是和张八一样靠乞讨来到南洋的。他到南洋后，一直没找到工做，想回老家又没有盘缠。这时，张八饮了几杯，已有几分醉，听了赖皮的话后说："老弟，不用愁，我们一道回去。你没钱不要紧，阿哥有，几十年也花不完。"于是俩人越谈越起劲，结拜为兄弟。

第二日，俩人便同乘大船起程回乡。到了黄昏时分，张八独自站在船头，想着自己的妻子受了这么多年的苦，现在不知怎么样了，儿子也该长大了吧？……他正想着，不料，赖皮向他背上捅了一刀，又顺势一推，把他推到海里去了。

赖皮回到家乡，成了一个腰缠万贯的财主。第二天，他便搭信叫张八

的妻子去见他。张妻带着十五岁的儿子去了。赖皮一见她，便连声叫"嫂嫂"。等坐定后，赖皮便说当年自己如何同张八一起过番，在南洋如何受苦，又说，有几次张八如何得病快要死去自己如何出钱将他医好，最后只因张八沾染赌博恶习，弄得身无分文，最终投海死了。张妻听了心痛得像被刀子刺了一般，心想丈夫一死，一切希望都没有了，直哭得死去活来。

这时，赖皮赶忙安慰她不要苦恼，一切有他做主。眼看天已黄昏，便装得十分诚心，留她住宿，要了酒菜同吃晚餐。酒至几分，便乘机叫张妻不要回去，俩人结为夫妻。张妻思量自己已走投无路，便只好答应了他。这样，赖皮又霸占了张八的妻子。

欢欢乐乐过了一年，赖皮断定自己对张八所做的事无人知晓，也就不再放在心上。有一年八月中秋晚上，赖皮喝了几杯，醉眼迷蒙地看着妻子，哈哈大笑说："妻啊，我比张八如何？"妻道："你当然赢他八倍。"赖皮又说："你是和我一条心啊！"妻子又说"那还用说吗？到死也跟你了。"赖皮一听，更是得意地说："是啊，张八就是没有福气！要不，怎会被我随手一推就下了海呢？……哈哈！"张妻听了大吃一惊，原来丈夫是被他害死的！想来酒后露真言定然不假。于是，第二天一早，趁赖皮还在梦乡，她便到县衙去告了状。县官将赖皮抓去审问。赖皮无法隐瞒，便招了供，被判了死刑。（讲述人：陈巨龙）

二十五、不贪财的人

梅州市梅县地区流传着粤赣交界处卖茶人诚信待人的民间故事。

从前，在广东和江西交界的地方，有一个茶亭，卖茶的人叫颜大哥。他一边卖茶，一边编织草鞋，以方便行人。

有一年冬天，一个江西的地理先生，把五十个银圆装在布袋里，准备带回家去过年。经过茶亭喝茶时，他把银圆丢在那里了，直到走出广东地界时，才猛然想起。他想回去追取，又觉得路途已远，还想黄金落地众人财，世间哪有人不爱财呢，只好自认倒霉，不再返回去取了。

第二年春天，那个地理先生又到广东营生。到茶亭时，见颜大哥仍在卖茶织草鞋，感到奇怪，心想自己给了他五十个银圆，不论做什么生意也有了本钱，为何仍在卖茶呢？于是问道："大哥，你为何还在此卖茶？"颜大哥说："先生，我不卖茶吃什么呢？"地理先生说："我去年冬不是忘了一个银包在这里吗？你不会拿去做其他生意吗？"颜大哥说："先生，我已经拾着好几个银包了呢，就在这楼上，你自己上去认取吧，但不要拿错别人的。"地理先生上去一看，果真有好几个大大小小的银包，他认出最上

面那个就是自己的，拿出来一看，五十个银圆一个也不少。（讲述人：徐
柏寿）

二十六、"羊斗虎"

梅州市梅县地区流传着孙中山先生到梅县松口镇视察时因不太懂客家
话把"酿豆腐"误为"羊斗虎"的风趣故事。

1918 年夏天，孙中山先生到梅县松口镇视察。松口各界头面人物恭请
孙中山先生到大街上一家酒楼参加宴会。八仙桌上，摆满盐焗鸡、酿豆
腐、牛肉丸、咸菜焖猪肉等传统客家菜。

席间，孙中山先生举箸（筷子）尝了一块酿豆腐。他觉得味道不错，
便问道："这是什么菜?"一位乡绅用带着浓重客家口音的普通话答道：
"这个叫酿豆腐。"

"什么'羊斗虎'?"孙中山先生没听清楚。他虽是客家后代，但说惯
了广州话和普通话，对客家方言一时想不起来。

"是……酿豆腐，不是'羊斗虎'。"乡绅诚惶诚恐地说，"这个……
这个'酿豆腐'十分好食! 好'绑'饭，又好'绑'酒。"

"嗯，怎么'绑'饭，又'绑'酒?"孙中山先生越听越糊涂。

这时，松口公学校长陈莲士连忙拿笔写了"酿豆腐好送饭，好送酒"
几个字给孙中山先生过目，他用比较"正"（标准）的普通话解释道：
"'绑'是客家活，是'送'的意思。"孙中山先生听罢，不禁哈哈大笑。
（讲述人：谢崧基）

二十七、犯"碓星"

在梅州市五华地区，民间流传着老阿婆为孙子消灾而遭到算命先生算
计的故事。

从前，山里有一户单家独户的人家。一天，儿子、儿媳妇们都到几里
外的地里干活去了，家中只剩下一个看家的老阿婆带着一个还没断奶的孙
子，这孙儿自生下后常常啼哭不休。那天又跟往日一样，老阿婆只好抱着
他在门外走来走去。

这时，一个算命先生走了过来。老阿婆本来十分迷信算命卜卦，心想
难得先生上门，便当即报上孙子的生辰八字请算命先生推算。这先生一
听，就滔滔不绝地夸赞他福大命贵，将来会如何如何发达。接着又掐指一
算，突然"啊呀"一声惊叫，说孩子一生下来就犯了"碓星"，要经常啼
哭，现在大灾大难就快临头了。

几句话吓得老阿婆脸如纸色，一再请求先生施法解救。算命先生说："犯了'碓星'，只有请碓神来治，快把你孙子放在碓臼里躺上一时半刻，我替你念上几句，他就会平安无事。"老阿婆信以为真，带先生来到碓边。先生抱过小孩，又吩咐老阿婆把碓舂踩起，随即把婴儿放在碓臼里。谁知算命先生是个盗贼，他奸笑一声后，忙到各个房间翻箱倒柜，把老阿婆家中所有值钱的东西都搜走了。（讲述人：曾福开）

二十八、"六十六，学不足"

从前，一位老人落入后生仔设计好的圈套而遭到欺骗，这个"六十六，学不足，阿公换酒，孙换肉"的民间故事在梅州各地流传开来了。

很久以前，有一位老人，年高六十六岁。一天，他带着孙子赴圩买东西。忽然，前面一位后生哥亲亲热热地叫他"公公！"

这老人抬头一看那后生好像在哪里见过，正想相问，后生哥先说了："公公，你记不起来了？你的女儿不是嫁给我大姑的儿子做老婆吗？那年，我和你还共席喝酒呢！"

老人想了一下，连连点头道："是是是，我老朽无用了！"

"公公，街上人挤，我们进酒店聊聊吧！"

进了酒店，后生哥叫来好酒好菜。席间，后生哥看老人带着小孩不方便，便把小孩抱了过去，并趁机在小孩屁股上用力一扭。小孩哇哇哭了起来，后生哄道："不要哭，不要哭，到外面买糖给你吃。"说着，便抱小孩出街去了。

谁知，后生哥一走，一个时辰还不见回来。老人急了，只得自己付了饭钱，出去寻找。可是哪里能找到他的人影？

他最后找到猪肉行里，看见孙子正在肉栏里哭哭啼啼，他急忙上前抱了起来。谁知，那卖肉人却把他拉住了，说："哎呀！老伯，真等死我了。刚才你儿子在这里买了十斤肉……""我，我哪里有儿子来买肉？！……""他不是你儿子？这小孩是你的什么人？""是我孙子呀！""是你的孙子！那个还不是你儿子？当时，他说钱不够，让小孩留下，回家取款……""啊！"老伯一听，叫苦不迭："真是六十六，学不足，阿公换酒，孙换肉。"

从此以后，"六十六，学不足"便成了俗语流传开来了。（讲述人：温均和）

二十九、有耳唔捉捉鼻

梅州兴宁地区民间流传着一句"有耳唔捉捉鼻"的俗话。

相传，从前有个老贼，带着他的徒弟小贼去偷东西，他扒开人家的瓦面，用麻绳把小贼吊进屋里。不料，小贼刚落到地面，便被主人抓住了。小贼十分惊慌，大声呼叫："师傅，我被捉住了。"老贼问道："捉住什么地方？"小贼回答："捉住耳朵。"老贼骂道："捉住耳朵你怕什么？这又不会死人，要是捉住鼻子就糟了，那才是要命的哩！"主人不知道是计，觉得有道理，便连忙放开耳朵去捉鼻子。不料老贼趁机用力把绳子一拉，小贼给他吊上瓦面溜了。主人后悔莫及。（讲述人：张旺泉）

三十、财主禁山歌

梅州兴宁民间人们流传袁财主禁唱山歌的故事。

民国初年，兴宁县罗岗圩有个姓袁的财主，他早年丧子，遗下一个姓刁的儿媳妇，人称刁嫂子。刁嫂子平时十分喜爱唱山歌，但只能躲着细声唱，不敢让家翁听到。袁财主的住宅侧边便是罗岗圩通往江西省的大道。当时，罗岗很多人挑盐上江西，又从江西挑米回来。他们来回都要唱山歌。

一天，刁嫂子切好青菜，正准备下锅，屋侧却传来挑夫们的山歌声："日头落岭（刁嫂子）又一天（老妹你过来），阿哥无妹（溜啄，哎呀哉）又一年（哎妹），鸟子无娘（刁嫂子）嗟嗟叫（老妹你过来），阿哥无妹（溜啄，哎呀哉）苦难言（哎妹）。"刁嫂子听得入了迷，直到锅都烧红了才回过神来，一着急，她连同放在砧板上的菜刀一齐倒进了锅里，把锅砸烂了。财主知道后，十分恼火，便在他屋侧的大道旁挂起一块"此处禁止唱山歌"的禁牌。挑夫们看到禁牌，心里好笑，就唱山歌讥笑财主："路边难免牛吃禾，路上难免人唱歌，禁我山歌不准唱，禁你屎尿不准屙！""你爱禁歌差了差，大路不是你屋家，鸡公经你门前过，你爱关好你鸡嫲。"

袁财主再也拿不出办法来，那个禁牌经不起风吹、雨打、日晒，终于倒下去了。（讲述人：杨天汉）

三十一、摔杯教子

梅州大埔民间流传着知县父亲摔玉杯教育儿子的经典故事。

陈可奇是清代乾隆十年（1745）的进士，大埔茶阳梅林村人。他少年得志，十多岁便被派往四川三台做知县。上任第一天，他把守门的门房痛打了二十大板。大家觉得莫名其妙。一日，他退堂后回到家里，他父亲问他为何打门房，他恨恨地说："这门房敲诈勒索，所以要打！"父亲问他有

何证据？他答道："我在茶阳考试时，因没小费给门房，被拒之门外，眼看开考时间将至，只好跑出去向亲友借钱，给了他钱，我才进了考场，所以，不打他难消这口气。"他父亲听后知道儿子冤枉了人，便设法教育他。这时刚好有一只老鼠从梁上溜过，他父亲随即将手中玉杯砸了过去，摔得粉碎。陈可奇大惊："阿爸，这是皇上赠给我的玉杯，怎好拿来打老鼠？"他父亲答道："老鼠真可恶，把我们家乡的谷仓、衣服都咬烂。"陈可奇忙说："这里的老鼠又没咬我们家乡的东西。"他父亲道："三台县门房又不是大埔县门房，你为什么要打他？"陈可奇听了恍然大悟，知道打错了人。（讲述人：黄世君）

三十二、目眉毛配好看

梅州大埔人们常常用"目眉毛配好看"的俗语来教育后代。这个俗语的由来与民间流传的故事有关。

传说，从前有一位老人，虽然子孙满堂，可是个个都不孝顺。一天，剃头师傅路过家门，正好儿孙们都在，老人便请剃头师傅剃头。在剃脸毛的时候，老人大声地叫剃头师傅把他的眉毛剃掉。师傅奇怪地问："老叔公，我剃头剃了大半生，从没听过剃眉毛的，你这是……"老人有意让儿孙听见，便大声说："师傅，眉毛是配好看的，留来无用！"（讲述人：涂诚斋）

三十三、"赌博好不好，且看吴三保"

梅州兴宁人常常用"赌博好不好，且看吴三保"这句俗语来告诫人们赌博的危害性。这个俗语的由来与吴三保赌博的经历有关。

从前，兴宁城内有一个财主，叫吴三保，因为沾上赌博恶习，越赌越眼红，越赌越输，后来把田产都输光了。这天，他把卖独生儿子剩下的最后几十个光洋，也拿去作赌注，满心希望能赢，谁知，又输进了庄家的腰包。最后，连身上仅有的一件丝绸衫也输了去。这时的他只剩下一间住房了，但还不死心，又把房子押了，打算再输就往河里跳了。庄家问他："你这间房子押多少银子？"吴三保指着旁边一块石磨大声说："就押这块石磨那么重的银子。"庄家明知房子折价太高，但想到自己赌运正红，肯定会赢，因而不计较。谁料一开宝，庄家输了，只好按那块石磨的重量，赔了三百六十斤重的银子给吴三保。

吴三保转眼变成了富翁，他拿着这笔钱，在兴宁城建了一条新街，特取名为万盛街，即万年昌盛的意思。

万盛街建成之后，吴三保又继续去赌博，最后把万盛街输掉了，沦为乞丐，死在街边。后人作了一首歌谣说："赌博好不好，且看吴三保，亲手造条万盛街，亲手卖掉了。"（讲述人：罗文亮）

三十四、狗肚里的事

"狗肚里的事"这个俗语的由来与县官在审案过程的受贿行为有关，反映了古时官场风气败坏的现象。梅州各地人们常常用"狗肚里的事"这一俗语来讽刺那些"偷鸡摸狗"之人的不端行为。

从前，李甲与王乙两家因事争端，官司闹到县衙。当时世风败坏，不管有理无理，打官司的双方都要给县官送钱送礼。李甲虽然有理，但也买了一条大鲤鱼送去。王乙自知理亏更是在送礼上打主意，最后想了条妙计，给县官送去一条宰好了的乳狗，狗肚里藏着十两黄金。

审案时，李甲见县官偏袒王乙，便大声暗示道："县官大人我有理（鲤）呀！我有理（鲤）呀！"县官冷笑一声，说："你有理！狗肚里的事你清楚吗？"（讲述人：黄燧吉）

三十五、七两酒席钱

在梅州蕉岭地区，民间流传着财主设下"七两酒席钱"赌局并使其所雇佣的医药、风水、教书三位先生和一个长工斗诗的故事。

从前，有个财主，家里雇了医药、风水、教书三位先生和一个长工。年终，财主办了一席酒菜宴请他们。但办席用去了七两银子，财主十分心痛，便打主意想转嫁给他们负担。

席间，财主举杯说道："来，今日大家高兴，我想行个酒令，热闹热闹。我出令头，各人结合自己身份来念，念得好的，另有奖赏，念不好的，罚出今晚七两酒席钱，如何？"三位先生都说好，只有长工暗暗着急，但又不敢反对，也只得举起酒杯表示同意。这时，只见东家用手指先指上，后指下，再指前、指后、指左、指右，然后伸出三个指头。接着又伸出七个指头，最后胸前一拍。

风水先生首先念道："上知天文，下知地理。前有屏障，后有尖峰。左青龙，右白虎。葬下三年，必有七人中举！"（一拍胸）

教书先生接着念道："天之弥高，地之弥厚。瞻之在前，顾之在后。左有左丘明，右有王右军。三十而立，七十而从心所欲。"（一拍胸）

医药先生也不慌不忙念道："天有天门冬，地有地骨皮。前有前胡，后有厚朴。左羚羊，右犀角。拈三帖，分七服，病即愈。"（一拍胸）

长工听后，以为他们是合谋计算自己，心里十分气愤，便大声念道："我上无片瓦，下无寸土。前无兄，后无弟。左无邻，右无舍。你三位先生与东家合谋，吃我七两银子，于心何忍！"（一拍胸）

三位先生连忙分辩道："无此心，无此心。"财主无奈，只好自己出了七两酒席钱。（讲述人：张荣思）

三十六、白食先生

在梅州五华地区，民间流传有个穷秀才终日游手好闲，与人吃饭从来不出钱，因而被人们称为"白食先生"。白食先生的故事有以下两个。

故事一：从前，有个穷秀才，终日游手好闲，串街走店，一遇有认识的人聚餐时，他就搭讪着坐了下来，装出很有礼貌的样子给人斟酒送菜，顺势就自食自饮起来，但到结账时，他却从来不出一文钱，因此，被人取外号"白食先生"。

一天，有好友三人在饭店饮酒。他们是教书先生、医药先生、地理先生。他们早料到白食先生又会"光临"，便商量了一个联话的主意，说输了的就出钱做东。不一会，白食先生果然大摇大摆来了，并不用别人招呼就毫不客气地坐了下来。三个好友即将联话的事提了出来，白食先生也高声附和。于是大家议定，所说联话要有"天地"两字和一个古人的名字，还要联系自己行业的特点，并以"未必"两字结尾。

饮酒一杯后，教书先生吟道："天在上，地在下，讲到教书，孔子先师当催唔得。如果每个学生都能中举，那就未必。"

医药先生吟道："天南星，地胆头，讲到医药，华佗先生当催唔得。如果每个病人都能医好，那也未必。"

地理先生接着吟道："天为乾，地为坤，讲到地理，杨公先师当催唔得。如果每座风水都能荫发，那就未必。"

三个人吟罢都看着白食先生，看他如何应付，若说得不好，今天无论如何都要他出钱。这时，只见白食先生不慌不忙地连干两杯酒后吟道："天不生无禄之人，地不长无根之草；讲到食禄，灶君爷爷当催唔得。如果今日酒席想催出钱，那就未必。"

三人听罢无可奈何，只好又一次让他白食了。（讲述人：沈祥周）

故事二：从前，有一位白食先生，本领高强，名扬天下。一日，李铁拐、吕洞宾下凡，欲见识一番。白食先生应邀到一家酒店共饮。席间，李铁拐说："我们久慕大名，今天有幸特来领教先生的白食本领，请先生不吝赐教！"白食先生自信地说："岂敢！岂敢！既然是两位兄台见爱，小生献丑就是，请仁兄出题。"

李铁拐说："这次我们三人，各用'圣''贤''愁'三字为题，作一打油诗，诗中每人都要从头部献出一物作为下酒之菜，若三分钟内作不出诗，这席酒钱就由他负责！"白食先生欣然同意。

于是，李铁拐带头念道："耳口王，耳口王，我今提壶把酒尝，有酒无肴难下口，挖个眼珠大家尝。"念完，李铁拐果真挖出一个眼珠放在盘中。吕洞宾故意装出惊讶的样子，白食先生也寒毛直立。

接着，吕洞宾念道："臣又贝，臣又贝，自古圣贤坐正位，有酒无肴难下口，割个耳朵把酒配。"念完，他随即用刀割下一只耳朵放在盘中。

轮到白食先生了。两位仙人都眼瞪瞪地注视着他，看他还能不能白食这次酒席。

白食先生考虑片刻后念道："禾火心，禾火心，我今提壶把酒斟，有酒无肴难下口，拔条头发当海参。"说完，他忍痛拔下一根头发放在盘中。两仙见状，顿时服了。（讲述人：黄燧吉）

三十七、"屙疤"县长

客家人有句歇后语："蕉岭县长——越做越屙疤。""屙疤"，客家话的意思是拉稀便，烂泥糊不上壁，用来形容做事糊涂、马虎。这句歇后语是怎样来的呢？

传说，从前有个蕉岭县长，他贪财好色，无德无才，上任以后，终日沉醉于酒色，不理民事，民众都骂他是"屙疤"县长。他因是外地人，不明白"屙疤"的意思，便向部下询问，部下不敢直说，只好支吾地回答称，"屙疤"土话是极好的意思。县长听了十分高兴，以为是民众对他的歌颂，便召集所有部下进行训话："本人自任县长以来，风调雨顺，百姓安居乐业，政绩卓著，有口皆碑，都赞我是'屙疤'县长……"话未讲完，台下失声大笑。他以为自己的训示受到欢迎，便越讲越起劲："本官过去做得十分'屙疤'，今后，保证越做越'屙疤'！……"台下又是一阵哄笑，县长却还蒙在鼓里，也摸着胡子洋洋自得地跟着大笑起来。（讲述人：林勋郎）

第六章　梅州客家民俗风情传承与创新

梅州客家先民辗转大江南北几百年，定居于粤赣边区大本营，在特殊的自然地理环境作用下，孕育出独特的客家民俗风情文化。同时又受深厚的中原社会、文化背景因素影响，使得梅州的客家民俗风情文化仍然保留着大量的中原遗风。在众多客家民俗风情中，绝大部分已经成为弘扬和培育客家民族精神的重要文化载体，体现了客家民族传统文化的精髓，代表着生生不息的传承，是构建和谐社会不可或缺的一个重要组成部分。

第一节　梅州客家民俗风情文化内涵的取向

梅州客家民俗风情是在长期的生产、生活过程中形成的，是在物质生活和文化生活方面广泛流行的经常重复出现的行为方式，并为大众所自觉传承。这些行为方式表现出客家人的喜好、风气、习尚和禁忌等，反映着客家人的传统习惯、道德风尚、宗教信仰和社会生活事象，体现出文化要素、文化价值的综合文化意义。

一、崇拜神明庇护与祖先祭祀

梅州客家人是多神崇拜者，相信天地间冥冥中自有一个超乎一切的主宰者，那就是神，至于那是什么神，俗民们不太考究，仅仅是祈求保佑人们幸福安康而已。这种可以寄托心愿并且可以从中得到托庇的力量，也许是多神崇拜产生的主要根源。梅州客家俗民历来信奉多神教，尤其虔信佛教，其他如道教、天主教、诸天神灵，甚至土地社官也同样受到人们的诚心信奉，如"观音"信仰、"公王"信仰、"三山国王"信仰、"伯公"信仰等。大部分客家人对于宗教信仰没有固定的界定，对于佛教、道教、基督教等都没有严格的信仰束缚，不计较什么神宗教义，更多的是作为一种"修善积德"的信念和寄托平安幸福的期望。

客家人来自中原地区，深受儒家思想影响，宗族制度特别发达，与家族制度相适应的祖先崇拜观念也非常强烈。通过祭祖、崇祖等活动，强化宗族内部成员的血缘意识，在宗族内部形成一股凝聚力和向心力，以实现宗族内部的团结。祖先崇拜主要体现为祖公牌位崇拜（祠祭）、祖先坟墓崇拜（墓祭）、祖先偶像崇拜三种形式。在日常生活中，客家人认为善待祖先，祖先就能保佑子孙，所以人们言语中都很敬重祖先，生怕言语不敬得罪了先人。梅州客家拜祖观念凸显在其民情风俗的表层事象上，并把祖训（"祖公话"）渗透于深层的心理意识中。例如，梅江区三角镇有400多年历史的乔琳公祠，其堂前楹联上雕刻："乔琳开基历经四百春秋源流远，先祖创业繁衍万千子孙沐恩长"；其"清河堂"上悬挂"张氏祖训"，详细列出"继承祖德、忠孝国家、勤为职业、孝敬父母、雍和兄弟、友睦族邻、慎结婚姻、训教子女、崇尚节俭、禁戒非为"10条40字的家规。这些楹联、家规在诉说这座老屋四百年辉煌历史的同时告诉族人要铭记"根"，不忘本，教育着子孙后代如何"承前祖德勤和俭，启后孙谋读与耕""从继承祖德到和睦乡里到教育子女"等，实现立身做人、持家治国的目标。正是这些代代相传的训条，无论时代如何变迁，都依然指引着张氏族人坚守勤俭持家、廉洁做人、爱国爱家的祖训。梅江区留余堂堂内对联："孝友传家诗书礼乐；文章报国秋实春华。""结庐老梅树下；读书深柳堂中。""灯火夜深书有味；墨花晨润字生香。"这些对联就是祖先劝诫后人要用功读书、胸怀天下、报效祖国，教育子孙的家训。

二、喜好节令娱乐与竞技表演

梅州客家地区节令的娱乐和竞技表演形式多种多样，内容丰富多彩，如"迎灯""舞龙灯""舞船灯""烧火龙""赛龙舟""山歌擂台赛（醮）"等，这些娱乐和竞技表演，增添了喜庆的节日气氛，让人们尽情地享受娱乐和竞技表演带来的快乐。同时，这些娱乐和竞技表演得以传承并发扬光大。当然，更重要的是在这些娱乐和竞技表演过程中，人们祈求风调雨顺，五谷丰登，表达追求美好的愿望、寄托平安幸福及"慎终追远"的情怀。

客家人的"上灯"活动表达了向祖先报告族中又添新丁，祈求祖宗保佑孩子健康成长的愿望。如兴宁花灯寓意美好，寄托着客家人一年风调雨顺，四季平安，五谷丰登，人丁兴旺及家业发达的美好愿望。随着社会、生活的变迁，"上灯"活动在保留原有的内涵外，逐步演变成具有客家特色的"迎灯"活动了。

大埔县茶阳镇舞"花环龙"是梅州客家地区祝贺新年、增添节日娱乐

与竞技表演气氛的独特民俗活动的缩影。舞"花环龙"在继承中原古龙舞的基础上，以"文舞""软舞"为基调，吸取了我国民间舞蹈、古典戏剧舞蹈的特点，在"站舞""骑舞"的基础上，对"花环龙"的制作、舞技、舞法以及伴奏音乐进行了一系列创新，合成了"站、蹲、跪、骑、坐"等灵活运用的独特舞技舞法。2007年，"花环龙"分别被列入省级、市级、县级非物质文化遗产的保护名录。

丰顺县埔寨"烧火龙"表演习俗有着200多年历史。"烧火龙"活动的初衷是纪念张共，庆祝丰收，祈求风调雨顺、五谷丰登，如今已经成为当地一项大型的特色民俗活动。每年元宵节那天，埔寨镇所有的村庄，家家户户都鸣放爆竹，宰鸡杀鸭，烧香敬祖，盛情地款待前来共享佳节的宾客和亲人。从下午到黄昏在埔寨周围的大路、小径上，从邻区、邻乡或邻县前来看"烧火龙"的，更是挨肩擦踵，络绎不绝，大有朝圣般的虔诚气概，甚至有人不惜顶风冒雨前来看热闹。

三、讲究行为举止与禁忌规矩

梅州客家人十分讲究行为举止与禁忌规矩。长期以来，客家人崇尚古礼，思想、生活、言行举止都贯穿在国礼和家礼之中。梅州民俗习俗众多，每项民俗习俗都有相应行为举止与禁忌规矩的表现形式，略举如下：

梅州客家人出行办事、做客十分讲究穿戴整齐，探亲访友要穿上最漂亮、最时尚的衣服。梅州客家人崇尚热情好客，注意交往礼节。在亲朋来往的礼节中，处处体现出重名节、薄功利，重孝悌、轻强权，重文教、轻无知的崇尚礼仪的儒学风尚。

出行禁忌规矩多。"三煞日""空亡时"不出门办事；俗谓"初三、十三、二十三，外面有钱莫去贪"；大年初三为"穷鬼日"，不外出，不宴请；初一、十五忌探病，看望病人要在上午，忌下午、晚上看望病人；有孝在身者，忌到处探访、串门、接触别人。船家出行很讲究吉利，重兆头，其中碗、杯、碟、匙等不宜倒伏置放，平时连锅盖也要吊起来（因"伏"与"覆"谐音），均是忌讳翻船之意。

"过年"禁忌规矩多。一是禁忌追债追物；二是禁忌粗话恶语；三是除夕中午开始洗澡，换下的衣服及时洗净，水缸要挑满水；四是年初一禁忌扫地与洗碗；五是年初一忌向邻居借火种；六是年初三"穷鬼日"忌出门访友等。

结婚的规矩多。客家人结婚有自己的一套规矩，不管中式、西式婚礼，都得按这个规矩办。这些规矩表现为：一是提亲不马虎；二是接亲不含糊；三是回门也隆重。结婚规矩虽然多而复杂，但都是长辈家人对新人婚后幸福生活的美好祝愿。

住房禁忌规矩多。一是房屋大门的建造忌正对山坳或沟壑，否则要闯上风煞，居家不利；建屋时，据"天地人宝贵贫"六个字眼排，房子厅堂、天面桁子要放单数，桷子要放双数，其中桷子的数字不能被三和六整除；做新屋升大门框时，要有六人，为上寿人数，忌取八块（即一板四块）木板做大门，木板取材块数要取十或十二块，以避做成棺材的四块木板数。二是安床忌正对屋顶横梁摆设，易生噩梦，床位忌直向房门，睡觉时脚忌朝向门口，这是丧事象征。三是忌将脏物扔进灶内，也忌将双脚翘向灶门，忌在灶前骂人、哭泣、杀生、敲打灶门等。

生育禁忌多。孕妇忌看木偶戏（傀儡）、棺材、丧礼和出殡等；孕妇要留意胎神，胎神在孕妇房间，房间内外不许乱搬动器物，忌在房内用针缝物，忌打钉补洞，床上不能放剪刀之类的利器，避免伤"六甲"，致使婴儿出生后出现缺嘴唇、鼻子、耳朵等生理缺陷；孕妇忌吃姜，俗谓吃了姜，腹中婴儿会长出六个指头；孕妇遇亲人逝世，送葬戴孝时腰身不缚麻皮；孕妇忌跨过牵牛绳，否则产期会延长到十二个月，孕妇九个月以后还未分娩，就要踏倒（意为踩到）牛索麻（索麻意为绳子），并用牛索麻煮水给孕妇洗身，胎儿才不会"蛮皮"（意为调皮捣蛋、不听话，此处指孕妇不能正常分娩）；孕妇忌在坟旁方便，以免玷污土地神，造成出生的婴儿畸形；十月怀胎孕妇必须在自己的房间里分娩；产妇坐月子期间忌流泪，俗谓流了泪眼睛会烂；等等。

四、景仰正气功德与感应后人

农历六月初六，是平远县大柘镇程北村一年一度的"六月六福祖公王节"。这一天是南齐处士程旼诞辰和程旼后裔举族抗元惨遭血洗的纪念日。自元代以来，每年的这一天，无论是村民，还是来自海内外的嘉宾，大家都怀着对客家始祖崇敬的心情，带上香烛和鲜花，来到程旼故居和程北村大榕树下，击鼓鸣锣，燃放爆竹，探寻程旼精神，了解程旼文化对客家文化起源和社会文明进步所做的贡献，纪念程旼德化乡里及其后裔举族抗元的英雄壮举。同时，庄重有序地举行祭拜祖先、追念先贤、祈求降福的活动。在这里，人们可以感受到当地百姓对这一特色民俗活动的保护与传承，以及平远人民对程旼的崇敬之情，展现了新农村活跃的文化氛围和其乐融融的乡土生活。如今，"六月六福祖公王节"已成为当地百姓和海内外客家同胞纪念客属先贤的重要节日，并于2009年被列入梅州市非物质文

173

化遗产名录。

在梅州客家地区的祠堂或宗庙前，都屹立着别具一格、富有地方色彩的石制旗杆。这些旗杆是当地人将条石凿成方形或圆状的石柱，然后，在石柱上雕刻龙、凤等吉祥物作为装饰。古时，本家庭的人若考中进士，便会请名匠精选石料，精雕细刻成长五六米的石旗杆，并刻上姓名、生平和主要功绩，立于祠堂或家门前，以示显耀、铭念。到了清朝，考上秀才、举人的也可以竖石旗杆了。不过，旗杆的底座不一样，秀才、举人、进士的旗杆的底座分别凿成四角、六角、八角形状。后来，家庭中有人旅居国外，或对家乡建设做出卓著贡献者，乡亲们也筹资为其造立旗杆，流芳后世。石旗杆是为了鼓励后辈成才立业、造福桑梓而造的，它充分体现了上辈人的良苦用心。当然，它也给人们了解当地的历史、文化、民间风俗、石雕艺术提供了方便。

五、表达"慎终追远"之情怀

梅州客家祭祖有家祭、墓祭和祠祭三种。家祭，指家庭在厅堂正中设立神龛，供奉直系祖先的牌位。墓祭，一般先祭开基祖或共同祖先墓地，各房祖先墓地次之，最后为各小家庭自己祖先的墓地，以全族进行的始姐或开基祖的祭祀最为隆重。祠祭，即全族共同举行的族祭。梅州各地区祭祀时间历来是农历除夕下午，这与全国许多地方的"春秋祭祀"不同。祠祭场面特别庄重、热烈，祭祀仪式如同扫墓祭始祖。不同的是，祭品为各家各户所提供，摆放祭品的桌子如同长龙一般，连绵不断。不论家祭、墓祭还是祠祭，其祭祀的目的都是表达"慎终追远"的思亲之心，希望后代追溯和缅怀先祖，不要忘本，永远牢记客家人根系中原；同时，祭祀也体现"敬宗收族"的目的，意在通过尊敬祖宗达到团结族众的目的。

每年春节，举行祠祭的祠堂大门口要吊上灯笼，甚至较大房屋的大门口也要吊上灯笼，灯笼上均用红漆大字写着"某某堂""某姓"，同时贴上标志该姓和祖德的堂联"某某世德（或世泽）；某某家声"；另外，较大房屋的大门口也会吊上该姓氏的堂号灯笼，贴上标志该姓郡和祖德的堂联。这种风俗习惯，由来已久，且极普遍。"过年"期间，挂姓氏堂号灯笼，贴姓和祖德堂联，表达了客家人永远不变的"慎终追远"之心。同时，使人一望而知其姓氏及源流，能使后代知其本家世系历史，具有一定教育意义。标志姓氏的对联，上联多是该姓的堂号，下联则多以该姓足以炫耀的祖德为内容。如刘姓的对联："彭城世德；禄阁家声"，上联是其堂号彭城堂，刘姓起源于彭城（今江苏徐州沛县一带），也是汉代时此郡最显赫的名门望族，该姓出过前汉十二帝、后汉十三帝，汉高祖刘邦就生于彭城的沛县；下联"禄阁家声"即指其刘姓祖先曾于汉代任天禄阁大夫。校书于天禄阁，足以炫耀于世也。

六、常怀关爱之心与感恩之情

百善孝为先，客家女子的感恩思想尤其彰显，对父母多年的养育总是念念不忘，铭心刻骨。客家女子行孝不挂在嘴上，而是用非常温情的方式来表达。"转妹家"习俗是体现梅州客家人感恩的一个缩影。客家女儿回娘家时，会尽最大能力带着鸡、糖果等丰盛礼品来孝敬父母，以表达对父母养育的感恩之情。"五十年代转外家，妹子头上戴笠嫲（意为斗笠），箩格装块冷甜饭，亲娘接女笑哈哈。六十年代转外家，手中拿把花布伞，袋里有饭又有肉，父母一见乐开花。七十年代转外家，妹子骑上凤凰车，新鲜肉丸剁几斤，孝敬堂上老人家。八十年代回娘家，妹骑摩托到门下，酒肉饭鱼件件有，父母接到笑脱牙。九十年代回娘家，妹子坐上小汽车，高级补品敬双亲，又包'利是'老人花。"这首客家山歌足以见证客家女儿对父母的浓浓感恩之心。

"父爱如山，母爱如海"是客家父母的真实写照。自从女儿出生那天起，父母用宽厚的臂膀将女儿高高托起，像大树一样为女儿遮风挡雨。女儿出嫁后，父母不能再为女儿遮风挡雨了，为了延续刚强的父爱、柔情的母爱，选送一把雨伞为女儿作日后遮风挡雨之用，表达父母对孩子浓浓的关爱之情。所以，"油纸伞"作为必备嫁妆这种独特的习俗在梅州客家地区十分流行，足以见证客家父母对女儿的关爱之情。

七、崇尚美好愿望与心理寄托

在梅州客家乡村习俗中大多体现出客家人对美好生活的向往，寻求精神寄托与心理安慰等文化内涵。

一直以来，客家妇女一直遵循着"三从四德"的封建伦理道德观念，嫁到男方后，勤俭节约，艰苦朴素，养儿育女，夫妻美满，家庭幸福。因而，在婚嫁过程中取好兆头便成了客家人谋求婚姻吉祥幸福的头等大事。如在众多的嫁妆中最具好兆头的是油纸伞。油纸伞因其具有好兆头及其风格，成为必备的嫁妆。正如前文所述，油纸伞在客家婚嫁风俗里是吉祥幸福的象征，也是一种心理精神寄托。

梅州客家地区流行年初七吃"七样菜"习俗，究其缘由无非借谐音比喻，也是客家人对美好生活的期望和寻求心理精神寄托的情感体现。

梅州客家乡村俗民对其他民间习俗的信仰，如宗教信仰，崇奉"社官"等，其取向大多表现为心理要素层面，有的表现为"修善积德"的信念，有的表现为风调雨顺与五谷丰登的祈求，有的表现为对平安幸福的期望等。

综上所述，我们对梅州客家民俗风情文化的鉴赏，应该用真实的感情、忠实的态度、科学的方法去认识，研究其文化要素、文化价值内涵，特别是对有些与当今现代文明不相吻合的行为方式、思维观念等，要正确地去引导它、改造它，真正做到存其精华，去其糟粕，并不断地传承、发扬光大，擦亮"世界客都·文化梅州"名片。

第二节　梅州客家民俗风情的现状与问题

一、梅州客家民俗风情的现状

（一）概述

梅州客家民俗是客家人在长期的社会生活中共同创造而形成的，同时被当作某种规范加以保持并广泛流传的习惯。这些民俗活动的内容、规模、形式，反映了客家民系共同的世界观、生活状况、爱好兴趣、价值取向、思维方式等。

梅州客家民俗风情包括生产劳动民俗（农业民俗、手工业民俗、商业与交通民俗、服务民俗）、日常生活民俗（饮食民俗、服饰民俗、居住与建筑民俗）、社会活动民俗（亲族活动民俗、教育活动民俗、健身活动民俗、艺术活动民俗、社交活动民俗、人生节点民俗、语言民俗）、信仰活动民俗（信仰习俗、民俗特色祭祀活动场所、民俗特色祭祀用具），可以说梅州客家民俗风情具有形式多样、生动形象、内容丰富、特色鲜明、客情浓郁、观赏性与参与性强等特点。长期以来，梅州不论是城镇还是乡村地区，各类民俗活动都呈现出方兴未艾、众彩纷呈的景象，各种民间风情故事不断传唱。

每年元宵佳节，丰顺县埔寨镇都要举行热烈壮观的"烧火龙"民俗活动，素有"元宵大过年"的说法。"烧火龙"活动是当地百姓为祈求新的一年风调雨顺、百业兴旺而举行的祈福活动，沿袭至今已逾300年。埔寨"烧火龙"原由"烧火树"（烧烟架）、"烧禹门"（鲤鱼跳龙门）、"烧火龙"三项组成，其中以"烧火龙"最为壮观，能让人们领略最惊险刺激的民俗传统。"火龙"由铁丝、竹料、纸等扎成，先用竹篾扎好每一节的龙体轮廓，裱上白纸，然后用彩笔画上龙鳞、角、爪、眼睛等，再用硫黄、白硝、木炭制成的火药，做成"土火箭"，辅以吐珠、转花、大犁等不同式样的烟花，安装在龙的全身。在龙身上安装的烟花、爆竹、火箭有时候多达千枚，龙头、龙尾装的火药更数不胜数。龙身最长可达15节，长度40多米。一条火龙一般要由三四十个赤膊青年合力手擎，加上鼓乐手、舞龙虾金鱼等人，整个队伍达200多人。

当地村民认为，在"烧火龙"过程中，如有火花落下，在你的皮肤上烫出了"泡"（当地方言"泡"与"钞票"的"票"同音，就是钱的意思），那你一定会发大财，特别是擎龙头的人更是了不得，擎了龙头，在新的一年，一定会行好运，人们叫"大发龙运"（发大财）。每年"烧火龙"活动都会吸引数万名观众前来观赏，最多时观众达十五万名，其中绝大多数为潮汕地区和珠江三角洲地区人士，还吸引了港澳台地区和东南亚、欧美人士慕名前来观看。"烧火龙"活动完善了道路、绿化的基础设施建设，改善了人居环境。同时，人来人往又带动了当地村居民宿、土特产品的开发，带动了丰顺县乡村旅游业发展。实现了"烧火龙"特色民俗活动与振兴乡村建设、民俗旅游资源开发互动发展的良好格局。

中华人民共和国成立后，一些民俗活动，如五华县"扮古事"活动曾一度停办。改革开放以后，随着传统文化的复苏，五华县"扮古事"、梅县区松源镇"扛公王"等众多的民俗活动又再度活跃起来。

五华县"扮古事"，也称"扮景"，也有人称"飘色"。追溯其历史，据学术界调研，是在明末清初传入五华县的。"扮古事"民俗活动主要在安流镇、水寨镇、梅林镇、棉洋镇等地流行。由于"扮古事"表演奇特，一直在民间流传，并得到人民的喜爱，现已列入五华县非物质文化遗产保护名录。

五华"扮古事"多以"穆桂英挂帅""三英战吕布""孙悟空三打白骨精"等民间故事中的人物，或宗族内"陈万一郎""张法青仁爷""胡法旺公"等先祖护佑神为造型。首先需要制作好"古事架"，"古事架"分主干和分支，根据所扮人物之多少和表现姿态而定，用铁架固定在桥式木架上，两边扎上竹杠，以便抬行。一台"古事"，一般扮演者为1至4人，并由2至8人抬着巡游表演，整个古事巡游队伍有几十人到上百人不等。巡游时，锣鼓喧天，古笛齐鸣，"古事架"上"穆桂英""孙悟空""古事妹"等人物（由真人扮演，一般在10岁左右）"腾云驾雾"或"悬

空而坐"，非常生动传神。

安流镇几乎每一姓氏都有自己的"扮古事"活动。"扮古事"并非随意举行，大多以各姓氏纪念护家神诞生作为助兴节目而举办。如万塘、曾田、龙中等村寨的陈姓于正月十九日为纪念"陈万一郎"诞生而"扮古事"；安流镇区和三江、福江等村的张姓于农历八月十三日纪念"张法青仁爷"生日而"扮古事"；伏溪、青江、东礼等村的胡姓于农历八月二十四日纪念"胡法旺公"诞辰而"扮古事"；等等。陈万一郎、张法青仁爷和胡法旺公分别为各自家族的护佑神，相传三人曾结为"同年"并赴茅山学法，学成归来后，彼此间经常斗法，难分胜负。各姓村民都极力渲染本族神明法术高强，神通广大，护佑族人。各姓"扮古事"虽主题、时间不同，但仪式基本一致。

五华县"扮古事"除了一般民间信仰所包含的祈福许愿、满足人们内在心理需求等基本功能外，因其较为固定的程式和相对复杂的内部组织筹划，以及广泛的民众参与和生动的表现形式，从侧面反映了当地人们的生活形态，以及客家地区基层社会如何组织、遵照何种法则运作等多方面内容，有着丰富的象征意义和社会功能。

首先，它包含了人与神之间的互动关系。在安流镇陈姓"扮古事"中，"陈万一郎"的神像始终是活动的中心，整个活动都是为了让这位宗族护佑神满意。在奉朝仪式中，觋公代表全体族人向神上表，类似于臣子向皇帝上书，下级向上级汇报工作，神俨然成了为民做主的官。在奉朝时表达对宗族护佑神敬意的同时，还演唱《劝世文》等内容，它以通俗易懂的唱段，教育人们勤俭礼让、尊老爱幼、尊亲睦邻，宣传社会伦理道德规范，这是一次宗族长辈利用神对族人进行思想教育的机会。在仪式组织以及祭拜过程中，传统宗族伦理也得以强化。

其次，"扮古事"起到了凝聚家族、村落的作用。"扮古事"的声誉和家族村落的力量往往成正比，"扮古事"在某种程度上是宗族力量的"炫耀"，它在客观上起到了凝聚家族和村落的作用，成了家族、村落共利和团结的必需品，并培育出一种群体认同感。

再次，"扮古事"有助于建立民间交际网络，协调宗族之间的关系。正如陈姓一位"扮古事"的总理事所说："通过'扮古事'可以让有意见的人都坐在一起来商量，很多矛盾可以在'扮古事'的过程中化解。每次'扮古事'我们都把张、胡、古、李等姓氏的人请来吃饭、参观。他们'扮古事'也会请我们过去。通过这个活动，各姓各村的不和谐都可以找到方法解决。""扮古事"的当天，也是各家各户大宴宾客亲朋、联络感情的好时机，在外工作的亲人也都会在这一天赶回家中团聚，通过"扮古事"在乡间形成了一种和谐融洽的良好氛围。

最后，"扮古事"还是一项丰富多彩的文化活动。将历史故事、传说典故等搬上"扮古事"的活动舞台，这本身就是对我国悠久历史文化进行生动展示，可以对人们特别是青年儿童起到培养情操的作用。民俗学家钟敬文教授认为，"民间故事对于我们认识历史、社会，对于培养新的道德品质都有很大的益处"。所以，"扮古事"以还原历史故事为表现形式自然也能起到这方面的作用。"扮古事"巡游结束后的看大戏、看电影等活动，对于丰富农村居民的精神文化生活，更是起到了显而易见的作用。

当然，尽管"扮古事"满足了乡村社会和普通百姓的多种需求，得到了多数群众的喜爱和欢迎，但随着举办规模越来越大，耗费财力不断增多，一些人士认为与其花钱"扮古事"，不如省钱"办今事"。同时，"扮古事"也包含一些迷信落后的内容。

民俗现象是人们长期共同创造的，并非建立于一朝一夕，也不是个人意志的结果。在一定的社会中生活，不能无视这些习惯的存在，更不能反其道而行之，那样就会受到社会舆论的非议，甚至遭责。这些习惯被当作规范来保持，并不等于说，用现实逻辑的观点来看它们都是正确的或者都是健康的，无论这些传承现象是否健康，是否正确，是否反映事物发展的本质和规律，它们都在一定的历史阶段里具有相当顽强的生命力。当然，民俗和民俗现象也不是一成不变的，习俗及其传承现象的产生，总的来说是和人们的社会生活、经济生活和整个社会生产力发展的水平相适应的。因此，对于五华"扮古事"，不能因为其消极面而彻底地否定它、排斥它。随着时代的发展，只要对它加以适当的引导，定会朝着好的方面发展。事实上，现在的"扮古事"与传统做法相比已经有了不小的改变，如奉朝本是检验族人是否对神明虔诚的重要仪式，但参与者却寥寥可数，与巡游、看大戏的热闹场面形成鲜明对比，这反映出随着社会经济的发展和现代科学知识的普及，人们对"扮古事"的兴趣点已经逐渐转移到对精神文化生活的追求。另外，随着"文化搭台、经济唱戏"的政策导向，以及台湾客家地区兴起的将各种客家特色事象办成固定文化节庆以带动旅游业发展的成功做法推广，五华"扮古事"也可以考虑对其加以借鉴。如在"扮古事"的同时举办山区商品展销会，或者将古事巡游表演与细核荔枝、桃驳果等五华土特产展销，肉丸、酸豆腐等美食品尝，汤湖热矿泥、七目嶂公园等景区游览相结合，整体包装成特色旅游产品，向外界推广，以民俗带动地方经济发展，从而在保护和传承"扮古事"这一特色民俗的同时为当

179

地人民群众创造财富。

梅州客家传统民俗活动随社会发展而变化。随着社会环境的变迁,许多民俗随着物质和精神生活的转换而隐没或变化。例如,过去,在客家地区的农村,凡是上了年纪梳盘头的妇女,有在脑后盘结的发上插一支银簪的习俗,但是,随着时代变化,银簪除了极少的客家老年妇女还在习惯性地使用外,已作为一种记忆被尘封起来。以往"乔迁"习俗内容极其丰富,客家人首先要请人选定吉日吉时,到了吉日吉时,要请本族有名望而又多子多孙的年老叔公叔婆"开大门",大门顶上挂一条大红布,称之为"门红",门侧贴红联,还要挂大红灯笼,张灯结彩。这一天凌晨在正屋厅堂放大桌,桌上放三个大米斗,还有罗盘、泥刀、五尺、曲尺和墨斗。风水师要杀鸡洒血于白布上,然后在爆竹声、锣鼓声助威下,将鸡送出大门外。主家要先买好一副新厨具,从原居屋灶内挟起几块已燃的木炭放进新买的锅内,称之为"旺种",之后还有一些庆典活动。现在,客家人所建的新居与原来的传统民居已迥然不同,许多习俗已经没有进行仪式的场地。此外,大多数年轻人忙于工作,对传统习俗的内容了解很少,在城市定居后,没有合适的懂习俗礼节的人来帮忙,自然就省去许多环节。一般来说,请个"风水师"选个吉日搬入即可,传统的习俗在现代环境中不断演绎和简化。

过去"上灯""暖灯"活动,只准男丁出外享受热闹,女人只在家里打下手,围着厨房灶头转,甚至规定生女孩的妇人不赏灯,不入族谱、家谱;再老再尊的妇女,立碑只道姓不写名。现在"上灯""暖灯"男女都可以参加,生女孩的妇人也照样自办筵席请亲朋好友来家聚会,千金出阁也操办婚庆酒宴;老妇女治丧,男女均出门送行,男尊女卑的千年旧俗已逐渐消除。与此同时,同宗长者借"上灯""暖灯"欢聚酒宴,扬祖德、讲亲情,调整户际、人际关系,消隔阂,促和谐,在创"文明村户""书香之家"等道德新风建设上,起到了特殊作用。但是,一些民俗的淳朴内涵也渐渐被人们忽略,如,兴宁"上灯"习俗借助"上丁"这一热闹的仪式,追求活着的人与逝去的先祖保持心灵上的互通,共同期望族群的繁荣昌盛。兴宁"上灯"采用花灯,目前有20多个镇街都保留着制作花灯的技艺与习俗。花灯文化源于人类繁衍所期望的人丁兴旺,但是,这流传600多年的历史文化积淀浓厚,艺术性、观赏性、民俗性非常强的粤东客家地区最具代表性的兴宁花灯民俗活动,却随着市场经济对社会文化的广泛影响,逐渐失去乡土气息。同时,日常生活中乡土社会的人也渐渐失去参与花灯文化活动的热情与创新冲动。在农村城镇化的趋势下,远离乡村泥土住进城镇的人们，越来越多地以嫌麻烦为由不再"上灯"，只有少数阔气的人家还会回到老屋的祖祠里去大搞一番。而评判是否热闹的标准已经变成了燃放烟花爆竹时间的长短，此活动逐渐变成了一种面子竞争。

（二）研究情况

早在 19 世纪 50 年代，客家问题开始被学者关注。国内外许多著名学者开始从历史、文化、语言等各个方面对客家问题进行研究。中华人民共和国成立以后，一些高校和地方政府成立了客家研究所、客家研究基地，有计划地开展客家历史、客家文化及客家民俗等相关问题的研究。广东梅州嘉应学院地处有"世界客都"之誉的梅州市，成立客家研究院是嘉应学院走特色办学之路迈出的重要一步，也是梅州弘扬客家文化的又一重要举措。

广东嘉应学院在 1989 年率先成立"客家文化研究室"。1990 年，又在研究室的基础上成立了"客家文化研究所""梅州市客家研究院"。2006 年 4 月，嘉应学院以客家研究所为依托，通过整合资源，成立"客家研究院"，下设客家民俗研究所等 11 个研究所。2006 年嘉应学院客家研究院被广东省社会科学联合会批为"广东省客家文化研究基地"，2007 年被批准为"广东省教育厅广东省普通高校人文社会科学省市共建重点研究基地"，2012 年被广东省宣传部、社会科学院批准为"理论粤军·广东省地方特色文化研究基地——客家文化研究基地"，2012 年成立"中国人类学民族学研究会客家研究专业委员会"，2013 年被广东省文化厅批准为"广东省非物质文化遗产研究基地"，2014 年被广东省教育厅批准为"粤台客家文化传承与发展协同创新中心"。嘉应学院客家研究院是中国大陆地区最早从事客家学研究的专门学术机构之一，已成为集科研、教学、资料收集、文物展示、出版为一体的多功能的学术研究机构。

31 年来，嘉应学院的客家研究者致力于客家历史、民俗、宗教、社会等文献和口述资料的收集与整理工作，从多个视角对客家社会文化开展研究，形成了客家民俗与方言、客家文学与艺术及客家社会与经济三个研究方向。具体表现在：①运用历史人类学的田野调查方法，广泛收集与整理客家文献、口述史及客家文物等，组织开展客家历史文化相关课题研究，实施客家传统文化资源的抢救、保护与传承。②根据学术发展、基地建设和服务地方需要，组织课题招标工作。③定期举办学术研讨会、学术讲座、田野工作坊等，邀请海内外人士参加，促进学术交流。④出版学术期刊《客家研究辑刊》、研究著作和田野调查报告，推进客家学学科建设。《客家研究辑刊》是由客家研究院主办的国内唯一的客家学术刊物。创办

于 1992 年，每年出版两期，目前已出版 54 期，发表论文 1 000 多篇。该刊开设有"客家综论""客家社会经济研究""客家民俗田野调查与研究""客家文化艺术研究""客家方言研究""客家妇女研究""客家名人研究""海外客家研究""客家新著评论"等栏目，专门刊载国内外学者关于客家研究方面的成果。《客家研究辑刊》虽为内刊，但其高起点的精品办刊理念，在学术界引起了强烈反响并得到了很高的评价。香港中文大学前校长王庚武教授在新加坡举行的"第三届国际客家学研讨会"上，就特别推介《客家研究辑刊》。中山大学麻国庆教授说："《客家研究辑刊》虽然是内部刊物，但与同行刊物相比，却是学术品位最高的一流刊物。"目前，该刊已被上海图书馆主办的《全国报刊索引》及《中文社科报刊篇目数据库》定为核心期刊，也已先后被美国哈佛大学、法国远东学院等国内外 100 多所大学列为核心刊物收藏。⑤把研究成果带进大学课堂，开设客家文化研究的相关课程，开展本科生、研究生教育，传播与弘扬客家文化。⑥为从事客家历史文化研究的学者、海内外乡亲提供资料性和咨询性服务。

客家民系是汉民族的一个分支，因此梅州客家民俗在形成、发展、兴衰方面，与汉民族的民俗发展有一些共同之处。其中，梅州节日民俗大部分属于整个汉民族的习俗，共性颇多，如春节、元宵、清明、端午、乞巧、盂兰、中秋、重阳、冬至、元旦等这些节日大多数与汉族节日相同或相似，不是客家人的"专利"节日。但是，由于梅州客家人所处山川自然环境、社会历史背景、文化生活时代的特点，客家民俗风情有其自身独特的发展演变过程，表现出具有典型的客家特色。随着客家民俗研究的深入和扩展，节日民俗研究也开始进入了一个新的发展时期，人们开始尝试用各种新的研究方法，扩大研究视角，开始尝试从多学科、多视野对客家民俗、客家社会文化进行研究。通过节日文化的研究可知，客家节日文化是客家文化构成要素中最具普适性、丰富性的要素，其内容几乎包罗了客家生活与文化的方方面面，既包括物质层面的文化要素如居住，也反映出客家人的体制等文体要素。同时，客家人的思维方式、行为方式以及心理、性格等也会通过客家节日体现出来。

（三）保护与传承

梅州传统客家民俗的非物质文化遗产是中华传统文化的"活化石""生活中的古典"。梅州非物质文化遗产代表性项目名录共有传统音乐、传统舞蹈、传统戏剧、曲艺、传统技艺、传统医药和民俗等 9 大类，形成了完整的国家、省、市、县四级"非遗"名录体系。至 2019 年，各类"非遗"项目有 311 项，其中，国家级 6 项、省级 32 项、市级 60 项、县级 213 项；各类"非遗"代表性传承人 323 人，其中，国家级 7 人、省级 31 人、市级 72 人、县级 213 人。

近十多年来，梅州越来越重视非物质文化遗产的保护和传承，并将其列为梅州市文化工作的重要内容，认真组织开展非物质文化遗产普查、挖掘、整理等工作，开展"非遗"大普查，走访民间艺人，摸清"非遗"家底，收集大量文字、录音、录像、照片等资料，不断完善"非遗"资料数据库；重视做好"非遗"代表性项目的传承与传播工作，加强"非遗"传承人队伍建设，完善和建设了"非遗"传习中心和传习点。为鼓励和支持传承人开展传习活动，启动了 5 位 80 周岁以上"非遗"项目代表性传承人抢救性保护工作，积极争取国家和省的专项资金扶持，国家和省级非物质文化遗产传承人均得到省级以上部门的补助。从 2018 年开始，市级非物质文化遗产代表性项目传承人补助经费已列入年度财政预算。同时，抓好的传承展演，打造"非遗"文艺精品，积极推进戏曲项目的传承发展，加快艺术和"非遗"的融合发展。推动客家民俗文化和"非遗"文化教育活态化，不断扩大"非遗"文化的影响力；不断推出"非遗"项目演出活动，组织开展非遗"送戏下乡"演出活动，让"非遗"项目进一步贴近群众，实现"非遗"项目定时、定点演出，通过"周五有戏""周六有歌"等演出品牌平台，将"非遗"与弘扬社会主义核心价值观等相结合，许多"非遗"项目得到了更好的传承和保护，使梅州一批传统、经典的"非遗"剧目得以盘活并渐渐焕发新活力。

梅州在"非遗"保护与传承中取得了一定的经验，但也面临诸多传承难题。在当今多元文化的冲击下，不少"非遗"项目日渐式微，甚至面临消亡的困境。

二、梅州客家民俗风情存在的问题

梅州客家传统民俗活动是多元的，同时又是自成一体的。每项民俗都自成风格，不同于别的地域、别的民系。这些民俗行为方式表现出客家人的喜好、风气、习尚和禁忌等，反映着客家人的传统习惯、道德风尚、宗教信仰和社会生活事象，体现出积极向上的文化要素、文化价值取向。当然，一些民俗行为文化也有其糟粕表现。如传统的丧葬祭祀活动中，仍存在较浓的封建迷信色彩；结婚讲究"生辰八字"相生相克、注重彩礼，近似买卖婚姻婚嫁的陋俗仍时有发生；"二次葬"习俗也屡禁不止。同时，

梅州客家人对一些民俗活动也有不同的看法，如信仰崇奉"社官"等。

"二次葬"是客家人特殊的丧葬习俗，旧时梅州客家地区"二次葬"现象十分流行。尽管"二次葬"习俗的形成与当时的社会历史背景有关。但是，"二次葬"常常砍伐森林，导致水土流失，破坏生态环境。现在，这种"二次葬"习俗除了了解、研究客家人的历史、风俗外，已经没有任何积极的社会意义。实行《殡葬管理条例》以后，梅州乡村地区"二次葬"现象仍时有发生。时至今日，梅州还有违章占用林地修建坟墓、破坏水圳或占用水田兴建"活人墓"、毁林占地翻修扩建坟墓等现象，农村新建扩建坟墓之风仍然存在。同时，因修建坟墓出现邻舍之间不和谐，甚至争吵、打架现象时有发生。如，梅江区西阳镇新联村村民李先生在屋后几米处看到了两座坟墓，其中，较小的那座坟墓是村民吴某两年前为其母亲修建的"活人墓"，另一座为村民李某多年前迁建的坟墓。李先生的房屋没有设置窗户，房内只有一个通气扇，家里也不敢设窗户，孩子也不敢回来住，造成邻居关系不和谐现象。又如，五华县华城镇新亨村有村民改林地用于扩建坟墓；五华龙村镇樟华村一村民占用他人自留地，扩修坟墓；梅县区程江镇大塘村一村民毁坏山林扩修坟墓，坟墓面积逾 1 000 平方米，不仅毁坏山林植被，同时侵占通往山上的道路，导致需绕路另修一条通道；大埔县枫朗镇上木村的黄姓村民破坏村里作灌溉之用的水圳，并占用上百平方米水田修建"活人墓"，造成坟墓上方的水圳被破坏，以致水流往它处，使原本水流经过的百余亩农田得不到灌溉。

梅州城区东较场背后左侧，旧时有一个"社官坛"。中华人民共和国成立以前，那里是一座矮小的神龛，平素香火极盛。人们说，那是管辖一方的"土地爷"。中华人民共和国成立后，不知哪一年月，神龛被人拆掉了，木雕神像被人毁了。神像前的一口大石香炉，被抛到前面的田圳里去了。事隔不久，有人便从圳里搬起了石香炉，善男信女们便朝着香炉烧香点烛，磕头礼拜。后来，香炉又被人毁了，不知丢到哪里去了。可是不久后，又有人在神龛的地皮上堆起土块，对其磕头膜拜，土块照样香烟缭绕。如是者毁而又立，立而又毁。直到 20 世纪 80 年代，据说是华侨善士捐了钱，在原地又盖起了一个比从前更大的神龛，香火也更盛了。拜倒坛前的不单是老大娘，还有西装革履的秀士和年轻的伙伴们。那时，又有人议论，又要拆毁它，说是为了破除迷信。

"社官坛"只不过是个小小的神龛，以往为了破除迷信，曾多次把它夷为平地。可是总还有那么一些"善男信女"，对其顶礼膜拜，诚惶诚恐。小小的"社官坛"，三两下板斧，便可以把它夷为平地，可为什么它的生命力竟如此顽强？从客家人对迷信、民俗活动的认知与对宗教的信奉程度大体可以找到其中缘由。一直以来，大部分客家人对于宗教信仰没有明确的界定，对于佛教、道教、基督教等都没有严格的信仰束缚。信佛教的不一定吃素，也很少遵守佛教的清规戒律；信基督教的也不一定朝夕祈祷；彼此间也无信仰的抵触，你信你的，我信我的，也可以什么都不信。梅州是侨乡，大多数家庭都直接或间接地与华侨有关联。侨属妇女，心里日夜都在思念着海外的游子，希望能有一种可以寄托这种思念并且可以从中得到托庇的力量，这也就是宗教信仰所以产生的主要根源之一，也是人民大众特别是文化水平不高的群众的精神依托，他们把内心对亲人的思念之情全都寄托给神去安排。所以，一旦把神像毁掉了，他们便会茫然若失地感到无所依托了。这可能就是"社官坛"屡毁而屡立、终究不灭的缘故。从这个角度看，客家人崇奉"社官"是一种宗教信仰。随着各地的寺庙和教堂都陆续重新修缮了，那么，在多神信仰的客家人那里，崇奉"社官"也就是可以理解的了。

　　其实，所谓"社官"不过是传统崇拜的"土地神"，本属虚无之物。古代科学不发达，崇信"神明"，不足为怪。为"社官"者，既无科学根据，又无实在事物；既无消灾降福之可能，又无纪念之意义。而在当今科学发达、文明昌盛之时代，为什么人们会懵懵而信？当然，崇拜"社官"是社会现象，源于人们缺乏文化科学知识。这是由于人们对自然界的许多自然现象，对社会上的许多社会现象不能满足自己的要求或求之不得，不能做出科学的分析和正确的判断，进而产生了依赖神灵、崇奉"社官"的民间习俗。信奉"社官"神灵，焚香膜拜的人，有的祈祷亲人在外百事呈祥；有的祈祷老少平安消灾息难；有的祈祷婚姻嫁娶生男育女；有的祈祷五谷丰登四季发财；有的祈祷考上大学；甚至还有个别小偷祈祷偷东西不被人捉住。总之，无所不有，这些离奇古怪的需求和愿望，是否会因祈祷"社官"保佑而实现呢？回答是否定的。在人类社会生活中，任何事物本身，从来都是一分为二的，得与失、成与败、是与非、盛与衰、荣与辱、生与死等，其发展结果，二者必居其一。求神问卜之后，碰对了就说"神灵保佑"要"虔诚烧香"，而说错了则谗言惑众说"不诚心""不信者无"，以此搪塞人们的口舌，这是相关从业者的过失，也是迷信"社官"者的愚笨。人们只要稍为清醒地想一想，就会清醒过来：试看那些"社坛神坛""签筒签辩"，哪一件不是人为的，哪一件不是人说的？

　　那些迷信"社官"神灵保佑的，毋论其动机如何，效果都是消极的、落后的，甚至会造成悲剧。当然，这一相信神灵、迷信"社官"的社会意

识，是千百年来人们世代相传的产物，而不能认为是"社官"神灵自身的生命力，所以用简单的行政命令和粗糙的工作方法对待，是解决不了问题的。而应由文化的普及、科学的发展和人们的进步去识别，去取舍，去总结生活中的经验教训进而最后把它淘汰。这是事物发展的必然规律。如，梅州有一条溪流中有个深水潭，大概在历史上浸死过不少人，所以名为"和尚潭"。20世纪30年代时浸死了一个男子，后来"和尚潭"旁边竖上刻有"南无阿弥陀佛"石碑，希望它保佑这里不死人。但40年代仍有一个中年妇女被浸死，1949年后还浸死一个少年。结果，当地基层干部买来一包炸药，把水潭上面的峡谷爆破并把"和尚潭"填平。从此，"和尚潭"再也没有浸死过人了。这说明只有依靠科学才可以避免类似"和尚潭"浸死人这样的现象再发生。

第三节　梅州客家民俗风情传承影响因素

　　客家文化是中华文化的组成部分。客家民系在长期生产、生活中，形成了一系列富有特色的梅州客家传统民俗，这些民俗风情以客家文化的形式，不断积累、发展和延续，渗透到客家人的血脉之中，形成了强大的凝聚力。客家传统民俗活动随社会发展和社会环境的变迁而变化，许多民俗随着人们物质和精神生活的转换而隐没或变化。但是，民俗风情中所体现出的民俗文化在世代传承中不断积累与发展，成为构成客家文化诸要素中最具普遍性、丰富性的要素。它在历史的长河中，不论过去、现在还是未来都起到了维系客家民族的纽带作用。但是，随着社会历史的变迁，科技的日新月异以及社会人员的频繁流动，人们在生产生活方式、组织形式乃至文化意识的巨大变化等因素影响下，强烈地感受到了民俗文化的"世易俗移"。因此，梅州客家传统民俗风情文化的传承在"世易俗移"的浪潮中面临着诸多挑战与考验。

一、现代文明与生活方式的快速变化

　　改革开放以来，随着现代科技的快速发展，异彩纷呈的娱乐信息丰富了人们的精神文化生活，客家民俗活动已不再是群众唯一的娱乐形式，这种"冲击"导致客家民俗珍品"活化石"越来越少。如梅州客家传统的"麒麟舞"民俗舞蹈，作为一种强身健体的传统竞技运动，受现代多元化娱乐的冲击，已难以吸引青少年的兴趣；而且随着制作麒麟头的老一辈艺

人相继离世，掌握这门技艺的人越来越少，面临后继乏人的危险。同时，由于在现代城乡生活中人们没有时间去练习，也没有机会欣赏，其发展空间越来越受到限制。在不久的将来，"麒麟舞"这一民俗舞蹈可能会失传。"七月半山歌醮会"等民俗活动也是如此。

经济社会的快速发展，使得传统的生产生活方式日渐消失，原来农耕社会的文化形态和方式逐渐消退，人们物质消费方式和生存观念也发生了巨大变化。而客家的传统民俗是植根于传统农业的，是农业社会和农耕文明的产物。随着培育客家传统民俗"土壤"的退化，越来越多的人渐渐漠视客家传统民俗的文化和精神价值，使许多客家传统民俗面临被逐渐淡化与矮化的危机。

二、传承艺人凋零与制作工艺水平低

目前，梅州民间民俗传承艺人大都处于高龄状态，传承人老龄化，后继人才匮乏，若这些民间老艺人相继离世，将直接导致传统民俗文化的内涵和独特性遭受重大打击。如兴宁花灯的制作师傅越来越少，有生命力的活体传承出现了严重危机，使得"花灯"的类型也在逐渐减少，花灯制作质量变得比较粗糙并且容易破损。只有加大力度创新兴宁"花灯"的制作工艺才能让兴宁"花灯"走得更远；还有，过去在梅县区、兴宁市、五华县、蕉岭县等地都有人表演的"铙钹花"民俗舞蹈，现在也因缺少传承艺人的问题，出现除了梅县区、兴宁市外其他地方基本无人学习的情况。

三、外来文化渗透与民俗自身的不足

科技水平的快速发展让世界变得越来越小，思想观念的快速转变让人们的思想意识变得多元化，农耕文明时代原有的诸多文化都在外来文化的冲击下快速瓦解甚至消失。一些曾经影响过一代又一代中国人的优秀传统、地方社会习俗和生活艺术如"七夕节"，在外来文化"情人节"的冲击下，其民俗文化被外来文化的浪潮所席卷而去。"七夕节"与西方"情人节"在我国演绎的是同样的主题，遭受的却是不一样的待遇，"七夕节"冷清，"情人节"火爆。在外来文化的冲击下，像"七夕节"等梅州客家民俗的冷清直接导致客家传统民俗主体组织机制难以形成，从而影响了客家传统民俗文化的保护和发展。

梅州客家传统民俗活动自身存在不足的问题也影响着其延续与传承。如大部分民俗舞蹈表演套路冗长陈旧，服饰、音乐、道具特色不够鲜明，这些都不利于客家民俗舞蹈的健康持续发展。

四、地方特色缺失与运作模式功利化

地方特色是民俗活动的灵魂，是民族性和地域性的集中体现。但从一些地方举办的传统民俗活动来看，基本大同小异，真正融入地方传统文化元素的不多，地方特色缺失较为严重。如客家民俗舞蹈的编导为了适应现代社会的审美观，未能深入民间进行采风、研究，多凭自己的想象来编排舞蹈，节目编排运用了许多现代舞的编排手法，甚至有些舞蹈风格都变了，虽然其中客家民俗舞蹈元素也非常丰富，但真正优秀的舞蹈作品却不多。对具有千余年文化历史的梅州"三月三""十月十"庙会的还原也是如此，原来举行的庙会声势浩大，民众参与多，而现今不但参加的人数稀少，而且将庙会办成了商品展销会，很难算得上是具有独特地域特色、文化内涵和历史渊源的民俗活动。

任何文化的产生和发展都与社会生产、生活紧密相关。时代在前进，社会在发展，建立在一定经济和社会生活基础上的民俗文化活动运作模式也应随之逐步改变。例如，从近年来一些地方组织的节庆活动来看，其运作模式大都存在着"为民俗而办节"的问题，群众的主体性没有得到很好的发挥，从而影响了客家传统节日活动的持续性开展；还有一些地方为了发展旅游业，通过"文化搭台、经济唱戏"的方式招商引资，盲目地举办各种文化节、旅游节，以当地民俗歌舞活动为载体，因此，传统的民俗舞蹈则成为这一活动中最易遭到改造、滥用的对象，从而导致传统民俗舞蹈失去了其原生态性与纯粹性。运作模式的功利化使活动内容中的商业因素增加了，民俗舞蹈中蕴含的传统文化却消失了。

第四节　梅州客家民俗风情传承与创新思考

近十年来，梅州市进一步弘扬乡村民俗文化，深入挖掘民俗文化在乡村旅游资源开发中的潜力，以民俗文化发展乡村旅游，推进乡村振兴。2019年，广东省文化和旅游厅公布了广东省乡村旅游开发资源目录（第一批），梅州市有615个项目（点）入选，为全省最多。这些项目覆盖了全市8个县（市、区），涉及山地丘陵、特色街巷、名人故居、宗氏祠堂、古树名木、人工水库、革命遗址、民俗节庆、乡土特产、民宿酒店等类型。其中，乡村民俗文化类有128项。

目前，梅州地区全域打造民俗与节庆文化，如：兴宁市叶塘镇客家传统的"七夕节""赏灯"、宁中镇七月二十三"皮影"、梅县区雁洋镇朱姓祭拜祖先、"过处暑"节气等特色节庆；五华县河东镇民间信仰组织的"圣母和关帝节日"、大埔百侯镇的"太平福"等宗教活动；大埔百侯镇祈春福和酬秋福、梅县区松源镇"过月半"、梅县区松口镇"农民丰收节"等丰收节庆；梅江区西阳镇"清明扫墓"和"春节祭祖"、城北镇元宵和"八月作伏"、金山街道办肩一祖堂每年正月十五"丁席"聚餐等生活习俗。全域振兴乡村非物质文化，如：五华河东镇的下坝"迎灯"、兴宁龙田镇"花灯"制作和"杯花舞"、大埔百侯镇"广东汉乐"和百侯"鲤鱼灯舞"；梅县区雁洋镇"铜锣队"（传统乐队）、松口镇的"松口山歌"、松源镇"挂大牌"和"扛公王"等非物质文化遗产；丰顺县八乡山镇元宵节"迎神"习俗、丰顺县建桥镇的"以农为乐，男耕女织，相沿为业，生活富足，自给有余，安土不思迁，眷恋之情浓厚"等村落文化精神。全域创新饮食与特产文化，如：大埔百侯镇的百侯薄饼、百侯五香牛肉干、忆子粄、鸭松羹、乌豆羹，梅江区三角镇的甜粄、味酵粄、印花粄、煎丸等特色饮食；梅江区三角镇客家娘酒和城北镇百香果、香石榴，丰顺县黄金镇的番薯、木茨、粉丝等乡土特产。全域创新节日活动民俗文化，如：丰顺县埔寨镇元宵节"烧火龙"等。

一、加强宣传，立法保护

梅州民俗风情是客家文化的重要组成部分，是客家先祖留下的宝贵财富。民俗风情像一枚活化石，记载着一定时期客家传统民俗的发展与演变，凝聚着一定时期内社会、经济、文化的变迁与变革。但是，由于社会发展和社会环境的变迁，许多民俗活动随着人们物质和精神生活的转换而隐没或变化，甚至面临消亡的困境。一些民俗"活化石"可能早晚会消失，但作为民俗表演形式，应尽可能地延长其存在的时间，使后来者得以欣赏与研究。因此，对那些具有积极文化要素和文化价值的特色民俗必须加强宣传和立法保护工作。

第一，营造氛围，全民参与。客家特色民俗传承与创新，需要全社会一起来关注、关心，营造出一种全民参与的氛围。因此，需要积极营造全社会高度重视特色民俗保护的良好氛围，通过各种宣传方式来提高居民的文明程度，提高村民意识，让大家充分认识到保护客家民俗历史文化遗产就是保护客家文化之根，从思想上真正认识到保护客家民俗文化的迫切性和必要性，从而促进人们对民俗的保护与传承成为自觉行动。

第二，借鉴经验，加强立法。如，对民俗"非遗"项目的保护和传

189

承，全国已有20多个省（市、区）通过了本地区的"非遗"保护条例，当地的"非遗"保护成了一种制度化、常态化、有法可依的行为，使它有延续性和稳定性。对梅州"非遗"特色民俗的保护与传承，可以借鉴、参照其他地方的经验与做法，将"非遗"保护的有效经验上升为法律制度，将各级政府部门保护非物质文化遗产的职责上升为法律责任，有利于建立健全科学有效的保护体系，为"非遗"民俗保护政策的长期实施和有效运行提供坚实保障。

二、整理归档，检索阅览

千百年来，梅州客家人一直保存客家先辈传承下来的风俗习惯、生活方式以及为人处世的观念。所有这些，从不同角度、不同层面揭示了梅州客家社会意识形态的演变轨迹，客家文化意识的传承因素在其中起到了重要作用。因此，地方政府有必要建立地方性的客家民俗文化档案馆，对客家民俗文献、客家传统历史文献进行整合和归档。同时，利用当代先进的电子文件存档方式，将纸质的客家民俗文献资料转换到计算机磁盘和光盘等载体上，把各种类型的数据有机结合起来，形成网上传送从而共享资料，达到档案馆与各部门、个人互联互通的局面，让爱好客家民俗文化、研究客家民俗文化的社会各界人士能通过网络平台快捷检索阅览，或通过在检索软件中标明的纸质文件的存放位置，查找到对应的纸质文件。这对于我们了解民俗风情，保护与传承客家民俗风情有重要的作用。

三、创新机制，传承发展

一些民间客家传统民俗文化有着深厚的文化根基，如"过年"舞龙、舞狮等民俗节日文化，千百年来经久不衰，至今仍具有较强的生命力。但是近年来因组织松散，缺乏新意等因素，很多民俗活动逐渐走向了衰败。因此，对客家传统民俗传承与创新发展的形式，可以建立政府倡导、民间自主组织的"办节"机制。政府在做好传统客家民俗文化研究与保护工作的基础上，还需要充分发挥各民间组织自身的力量，通过建立各种民间民俗文化协会等组织，加强对各种民俗活动的政策推动和组织引导，完善传统民俗文化组织体系建设，为民间组织搭建平台，为其创造适宜的"土壤"，支持和维护传统民俗活动的民间组织和传承者，从而推动传统民俗文化的保护传承与创新发展。

随着新农村建设和集镇文化设施的不断完善，农村人口向集镇聚集，集镇化水平逐步提高，人口集聚，作为乡镇立足实际，确立以集镇"办节"为主，村落"办节"为辅的思路，重点搞好集镇人口密集的传统特色民俗文化活动。同时，通过集镇的示范、引导和辐射作用，逐步激发村落民众过自己民俗节日的热情，从而促进各村落客家传统民俗文化的保护传承和创新发展。

四、保护传承，创新发展

在开展客家传统民俗活动中，传统民俗文化除了要继承客家优秀传统文化，保留独特的地方风韵外，更要紧跟时代步伐，为其输入时代的新鲜血液，赋予客家传统民俗文化以新的内涵。只有这样，客家传统民俗活动才能更加符合时代发展的节拍，才能为更多人所接受，才能有一个更为广阔的发展平台。当然，创新发展并不是对客家传统民俗活动的否定，而是一种扬弃，是在继承和发扬其优秀、独特的地方风韵的基础上的再创造。今后，必须处理好梅州传统民俗活动的传承与创新关系。

第一，保护抢救为先。对一些濒临消失的民俗项目、非物质文化遗产等民俗活动，必须坚持保护为先与抢救第一的原则，多方筹集资金，制定各类鼓励或限制措施，加以抢救保护，切实保护好珍贵的客家历史文化遗产。不论政府、相关的管理人员、专家学者，还是具有社会责任感和长远眼光的企业家，都应该参与到保护的行列中来，使更多的特色民俗得以保持"活态"，从而使客家文化遗存在新时期焕发新姿，展现生机和活力。

第二，传承发展融合。梅州客家传统民俗活动是多元的，同时又是自成一体的，每项民俗都自成风格，这些民俗行为方式体现出积极向上的文化要素、文化价值取向。当然，一些民俗行为文化也有其糟粕。所以，在传承梅州客家优秀传统民俗行为的基础上要不断发展融合。例如，清代直至民国期间，广东梅县区松口镇民间有闹元宵举行花灯盛会的传统风俗，从内容到形式都有其鲜明的地方民俗特色。花灯盛会期间，看花灯的人摩肩接踵，一片欢腾热闹。元宵节当天，各姓祖屋大门两旁还要挂上大灯笼照明，放烟花、火箭、纸炮；凡当年添了男丁的村民，要在祖公厅供祭品祭祀祖宗，并悬挂花灯，以庆添丁之喜，俗称"上灯"。当天晚上放孔明灯，孔明灯放油盏的下边还挂着电光炮、小鞭炮、火箭烟花，升到高空时鞭炮、电光炮间隔隆响，火箭四射，烟花闪光吐艳，十分好看。如，李氏家族曾放过用160张砂纸做的孔明灯，用特制油灯盏挂进孔明灯内，点燃充气使其升空。中华人民共和国成立后，仍有过"正月半"闹元宵和"上丁"的传统习俗。但是，放孔明灯存在引起火灾的安全隐患，为防止放孔明灯引发火灾事故，故实行禁止放孔明灯的规定。至于放烟花爆竹则安排

191

到指定安全地方燃放。如，1955年"正月半"花灯盛会，在松口镇中山公园北边牛角塘上的洛阳桥燃放烟架、火箭烟花。因此，对松口镇闹元宵举行花灯盛会传统民俗活动，可以通过更加明确"过节"主体，调整"办节"思路，突出闹花灯盛会特色，使花灯盛会民俗活动更富有新意，彰显出原生态的民俗文化魅力，而不能打着创新的旗号，将闹花灯盛会办成现代文艺演出会。"作福"对松口人来说，是仅次于春节的盛大节日，是善男信女祈祷神明保佑的一种习俗。"作福"的名目和时间，是一村或一姓特有的，但时间都相对固定，一般在农历八月初三，每年如期举行。"作福"之日，各户人家的亲戚朋友都会来祝贺、看热闹，可说是宾客盈门。家家户户办丰盛午宴，以招待客人。旧时，"作福"这天，一些村寨有游神"扛公王"巡游的活动，阵容庞大，敲锣打鼓，彩旗飞扬，场面非常热闹。"公王"是受人们崇拜敬仰的一个偶像，当地人把本姓人中曾做过官的先祖或历史上受人尊崇的忠臣、清官的雕像立在庙中作为"公王"供人膜拜，祈祷"公王"保一方平安。1950年以后，没有"扛公王"巡游活动了，而"作福"习俗的一般民俗活动延续至今。如今，这一极具地域特色的"作福"民俗活动已经初具规模并展现出蓬勃的生命力。还有，农历七月十五的中元节，又称"盂兰节"，民间俗叫"七月半"，又称为"亡魂节"。过去在"七月半"当天，松口镇民间村民大多用三牲拜祖宗、敬亡魂。现在，多数人没有在"七月半"祭亡魂的习惯，只是在那天加菜，仅有少数姓氏的村民要扫墓。

第三，传承创新特色。民俗的传承是优秀传统文化精神得以普及、延续的保证。当然，对本地优秀文化的传承并不意味着简单地复制保存民族风俗、风格、特色。如果在民俗文化建设上一味地抱残守缺、停滞不前，那是不可取的，必须要走出传承与创新关系的误区。在传承、弘扬民俗优秀传统的同时，着力探索和创造客家民俗活动建设的新形式、新方法、新手段，把继承传统和移风易俗结合起来，把民俗活动的个性、特色寓于共性和发展进化之中。除传承外，更需要随着时代的进步而不断创新，为客家传统民俗文化输入新鲜血液，赋予客家传统民俗文化以新的内涵，将民俗活动与乡村振兴建设、地方产业、地域特色有机结合起来。如，每年元宵佳节，丰顺县埔寨镇都要举行热烈壮观的"烧火龙"民俗活动，"烧火龙"活动是当地百姓为祈求新的一年风调雨顺、百业兴旺而举行的祈福活动，沿袭至今已逾300年。"烧火龙"活动如今已经成为当地一项大型的特色民俗活动，被列入第一批国家级非物质文化遗产名录。近十年来，"烧火龙"民俗活动与新农村建设、民俗旅游资源开发有效结合起来。"烧火龙"活动组织机构采用招标的方式，以赞助钱的多少为确定擎龙头、龙身、龙尾人选的标准，擎龙头人选以出钱最多者获得。组织者所获捐助的钱除了用于"烧火龙"活动的开支外，剩余经费用于道路、卫生厕所、停车场、绿化等配套基础设施建设。这些设施建设促进了乡村振兴建设，改变了过去农村旧面貌，改善了人居环境；同时，良好的基础设施和美丽的乡村环境又吸引了更多人前来观看"烧火龙"民俗表演。前来观赏"烧火龙"民俗活动表演的游客越来越多，最多时达十五万人。游客的到来又带动了乡村民宿、土特产品的开发、销售，从而提高了埔寨镇村民收入及带动民俗旅游资源的开发，也促进了丰顺县乡村旅游业发展。还有，兴宁市充分利用花灯文化的丰富资源，利用"上灯"这条金线串起一系列的客家民俗民风，以"花灯"为文化载体，打造了一条功能齐全、形式多样、内容丰富的熙和湾客家"花灯"文化旅游产业园。2015 年，该园区被国家文化部列为中国文化产业重点项目；2018 年，被评为国家 AAAA 级旅游景区。

五、区域联合，共享发展

粤东、闽西、赣南以其完整的客家文化综合特征逐渐成为国内外公认的客家文化中心。三地客家民俗及其文化尽管各有差异，但是仍然保留着千丝万缕的联系。如，客家民俗舞蹈都依附于三地客家民俗文化活动和仪式中，这是它们所生存和发展的土壤。长期以来，粤东、闽西、赣南等地域的文化艺术交流与联系一直没有中断。因此，加强区域联合也是客家民俗舞蹈传承与发展的捷径。当然，三地交流与融合过程中要取长补短，突出各自的客家文化艺术特色，共享发展，塑造客家民俗舞蹈文化的整体形象，把客家民俗舞蹈发扬光大。

六、多种渠道，培育新人

在众多梅州客家民俗活动中，有不少具代表性的客家优秀民俗项目，如，客家山歌、客家舞蹈等大批"非遗"项目。但是，目前有不少项目面临着传承人青黄不接的困境。为了更好地延续、传承与发展创新客家民俗活动，必须培育客家民俗传承、发展的"土壤"。第一，积极发现和培养"非遗"等客家传统民俗精品项目传承人，开展"师带徒"以老带新培养人才活动，各级各类"非遗"传承人通过带徒授艺，培养后继人才。第二，积极营造良好氛围，开展客家传统民俗精品节目进课堂、进校园、进农村、进社区等活动，为更多年轻人所熟知，让更多人喜欢它，最终愿意学习这项技艺。第三，编写有特色的客家舞蹈、客家山歌等教材，在大学、中学、小学开设不同层次的课程，通过课堂教学，把客家传统民俗精

品展示出来，让大家看得见、摸得着，这样才能传承得更远、更久。

七、整合资源，发展旅游

民俗旅游资源是以其浓郁的民俗文化为主要内容的。这些民俗文化具有一定的观赏性和参与性，能为旅游业所利用，对旅游经济的发展具有越来越重要的作用。周灵等学者构建了民俗旅游资源分类体系，把民俗旅游资源归纳为 5 种主要类型，21 种亚类和 66 种基本类型。具体来讲，主要类型包括生产劳动民俗、日常生活民俗、社会活动民俗、信仰活动民俗、民俗人事等，亚类包括农业民俗、饮食民俗、亲族活动民俗、信仰习俗、民俗名事等 21 种，基本类型包括民俗特色农产品、民俗服饰、亲族节事民俗、宗教信仰习俗、节日民俗等 66 种。

梅州客家传统民俗风情具有形式多样、生动形象、内容丰富、特色鲜明、客情浓郁、观赏性与参与性强等特点。对照周灵等学者提出的民俗旅游资源分类体系，梅州民俗的旅游资源基本涵盖了 5 种主要类型，21 种亚类和 66 种基本类型，可以说民俗旅游资源丰富。梅州民俗旅游资源与经济、社会、信仰相关，与人们的日常饮食起居所形成的习惯相关。梅州民俗旅游资源为梅州民俗旅游开发提供了得天独厚的优势。但是，由于梅州传统客家民俗在梅州各县（市、区）分布各异，一些相同内容的民俗活动在梅州各县（市、区）都有出现，仅活动的时间、内容及形式表演等有所不同。所以，梅州民俗旅游资源的开发必须在保护的前提下，通过整合资源，发展旅游产业。一是突出原有地民俗文化特色，打造梅州特色民俗旅游产品。二是把民俗旅游资源与自然等其他旅游资源有机融合，打造自然人文民俗旅游产品。对内，整合梅州各县（市、区）旅游资源，打造客家文化生态旅游区；对外，整合闽粤赣三角地带旅游资源，通过发挥整体优势，实施资源互补与联动发展策略，把梅州、赣州与龙岩连接起来，打破行政界限，在"客家文化"大主题下，根据市场需要灵活组合旅游产品，构筑千里客家文化长廊，推出客家文化溯源游，即梅州围龙屋、客家名人故居、雁南飞—永定土楼、红色古田—赣州龙南关西新围、红色瑞金、大余梅关古道、赣县客家文化城，这是从后往前追述客家人的历史，游客追述体验客家人的历史变迁过程；或推出重走客家南迁路线，即赣州赣县客家文化城、大余梅关古道、龙南关西新围、红色瑞金—永定土楼、红色古田—梅州围龙屋、客家名人故居、雁南飞，这与客家人的迁移之路大体相符，可令游客体会客家文化逐渐从封闭走向开放的过程。同时，在溯源游或南迁路游中，让人们全方位体验闽、粤、赣三省民俗风情的异同。

194

参考文献

1. 吴泽主编：《客家学研究》（第一辑），上海：上海人民出版社，1990年。

2. 罗迎新等主编：《客家旅游地理》，广州：广东人民出版社，2018年。

3. 罗迎新等编著：《客家山水》，广州：广东人民出版社，2016年。

4. 罗迎新：《梅州地理》，广州：广东地图出版社，2001年。

5. 罗迎新：《梅州传统客家民居村落剖析与鉴赏》，广州：暨南大学出版社，2018年。

6. 刘沛林：《风水：中国人的环境观》，上海：上海三联书店，1995年。

7. 亢亮、亢羽编著：《风水与建筑》，天津：百花文艺出版社，1999年。

8. 房学嘉：《粤东客家生态与民俗研究》，广州：华南理工大学出版社，2008年。

9. 房学嘉：《客家源流探奥》，香港：中流出版社；广州：广东高等教育出版社，1995年。

10. 房学嘉等主编：《客家河源》，广州：华南理工大学出版社，2012年。

11. 房学嘉、肖文评、钟晋兰等：《客家梅州》，广州：华南理工大学出版社，2009年。

12. 房学嘉编著：《客家风俗》，广州：暨南大学出版社，2015年。

13. 徐金星主编：《河洛与客家研究》，香港：国际炎黄文化出版社，2006年。

14. 曾令存等主编：《客家文化概论》，北京：北京大学出版社，2017年。

15. 周云水：《客家花灯文化研究》，广州：暨南大学出版社，2016年。

16. 张祖基：《客家旧礼俗》，台北：众文图书股份有限公司，1986年。

17. 刘志文主编：《广东民俗大观》，广州：广东旅游出版社，1993。

18. 中共茶阳镇委员会、茶阳镇人民政府编：《古镇茶阳》，广州：广东人民出版社，2010年。

19. 丘菊贤编著：《梅州客家研究大观》，香港：香港天马图书有限公司，2000 年。

20. 肖文评等：《粤东民间文化与地方社会》，广州：花城出版社，2002 年。

21. 梅州市民间文学三套集成编委会等编：《梅州风采》，梅州市民间文学三套集成编委会，1989 年。

22. 广东嘉应民俗学会等编：《客家民俗》（合订本），广东嘉应民俗学会，1989 年。

23. 邹春生：《略论客家族群祈神禳灾的农耕习俗——以赣闽粤边区为中心》，《农业考古》2009 第 4 期，第 154 – 157、166 页。

24. 周建华：《客家文化的思想内核是理学》，《江西社会科学》2003 年第 2 期，第 74 – 76 页。

25. 肖灿：《客家民俗舞蹈及其在新时期的发展趋势——以梅州地区为例》，《艺术探索》2013 年第 2 期，第 53 – 54、57 页。

26. 何秋娥：《梅州客家民俗文化特点研究》，《科技咨询导报》2007 年第 12 期，第 120 页。

27. 冷剑波：《梅州客家民俗"扮古事"初探——以五华安流为中心》，《嘉应学院学报》2010 年第 9 期，第 17 – 21 页。

28. 廖慧贞：《客家民俗节日文化保护传承与创新发展探寻》，《中共贵州省委党校学报》2012 年第 1 期，第 23 – 37 页。